SEVENTH EDITION

MARKETING COMMUNICATIONS

discovery, creation and conversations

CHRIS FILL
SARAH TURNBULL

マーケティング・コミュニケーション
―プリンシプル・ベースの考え方―

C. フィル / S. ターンブル【著】

森一彦・五十嵐正毅【訳】

東京 **白桃書房** 神田

Copyrightc Prentice Hall Europe 1994, 1999 （print）
Copyrightc Pearson Education Limited 2006, 2009 （print）
Copyrightc Pearson Education Limited 2013, 2016 （print and electronic）

This translation of Marketing Communications is published
by arrangement with Pearson Education Limited
through Japan UNI Agency.Inc., Tokyo

原著者序文

　本書は『マーケティング・コミュニケーション』の第7版となります。今回は共著者としてサラ・ターンブル博士に加わってもらいました。ターンブル博士は実務と学術の両面で広告に携わった豊富な経験をお持ちで，価値ある新しい視点を提供してくれました。博士のおかげで本書の内容がより豊かになったことは，疑いようもありません。前の版からいくつか変更を加えたことにより，より一層充実した内容になったと思っています。変更点についてはこの序文で述べますが，実際どのようによくなったか，あるいはそうでないかについては，読者の皆様がご判断下さい。本書は以下の4点で皆様のお役に立てるように考え，執筆されました。

1　多くの組織が用いる様々なマーケティング・コミュニケーションの手法を理解する。
2　マーケティング・コミュニケーションに関連する重要な理論と概念を理解する。
3　マーケティング・コミュニケーションの実務的側面を理解するために，学術資料が活用できることを理解する。
4　様々な組織のマーケティング・コミュニケーション活動を支える論理に対して，知見を育む。

　マーケティング・コミュニケーションは複雑なテーマであり，様々な理論を活用します。本書は，その複雑さを解消することで読者の皆様がこのテーマに親しみ，目まぐるしく変化するマーケティング・コミュニケーションの世界について理解を深めたい，関わりを深めたいと思えるようになっていただけることを願うものです。

マーケティング・コミュニケーションの世界

　民間組織であれ行政，慈善団体，教育機関，NPO，第三セクターであれ，すべての組織はその大小に関わらず多くのステークホルダーとコミュニケーションを取る必要があります。組織活動のために原材料や設備を入手しなければならない場合もあるでしょうし，自社の製品やサービスの安定供給を図るために他社と協力する場合もあるでしょう。加えて，星の数ほどある製品やサービスを自由に選択できる消費者がいます。マーケティング・コミュニケーションはすべての利害関係者が他者の意図を理解し，提供される製品やサービスの価値を評価するための重要な活動となります。

　マーケティング・コミュニケーションの世界は日々変化しており，一部の変化は目を見張るスピードで起こっています。テクノロジー，購買者行動，経済サイクル，産業，組織の能力，すべてが進化しています。そしてその進化が，コミュニケーションの方法，いつ，どのようにコミュニケーションを取るかにも影響しているのです。

　本書ではこうした変化とその影響を多く取り上げます。すべてを詳細に取り上げることは不可能ですが，学術界と実務者からの重要な指摘については，その多くの論点を検討しています。

本書の位置づけと特徴

　本書はマーケティング・コミュニケーションについての学術資料として位置づけられますが，実務的な要素も重要な特徴です。特に本版では，実務的な側面がより強く打ち出されました。この点でイギリス広告業協会（Institute of practitioners in Advertising：IPA）の変わらぬご支援に感謝します。

本書の概要

　本書はマーケティング・コミュニケーションの複雑さについて，マーケティング・コミュニケーションを戦略的側面，実務的側面から検討し，マーケティング・コミュニケーションの全体像を把握しようとするものです。何よりもまず，マーケティング・コミュニケーションを状況に応じた視点で検討しています。これはつまり，マーケティング・コミュニケーション活動全体を説明する唯一の理論はないということです。複数の理論を提示し，マーケティング・コミュニケーション活動における多様な解釈の可能性を読者に考えさせる内容になっています。

　本書は学術的な視点から，変化し続けているマーケティング・コミュニケーションの世界について首尾一貫した評価をすることを目的に執筆しました。様々な理論やモデルが研究を前進させていますが，相互に関連する幅広い論点について深い考えを引き出すことで，これらの研究のさらなる進化の手助けになれば幸いです。

　研究の中で語られる理論は実際のマーケティングを反映したものや，マーケティング・コミュニケーションというテーマが進化する可能性を提起するものなど様々です。実際のマーケティング・コミュニケーションを抽象化した理論もあれば，実証研究に基づくものもあり，純粋に概念を述べたものもあるでしょう。どの理論もマーケティング・コミュニケーションがより発展することを目指したものですが，すべての理論を平等に評価する必要はありません。読者は，自らの解釈や判断によって，ご自身の見解を確かなものにして下さい。

Chris Fill（クリス・フィル）

訳者序文

マーケティング・コミュニケーション
～基軸となるプリンシプル・ベースの考え方～

◆本書翻訳の背景として

　近年，IoT，AIなどの先端技術の進化とともに企業や組織のあり方も大きく変動し，広告やコミュニケーションの領域も今までの通例を大きく塗り替える変化が続いています。例えば，有数の世界的カンファレンスであるカンヌ・ライオンズの動きをとってみても，その名称がAdvertising festivalからfestival of Creativityへと移り，部門も26に拡張，9つのトラック（コミュニケーション，クラフト，エンターテイメント，エクスペリエンス，グッド，ヘルス，インパクト，イノベーション，リーチ）へと多様化し，その中では国連の提唱したSDGsなどサステイナビリティへの視点さえ取り含んで社会変革のリード役となってきています。また，事業のあり方を方向づける展開も，ソーシャルグット（より良い世界を目指す），ブランドパーパス（ブランド本来の目的を探求する）などが注目され，従来は当然とされた，マーケティング上での4Pの分類（Product, Price, Place, Promotion）におけるPromotion（販売促進）という大括りな役割には収まりきれなくなっています。コミュニケーションは，オーディエンス（ユーザー）側からの参加性を高めるとともに，事業戦略やマーケティングだけではなく，経営的にも統合が目指され，その中でソーシャルな価値共有も広く包摂されるようになっているようです。原著作とは，訳者がこのような問題意識とともに，現在進行している「マーケティング・コミュニケーション」がどのような役割を果たしているのかを明らかにしたいと考えていた時に出会いました。

　本書は，マーケティング・コミュニケーションのテキストとして国際的な

評価を持つ，Chris FillとSarah Turnbullの著作"Marketing Communications"の最新版（第7版）が原著であり，その中のPart1の"Introduction to marketing communication"をコミュニケーションの役割やタスクを明らかにする目的で翻訳しました。私自身は，大きく変化する広告やコミュニケーションの現状や将来をとらえるために，広告やクリエイティブというメディアを介した受け手への表現を中心として見るのか，マーケティングや事業と接合したコミュニケーションの役割を中心として見るのかは，どちらが正しいというものではなく，複雑な状況を的確に把握しコミュニケーションを組み立てるための異なる視点として，お互いが補完し合う両輪として必要と考えています。

　今日のマーケティング視点の大きな変化として注目されるのは，モノとサービスの領域が融合し，この2つを区別することにはもはや意味がなくなりつつある点です。例えば，スマートフォンのように，そのモノの機能はそれを介して可能となる様々な出来事へのサービスの魅力を取り含んでいます。こうした融合のため，顧客に提供する商品よりも，顧客が達成したいコトから事業を発想することへとシフトが生まれ，より高い関係性へのスペクトラムが拡がります。今後，企業や組織での探求の焦点は顧客にとっての成果を，顧客とともに生み出すアプローチへと移るのではないでしょうか。コミュニケーションも以前のように一律のルールに則って計画的に誘導，コントロールすべく展開されるのではなく，社会的な出来事やクチコミやSNSによる偶発的・創発的な動きをも柔軟に織り込んで，それ自体を自己生成するプロセスとしてとらえなければならなくなっています。また，その効果も単一の反応ではなく，今までにない様々な事業局面を紡いで折り重なり，多様なレベルの影響としてもたらされます。しかも，そうした偶発性・創発性を生み出すのは，商品やサービス自体が持つ社会的インパクトや，そこでのユーザー・エクスペリエンスが源泉となるため，コミュニケーションは事業局面や社会状況とますますコミットメントすることが求められ，ユーザーとの共創に向けて商品やサービス，企業や組織の活動に「エンゲージメント（関わり／行動）」を生み出していくことが優先的な役割となってきます。こうした結果として，コミュニケーションは顧客の知識や考え方を汲み取り，リソースとして事業価値に反映させていく様相さえも見てとれます。訳者が原著に注目した理由は，以下3つあります。

まず，マーケティングでの交換の概念と接合させて広くコミュニケーションの役割を位置づけるとともに，メディア，手法，メッセージを戦略視点や消費者行動という領域と関連づけてコミュニケーション・ミックスする統合的展開として方向づけている点です。

　また，欧米からの様々な研究者の学術的な論点も組み込むと同時に，実務ベースの知見を加味し，実効的なコミュニケーションへの考察を投げかけています。特に，イギリス広告業協会（IPA: Institute of Practitioners in Advertising）を始め，多くの広告関係の実務家の協力を得た事例を掲載し，実務・学識両面での知識・知見を編集したガイドブックとなっています。

　さらにそこではマーケティング・コミュニケーションを一つの理論体系から押し付けようとするのではなく，課題（Assignment）として状況に応じた様々な視点から複数の理論や考え方を提示し，マーケティング・コミュニケーション活動での可能性に向けて読者自らの考えや議論を引き出す内容になっています。

　もちろん，本書は原著が英国で出版されたため成り立ちとしてコミュニケーションを支える制度基盤やメディア環境では異なる部分も少なくはありませんし，その文化的背景からの十分な文脈を配慮した解釈には及ばないかもしれません。また，冒頭に述べたカンヌ・ライオンズのような複雑で今日的な状況を一気に紐解き，説明できるとも思っていません。しかし，企業や組織にとってコミュニケーションはどのような役割を果たしていくのか，この問いは，この領域に関わるすべての人にとって原点ともいえる問いであり，今日のような大きな変動期だからこそ，この原点を少しずつ確かにすることで次のチャレンジが開かれていくのだと考えます。

◆本書の構成について

　著者のChris Fillは，13年間ほどのビジネス経験の後，英国MBAでの高等教育プログラムの開発に転じ，全英のプログラム管理での学位認定の責任者も務めました。本書はそのテキストとして7版を重ねる評価を得ており，実務への管理をベースとする英国MBAの教育システムを背景に，「マーケティング・コミュニケーション」の体系を戦略，マーケティング，消費者行動な

ど領域横断的に結びつけ，成果（Learning Outcome）を導こうとしています。

本書の構成について簡単に触れておきます。

第1部はマーケティング・コミュニケーションの導入的役割を果たし，企業や組織でのマーケティングでの交換という中心概念に接合させ，〈エンゲージメント〉というキーワードからコミュニケーションの役割・機能を概説しています。

第2部では〈コミュニケーション理論〉に関わり，既存の送り手から受け手への単純な線形モデルから脱し，コミュニケーション過程での受け手との相互作用や関係性を視野に入れた新しいモデルを提示し，さらにメッセージの広がりを個人から社会への拡張としてとらえ，社会的普及の理論に触れています。

第3部では〈オーディエンス〉の購買行動に関して取り上げ，市場やオーディエンスを理解し，消費者行動や心理を解読することによって，マーケティング・コミュニケーションを適切な目標，戦略立案へと導いています。

第4部では，〈全体の役割・機能〉としてマーケティング・コミュニケーションがどのように機能するのかについて，①階層的購買プロセス，②態度変容，③関係性の形成，④意義深い価値，⑤認知的処理という5つの観点からその役割を検討しています。

各部の冒頭では Cases（事例）として，実務者からのケース・スタディを紹介し，本文の内容としても随時関連づけて言及されます。また，読者各位の考察を深めるためにケースに関連する出題も訳出しました。さらに，本文のテーマに即して，マーケティング・コミュニケーションの実践例を取り上げているのがビュー・ポイントであり，具体的な事例を介して内容理解を深めることができます。

Scholar's papers (さらなる考察のための学術論文) は，研究者にとって主要な観点からの論文を入手することによってテーマを深めることが可能と考え，原書に記載された学術論文とそれへのコメントを各部の終わりにまとめました。

原書の構成は，Part1 の"Introduction to marketing communication"，Part2 "Managing marketing communication"，Part3 "The marketing communications mix"で構成され，700ページを超える膨大な内容となって

いますが，本書はあくまでも，コミュニケーションの役割とタスクという点を重視してPart1を訳出したことをお断りしておきます。

◆企業・組織の基軸となる原理＝プリンシプル・ベースからの新しい展開に向けて

　今日，事業は創られつつある世界（World-in-the-making）として構成され，事業機会は発見されるもの以上に創り出されるものとなっています。このため，どの企業や組織も自らの事業局面を創り出していくために積極的にコミュニケーションを展開し，関わりを生み出していこうとします。ただ，今日のように受け手をコントロールできない中でコミュニケーションの方向を決定することは，誰もが戸惑いを抱えていくことになります。さらには，次の変化に対する見通しが見出せないという不安がさらに焦燥感を強くさせていきます。しかし，この不確定な状況下だからこそ重要となるのは，企業や組織特有の事業命題を確実に組み込み，感情と行動を同時に結びつけていくエンゲージメントという役割をコミュニケーション展開に適切に反映させていくことではないでしょうか。今日では，著者が指摘するように，企業であれ，行政，慈善団体，教育機関，NPO，第三セクターであれ，すべての組織はその大小に関わらずステークホルダーとコミュニケーションを取る必要が高まっています。コミュニケーションは，それぞれの立場によって様々な文脈で位置づけられていくからこそ，逆に企業や組織が自らの立場に合わせてそれを組み込む戦略基軸を確立することが求められてきます。この意味で，再度強調したいのは，本書は，企業や組織が原則を決め，戦略的に情報受発信する〈Principle-Base〉としての基軸となる原理を視野にマーケティング・コミュニケーションの役割やタスクを自らの判断で組み立てていくことを最終目的として目指している点です。

　現在，電子情報空間（Cyber）と物理的空間（Physical）とが融合し，社会そのものがつながりに覆われ混淆する新しい空間（Cyber Physical System）への変容が盛んに語られつつあり，日本もSociety5.0という社会ビジョンや，Connected Industryなど産業シフトが議論されています。マーケティング・コミュニケーションも，メディアが特定の枠（テレビ，スマホ，タブレット

など）での“On Screen”であった状況から，スマートスピーカーを始めとしてIoT,AIによって様々な生活領域への“Out of Screen”化する中で，こうした社会でのエコシステムの広がりや生活リアリティの変容へと地続きとなってくると思われます。大きく広がった訳者の問題意識はやや大げさに思われる方もいるかもしれません。しかし，今日的なコミュニケーションの役割をより広範な社会変化の視野から再考するとともに，エンゲージメントの探求は，今後ますます強く求められてくる気がします。

　そう考えるならば，モノの概念の変化，シェアリングエコノミー，ユーザーエクスペリエンス，AR，VRによるリアリティの変容，さらにはSDGsへの取り組みなど，様々な要因がマーケティングや事業に対して〈メディエイテッド（媒介）〉を生み出す振幅となり，コミュニケーションはその都度，その役割の問い直しを迫られていくのかもしれません。ダボス会議の創設者，クラウス・シュワブは，その著書「第四次産業革命　ダボス会議が予測する未来」（2016年）で，今日，地球規模でデジタル技術の影響が最大限に現れる変曲点に直面していることを指摘し，あらゆる産業にわたるディスラプションやパラダイムシフトにより常識が根底から覆るようなシステム変革にあるものの，「破壊が現実であり，破壊が私たちに及ぼす影響が不可避であるといってもそれに直面する私たちが無力であるわけではない」と語っています。同じく企業や組織での事業やマーケティングのあり方が破壊的に変化するとしても，コミュニケーションの役割を理解し，少しでもより良い世界に向けて様々な「アクター」へのつながりを求める意義は決して小さくないと考えます。本書は，翻訳としての小さな試みではありますが，マーケティング・コミュニケーションに関わろうとする読者の方々に少しでもお役に立てれば幸いと考えます。

森　一彦

目次

原著者序文　i
訳者序文　v

第1部 マーケティング・コミュニケーションとは何か　1

事例 ▶ センソダイン・プロナメル 2

第1章 マーケティング・コミュニケーションを考える 8
はじめに 8
交換としてのマーケティング 10
マーケティング・コミュニケーションと交換プロセス 12
マーケティング・コミュニケーションの領域 14
マーケティング・コミュニケーションの役割 17
マーケティング・コミュニケーションのタスク 22
マーケティング・コミュニケーションの定義 26

第2章 マーケティング・コミュニケーションに対する環境の影響 ... 31
内外環境の影響 31
マーケティング・コミュニケーション・ミックス 36
コミュニケーション・ミックス策定のクライテリア 40

第3章 消費者市場とビジネス市場 45
消費者市場(BtoC)とビジネス市場(BtoB)のコミュニケーションの相違 45
第1部のキー・ポイント 50
第1部のレビュー・クエスチョン 52

xi

第2部 コミュニケーション：形式と会話　　57

事例 ▶ 英国心臓病支援基金：ビニーのステイン・アライブ！……58

第4章 コミュニケーションをとらえるモデル……64
はじめに……64
コミュニケーションの線形モデル……65
コミュニケーション・プロセスに影響する要因……72
コミュニケーションのインフルエンサー・モデル……74
コミュニケーションのインタラクショナル・モデル……76

第5章 クチコミ……80
クチコミの重要性……80
クチコミによるブランド展開……90
クチコミとメッセージの増幅……94
コミュニケーションでの関係的アプローチ……95
コミュニケーションでのネットワーク・アプローチ……97

第6章 採用と普及……99
採用のプロセス……99
普及のプロセス……102
第2部のキー・ポイント……104
第2部のレビュー・クエスチョン……106

第3部 オーディエンス・インサイト：情報処理と消費者行動 111

事例 ▶ 知的なアリバイ—ダチアはどのようにして伝統的な
価値の知覚にチャレンジしたのだろうか 112

第7章 消費者の情報処理 118

はじめに 118

情報処理 122

知覚 122

学習 129

態度 137

第8章 消費者と組織の意思決定 140

消費者の意思決定プロセス 140

組織の意思決定プロセス 142

恐れと知覚リスク 146

関与理論 149

コミュニケーションへの影響 153

第9章 消費者理解のその他のアプローチ 157

快楽消費 158

トライバル消費 159

行動経済学 161

第3部のキー・ポイント 165

第3部のレビュー・クエスチョン 168

目次　xiii

第4部　マーケティング・コミュニケーションはどのように機能するのか 175

事例▶マッケイン―レディ・ベイクド・ジャケット（RBJs）……176

第10章　マーケティング・コミュニケーションを説明する……181
はじめに……181
戦略―マーケティング・コミュニケーションでの事業命題……181
エンゲージメントとマーケティング・コミュニケーションの役割…182

第11章　マーケティング・コミュニケーションの解釈（解釈1〜3）……187
マーケティング・コミュニケーションはどのように機能するのか…187
マーケティング・コミュニケーション機能の解釈1：階層モデル…188
マーケティング・コミュニケーション機能の解釈2：態度変容……191
マーケティング・コミュニケーション機能の解釈3：関係性の形成…196

第12章　マーケティング・コミュニケーションの解釈（解釈4〜5）……209
マーケティング・コミュニケーション機能の解釈4：
意義深い価値を作る……209
マーケティング・コミュニケーション機能の解釈5：認知的処理……215
第4部を通じて……221
第4部のキー・ポイント……221
第4部のレビュー・クエスチョン……223

訳者あとがき　229

第**1**部
マーケティング・コミュニケーション とは何か

マーケティング・コミュニケーションとは，オーディエンス（消費者や組織）が製品やサービス，ブランドに関わる提案や考え，行動を受け取る方法やプロセス，そして，その際に生まれる意味合いや知覚，行動に関わる事柄である。

目的とねらい

第1部の主な目的はマーケティング・コミュニケーションにおける鍵となる概念を紹介することである。読者には，マーケティング・コミュニケーションの目的やその領域を考察し，コミュニケーション・ミックスの主要な特徴について理解を深めてもらいたい。

第1部のねらい：

1　交換の概念と，交換がマーケティング・コミュニケーションに与える影響を理解する。
2　マーケティング・コミュニケーションの領域，役割，タスクについて議論する。
3　オーディエンスとエンゲージメントを結ぶためのマーケティング・コミュニケーションの活用法を探る。
4　マーケティング・コミュニケーションを定義し，環境がマーケティング・コミュニケーションに与える影響を検討する。
5　マーケティング・コミュニケーション・ミックスの特性を評価する。
6　マーケティング・コミュニケーション・ミックスの組み合わせが変わる理由を明らかにする。

事例▶センソダイン・プロナメル

　センソダイン・プロナメルは，歯の酸蝕症問題に対処するために作られたハミガキ粉である。酸蝕症は人体で最も丈夫とされるエナメル質が，食生活の中で酸によって軟化し弱くなる症状である。エナメル質が弱くなると歯はやせ細りエナメル質は黄色く変色し欠けてしまう。さらに放置しておくと，エナメル質に亀裂が生じ歯の中の象牙質が露出してしまい，深刻な痛みを引き起こすようになる。しかもエナメル質は再生しないため，一度失われるともう戻らない。酸蝕症は歯に詰め物をすることでは治療できない。症状が深刻化してしまうと，セラミック製の義歯を当てるような複雑で高額な歯科技術が必要になる。

　若年層の３人に１人で早くから酸蝕症の兆候が見られる。それは食生活に由来する酸が原因で虫歯が進行したものである。このように酸蝕症が広がっている理由は，酸を多く含む健康食品や健康飲料を消費する方向へと食文化がシフトしていることにある。

　1955年にフッ化物を含むハミガキ粉が虫歯予防について初めて医学的認証を受けて以来，ハミガキ粉は形やテイスト，活性成分の点などで数々の発展が重ねられてきた。しかし，確立された新カテゴリーは３つしかない。１）知覚過敏（1961年），２）歯ぐきの健康（1968年），３）ホワイトニング（1989年）である。センソダイン・プロナメルの新発売は，エナメル保護という第４のカテゴリーを創出した。

　センソダイン・プロナメルは，弱くなったエナメル質の表面へミネラル分を深く浸透させエナメル質を強化し，それ以上の歯の損耗を防ぐ。毎日のハミガキ粉として清潔で息も健やかにし虫歯も予防するものとなっており，そもそもセンソダイン・ブランドなので知覚過敏にも安心である。

　しかしながら，センソダイン・プロナメルの新発売ではこれらの特徴を単に訴求するのではなく，コミュニケーションにおいて入念に練られたチャレンジがいくつも行われた。そこでは実際，次のような問題があった。まず，初期の酸蝕症は目に見えないため，病状の兆候が消費者には見えないことである。

図1.1　センソダイン・プロナメルのキャンペーン構造

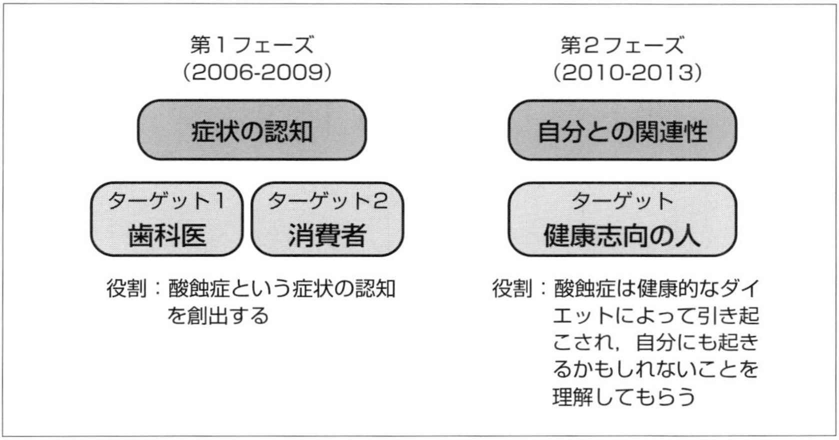

第1フェーズ (2006-2009)	第2フェーズ (2010-2013)
症状の認知	自分との関連性
ターゲット1 歯科医 ／ ターゲット2 消費者	ターゲット 健康志向の人
役割：酸蝕症という症状の認知を創出する	役割：酸蝕症は健康的なダイエットによって引き起こされ，自分にも起きるかもしれないことを理解してもらう

また，歯科医師たちが患者たちに酸蝕症についてそれまで説明してこなかったために，その症状が消費者には知られていなかったこともある。さらには，普通の人々はブラッシングや糸ようじでのフロッシング，口腔をすすぐリンシングといったオーラルヘルスケアをすでに十分にやっていると思い込んでいたため，それ以上の悪い話に耳を傾けようとしなかったのである。

このようなコミュニケーション上の課題を克服し，商業的に目途が立つ市場シェア4％の獲得を達成するため，2段階の導入キャンペーンが企画された。第1段階は酸蝕症の現状について知ってもらい病気の原因を学んでもらうことが目的であった。第2段階は消費者に自分との関連性を感じさせることが目的で，消費者に酸蝕症の問題が自分にも起こりうることを自覚させると同時に，プロナメルによってその問題は解消できると納得させることであった。

キャンペーン　第1段階：現状の認識（2006-2009年）

消費者を酸蝕症から守るためには，まず酸蝕症の存在を知ってもらわなければならない。これを達成するために，センソダインは歯科医師たちに直接コミュニケーションを図り，彼らに酸蝕症とともにセンソダイン・プロナメルの独自の処方を知ってもらうよう働きかけた。分かりやすい啓発リーフレッ

写真 1.1　歯科医師たちが消費者を啓発するように作られた印刷物

4　第1部　マーケティング・コミュニケーションとは何か

トや歯科医療業界誌での広告を活用し，さらにセンソダインのリプリゼンタティブ（営業）による医師訪問活動を行った。

そうしてキャンペーンの素地が整った後に，消費者に酸蝕症の理解を促す啓発コミュニケーションを行った。センソダイン側は，単に消費者を脅かすだけでは否定的な態度を引き起こすばかりだと考え，脅かすことを避けた。「そりゃ病状は深刻なんだろうね。だって，彼らはハミガキ粉を売りたいだけだからね」というコメントを受けないようにしたのである。病状の信憑性を確かなこととして信じるためには，人々は実際に（俳優ではなく）歯科医師からその話を聞く必要があり，そのためには利害を伴わない推奨として権威ある専門家から語りかけられることが必要であった。歯科医師というオピニオン・フォーマーには定められた台本が用意されたわけでもなく金銭も支払われなかった。そのため，彼らの推奨する言葉は本心からのものと信じられた。信憑性が高まったのは，人々がセンソダイン側から語られた言葉として聞くのでなく，自分で歯科医師に尋ねることで確かなことと信じられたからである。

初期段階の酸蝕症は目に見えにくいため，診断テストが開発された。それは歯科医師たちだけが視認できたエナメル質の透明化という初期兆候を，患者側でも視覚的にはっきり見えるようにするインパクトを持ったデモンストレーションであった。

メディア・ミックスでは，以下の理由からテレビに重きを置くプランが採用された。第1には，テレビは健康をアナウンスするうえで公共的な印象を与えるからである。第2には，テレビは幅広いリーチを持つため多くの人に情報が届き，それに合わせて歯科医師たちは消費者の様子を見ながら自分の患者に酸蝕症の深刻さを強調できるからである。

3年後，複数の競合製品が発売され，それらはグローバルな企業によるブランド導入ではあったが，英国市場でプロナメルが行ったような体験の提供をしなかった。そのため，競合ブランドの多くが導入に失敗したのである。例えばコルゲート・センシティブ・エナメル・プロテクトが展開したショック戦術は，健康食品や健康飲料からエナメル質を守るという警告のサイレンをまさに鳴らしてしまった。このため，ブランドが健康志向に敵対するような悪いイメージをもたれてしまった。この市場で長く活動を経験している立場から見れば，このような

アプローチは抵抗や皮肉な態度を生み出してしまうことは明らかなのであった。

キャンペーン　第2段階：自分との関連性を作る

　さらに，強いレベルの認知を確立するための次のタスクは，酸蝕症の知識と消費者自身との関連づけを図ることであった。そこで，センソダインはリードを守り盤石なものにする3つの機会を絞り込んだ。

　酸蝕症自体が知られることは望ましい状況ではあったが，エナメル保護ハミガキ粉を買わない人にとっては，酸蝕症は自分には関係ないことだと考えられていた。そこを自分に関連性のあることと考えさせなければならない。すなわち，センソダイン・プロナメルについて幅広く伝えるコミュニケーションが必要であった。

　ターゲット・セグメンテーションの分析を通じて「ヘルシー・バランサー」と呼ばれるかなりの規模を持つグループが明らかにされた。彼らは健康的な食生活やライフスタイルを持っており，オーラルヘルスケアにも高い関心を持っていた。こうした人々こそが酸蝕症のリスクが最も高く，しかも酸蝕症対策に最も行動を起こしやすい人たちであった。

　センソダインは，ヘルシー・バランサーの健康食品を愛好する気持ちを尊重しつつ，彼らとエンゲージメント（深い関わり）を結びたいと考えた。センソダインは，センソダイン・プロナメルをファシリテーター役としてポジショニングし，成功を収めた。センソダイン・プロナメルは人々が熱望する健康的なライフスタイルを心おきなく続けられることを可能にするブランドと位置づけたのである。

　歯科医師たちは健康的な食習慣がどのように酸蝕症を引き起こすのかを患者たちに説明するように働きかけた。テレビはそれまでと同様にリード役となるメディアであったが，この段階では広告には実際の消費者（オピニオン・リーダー）が登場し，健康的な食生活こそが酸蝕症を引き起こすというニュースをさらに強く訴求した。メディアミックスがヘルシー・バランサー向けに拡張されると，彼らは酸を含む食品や飲料を気にしてプロナメルを使用した。このようにヘルシー・バランサーに自分にも酸蝕症が関連性があると思わせるため，フィットネスジムの中やその周り，スーパーマーケットの

6　第1部　マーケティング・コミュニケーションとは何か

酸を含む食品や飲料の売り場の通路や，ライフスタイル紙でもコミュニケーションが展開された。

　7年間のうちに，エナメル保護という新しいカテゴリーはハミガキ粉市場で存在感を持つ領域として成長した。経済的指標を見れば，英国でのキャンペーンは，センソダイン・プロナメル・ブランドの全収益のおよそ30％相当に貢献し，エナメル保護のカテゴリーを確立したことで3,200万ポンド以上の価値をもたらすこととなった。このキャンペーンには相当額の大きな投資が費やされ，総メディア支出は（製作費を含めて）第1段階で980万ポンド，第2段階で720万ポンドが投入されていた。

　（このケースは，グレイ・ロンドンのプランニング・ディレクター，レイチェル・ウォーカーによる。）

■■■ クエスチョン ■■■■■■■■■■■■■■■■■■■■■■■■■■■■■■■■■

1．センソダイン・プロナメルの導入キャンペーンにおけるマーケティング・コミュニケーションの主要な役割を評価してみよう。

2．DRIPフレームワークを活用して，センソダイン・プロナメルの導入を成功させるためにマーケティング・コミュニケーションに求められた，鍵となるタスクを挙げ，説明してみよう。

3．キャンペーンで用いられたマーケティング・コミュニケーション・ミックスの主な要素を検討してみよう。

4．キャンペーンの形式や性質，特徴に影響した外的環境の影響を評価してみよう。

5．センソダインのキャンペーンでは，マーケティング・コミュニケーション・ミックスが異なるオーディエンスにどのように適用されたか，説明してみよう。

第1章

マーケティング・コミュニケーションを考える

はじめに

　皆さんは，組織がどのようにコミュニケーションを取り，様々なオーディエンスと関わりを持っているか（engage），考えたことはあるだろうか。冒頭紹介したハミガキ粉のセンソダイン・プロナメルを発売したセンソダインや，クラフト・ハインツ・カンパニー，味全食品工業（ウェイ・チュアン・フーズ），グーグル，サムスン，デルタ航空やエアチャイナ，オックスファムや国境なき医師団といった国際協力団体，スウェーデンやシンガポール政府に至るまで，多種多様な組織が様々な方法で，それぞれの目的を達成し，市場やビジネス上の目標を追求するためにマーケティング・コミュニケーションを活用している。本書の目的は，学術と実務の両面からマーケティング・コミュニケーションの多様な見方を探求し，読んでいただく皆さんのお役に立つことにある。

　冒頭に「関わりを持つ（engage）」という語があったが，**エンゲージメント（engagement）**とは人と人，人とテクノロジーなど二者間のコミュニケーションに生まれる特質である。現在，エンゲージメントという言葉には普遍的に合意された定義は特になく，実に様々な文脈で用いられている。しかし，マーケティング・コミュニケーションでは教育学における文脈に非常に近いと思われる。Li et al.（2014）は，学習の視点から３つのタイプのエンゲージメントを取り上げている。１）認知的エンゲージメント，２）関係的エンゲージメント，３）行動的エンゲージメントである。認知的エンゲージメントとは，頭の中で学びの情報（メッセージ）に理性的に心を奪われている段階で

ある。関係的エンゲージメントとは，自分が置かれている状況とどれほど深いつながりを感じているかという段階である。そして行動的エンゲージメントとは，自分がどれほど感情的に没入し，その行動に参加していることが表れる段階である。

　3つのタイプのエンゲージメントはいずれもマーケティング・コミュニケーションと深く関わっている。ここで述べているエンゲージメントとは，情報に触れ関心を引きつけられたり魅了されたりして，オーディエンスとの相互作用を生み出すコミュニケーション上の出来事である。それは知的なコンテンツと情緒的なコンテンツとの組み合わせによって生まれる。こうしたエンゲージメントは時間にして数秒であることがある。唖然とするような広告や素敵な人を目にした時のインパクト，絶景や音楽によってもたらされる感情などがその例である。しかし一方で，出来事や人，モノへの喜びや愛着によっては，数時間，数日，数か月，数年と長期にわたって持続することもある。

　アップルやグーグル，ジョン・ルイス，アルディ，HSBC，サンタンデール，ハイアールに，LG，サムスン，ソニー，ライアンエアー，イージージェット，シャネルにロレアル，ボーイングにエアバス，オックスファムやシェルター，そしてマーリンにディズニー。これらの組織はいずれも分野を超え市場や国の違いを超えて事業を行っている。これらの組織は多様なオーディエンスとエンゲージメントを結ぶため，多岐にわたるマーケティング・コミュニケーション活動を行っている。ここでいうオーディエンスとは組織の製品やサービスを購入する人だけを指すのではない。組織に影響を与える人や組織自体も含まれる。例えば，労働力，資金，製造設備，販売窓口，法務アドバイスなどを提供するなどして事業を支える支援者も含まれる。それらの支援者は特に社会や事業部門に与える影響が大きい。先に挙げた組織はすべて有名なブランドばかりだが，規模が小さな組織にもオーディエンスと関わりを持つためにマーケティング・コミュニケーションを活用している組織は無数にある。

　規模の大小に関わらずどのような組織であろうと，企業，サプライヤー，小売業者，卸売業者，再販業者，その他流通業者から構成されるネットワークの一部であり，それらの組織はそれぞれの目的の達成を目指して，ネットワークの中でつながったり離れたりしている。

第1章　マーケティング・コミュニケーションを考える　9

第一部は以下のように構成されている。まず，マーケティングとマーケティング・コミュニケーションの原理を支える交換の概念を考察していく。次にマーケティング・コミュニケーションが扱う領域，役割とタスクについて検討し，それらを通じてマーケティング・コミュニケーションを定義する。その後，マーケティング・コミュニケーション・ミックスを構成する要素を紹介し，消費者市場とビジネス市場でのマーケティング・コミュニケーションの重要な違いについて言及する。

交換としてのマーケティング

マーケティングの研究者や実務者の誰に聞いてもマーケティングを理解する中心概念は，**交換（exchange）**の概念であるというだろう。交換が成立するためには，2人以上の当事者がいて，それぞれが相手にとって価値あるものを提供できると同時に，その当事者たちが交換プロセスに自由に参加できるという条件が整っていなければならない。交換には2つの形があることが知られている。「取引的（市場的）交換」と「関係的（協働的）交換」である。

取引的（市場的）交換（transactional（or market）exchanges）（Bagozzi, 1978; Houston and Grassenhemier, 1987）は，その前後の交換と関係なく成立する。短期的なものであり，自身の利益を主な動機として行われる。例えば，消費者が今まで利用したことのないハンバーガー店から「食べ物」を購入した場合，取引的（市場的）交換が成立したと見なされる。ハンバーガーとポテトが金銭と交換されたのである。それに対して**協働的交換（collaborative exchanges）**は，長期的なものとして，お互いをサポートする関係を築きそれを維持したいと望む人々の間に成立する（Dwyer et al, 1987）。つまり，学校の後の帰り道や夕方の楽しみとして同じハンバーガー店に足繁く通っていると次第に関係的（協働的）交換が成立する可能性が高まっていく。

これら2つのタイプの交換は，交換のスペクトラム（連続体）の両極に位置している。図1.2に描かれるように，交換のスペクトラムは関係性の理論に支えられている。このことは，あらゆる交換において幅広く関係性の要素が見出されることを意味している（Macneil, 1983）。関係性は交換の頻度が高まれば高まるほど強くなっていく。関係性の頻度が高まりそれが強くなると，

図1.2 マーケティングにおける交換のスペクトラム

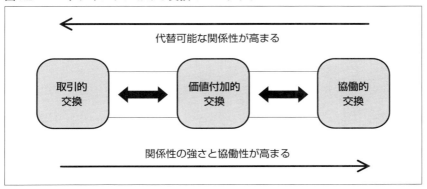

その結果，焦点は交換される製品や価格ではなく関係性そのものに当てられるようになる。

これまでの産業社会では「取引的交換」が商業取引の主流を占めていたが，近年では「協働的交換」を志向する流れが確実に見てとれる。言い換えれば，様々な交換が起きてきたために，組織は多様な顧客やサプライヤー，利害関係者とタイプの異なる交換を維持するポートフォリオを持つようになってきたということである。コミュニケーションはこうした交換を成立させる潤滑油と考えることができる。工具の種類によって必要な油が異なるように，様々なオーディエンスとエンゲージメントを結ぶためにはそれぞれに異なるタイプのコミュニケーションが必要とされるのである。

「協働的交換」の考え方は関係性マーケティングの考え方の基礎となっている。多くの組織で関係性マーケティングの考え方がカスタマー・リレーションシップ・マーケティングやロイヤルティ・マーケティングに活用されている。ただし，組織が行う交換では短期的な関係性も極めて一般的であり，それは欠かせないものであることも心に留めておくべきである。本書では幅広い関係性について触れ，ある組織が他の組織や消費者との間に直接的に築く関係性や，C2C（一般消費者同士の取引），さらには組織間での直接的ではない関係性についても触れていく。

マーケティング・コミュニケーションと交換プロセス

交換のプロセスは以下のように展開され，マネジメントされる。

● 顧客やステークホルダーのニーズを調査する。
● ニーズやウォンツを含む同じような志向性を持つ顧客やステークホルダーを特定し，ターゲットを選択する。
● 特定したニーズを受け容れられる価格で満足させる提供物を開発し，特定のチャネルを通じて入手可能にする。
● ターゲット・オーディエンスに提供物の存在を認知してもらう。また，競合に直面したり，顧客の前向きな行動を阻害したり，動機がわからないとか確信が持てないなどの要因があったりする場合には，プロモーション・プログラムが開発されターゲットに展開されていく。

　こうした1つ1つの活動が合わさってマーケティング・ミックスとなる（MaCarthy（1960）は，この活動を4P(s) と表現した）。マーケティングの基本的な課題はこの4P[*]を組み合わせてマーケティング・プログラムを生み出し交換のプロセスを促進することといえる。ただ，この4Pのアプローチはマーケティング・マネージャーの業務範囲を狭くしか見ていないと批判されてきた。MaCarthy は，外部環境をコントロールできない対象と見てマーケティング・ミックスを適用していくことを考えていたが，現在では外部環境そのものが戦略の影響下にあったり，戦略的にマネジメントされていたりする。さらに，サービス部門の台頭によって，もともとの4P概念に収まりきれない事例も見られるようになった。このような状況に対処するため，Pの概念にProcess（プロセス），Physical evidence（物理的エビデンス），People（人），Political power（政治力）といった追加要素が提案された。とはいえ，ここでのミックスの本質は変わっていない。つまり，製品に焦点を合わせたインサイド・アウト思考であり組織の内側から外の世界（顧客）を見ているのである。4Pの概念が信じられた当時からはあまりにも劇的に変化した今日のマーケティング環境を考えると，こうした製品サイドの規定から顧客の生

訳注※）4P は Product（製品），Price（価格），Promotion（プロモーション），Place（流通）を示す。

12　第1部　マーケティング・コミュニケーションとは何か

活のあり方を決め込んでいくアプローチの有効性には懸念が高まっている。

　また，プロモーションは，マーケティング・ミックスの一要素であり，ターゲット市場に提供物について伝達する責任を担っている。マーケティング・ミックスの他の要素が，重要なコミュニケーション要素（例えば，価格の高さは品質の高さを示す）として暗黙のうちに認識される場合には，計画され統合されたコミュニケーション活動はステークホルダーとの間により効果的な展開をしていく役割に向かうことになる。

　基本的にマーケティング・コミュニケーションには2種類あると理解できる。1つはブランド価値を構築しようとするものである。広告活動は歴史的にブランドや組織に対する感情や情緒，信念を確立することに注力してきた。ブランド・コミュニケーションは消費者がブランドに好意を持ち，前向きなブランド態度を記憶に留めさせ，それを強化するものであった。そのねらいは，ブランドのことを前向きに考えること（もしくは深刻な否定的感情がないようにすること）によって，同じようなタイプの製品を買う時にそのブランドが選択されることであった。

　もう1つ，より今日的なマーケティング・コミュニケーションとして挙げられるのは，消費者の感情よりもむしろ行動を促そうとするものである。短期間での成果や経営上の説明責任が重要性を増す時代にあっては，ブランドへの投資は投資利益（ROI）をいち早く生み出す必要がある。この場合，ブランドへの前向きな態度を醸成していくなどという時間的余裕や資金的余裕はない。人々の行動を「まさに今」変えなくてはならない切迫した状況なのである。ウェブサイトを閲覧したり，製品を購入したり，電話をかけるという行動に人々を誘い行動を変化させることは，オーディエンスに行動する理由，いわゆる「行動のきっかけ」を提供することで喚起される。

　このように，コミュニケーションが用いられるのは，一方ではブランドに対する感情を構築すること，他方ではターゲット・オーディエンスの行動を変化させることが目的といえる。しかし，この2つは両立しえないものではない。例えば，テレビ広告には多数のダイレクト・レスポンス広告がある。ブランド価値を創造しようとするだけではなく，ウェブサイトのアドレスや電話番号，提供製品の詳細も掲載している（ある意味，セールス・プロモーションといえる）。つまり，2つの目的が1つに融合されたハイブリッドな手

法も可能なのである。

マーケティング・コミュニケーションの領域

　もともと「プロモーション」として知られていたマーケティング・コミュニケーションは，基本的に組織が提供するモノやコトをターゲット・オーディエンスに伝達するために活用された。それは提供する要素は製品やサービスのこともあれば，組織そのものの評判を築きたいということもある。

　しかしながら，これはあくまでマーケティング・コミュニケーションを広く言い表しただけにすぎず，マーケティング・コミュニケーション活動の重要で多様な論点や次元，要素を考慮に入れていない。Ducan and Moriarty (1997) やGrönroos (2004) は，組織が「計画した」ことに加え，オーディエンス自身の体験に起因するマーケティング・コミュニケーションが存在することを示唆している。実際に製品を試した経験（このスムージーがどれくらい美味しかったか）やサービス経験（ホテルやレストラン，空港のサービスがどれほどよかったか）などがその例である。さらには，偶発的で意図しなかった経験（在庫切れや事故）がブランドと結びつき，その経験から生じるコミュニケーションも存在する。このようなマーケティング・コミュニケーションの諸次元を表したのが図1.3である（Hughes and Fill, 2007）。

図1.3　マーケティング・コミュニケーションの領域

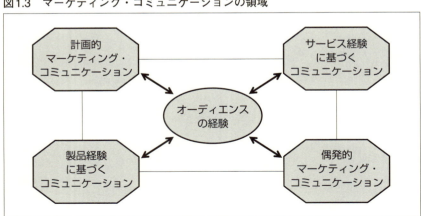

出所：Hughes and Fill (2007) より。

図1.3はマーケティング・コミュニケーションの幅広さを示し，オーディエンスがブランドと結ぶエンゲージメントも複雑であることを表している。ただし，全体像を示すという点では有用ではあるが，この枠組みも慎重に再考する必要がある。そうしなければ各要素の詳細，特に計画的なマーケティング・コミュニケーションについて正しく認識できない。本書はこの枠組みに基づき，とりわけ，マーケティング・コミュニケーションの計画的な側面と偶発的な側面が関連する論点について考察を進めていく。

　まず，計画的なマーケティング・コミュニケーションには鍵となる要素が3つ組み合わさっている。1) 手法（ツール），2) メディア，3) コンテンツ（メッセージ）である。コミュニケーションの主な手法には①広告活動や②セールス・プロモーション，③パブリック・リレーションズ，④ダイレクト・マーケティング，⑤人的販売があるが，それ以外にもスポンサーシップや展示会，フィールド・マーケティングといった付加価値を生み出す手法が考えられる。コンテンツ（メッセージ）は「情報発信的なもの」と「情緒訴求的なもの」に大きく分かれるが，通常はターゲットとなるオーディエンスの好みやニーズに合わせてどちらの要素も混在している。そして，こうしたメッセージをオーディエンスに届けるために組織は以下の3つのルートを用いている。

● ターゲット・オーディエンスが利用することが分かっているメディアを有料で使用する―雑誌，ウェブサイト，テレビ番組など。(paid media)
● 自社ビルや従業員，車両やウェブサイトなど，自社が保有する，費用のかからない資産を活用する。(owned media)
● ブランドを話題にしブランドについての考えをシェアすることを促す。多くの場合ソーシャル・メディアを利用するため，この方法もほとんどコストがかからない。(earned media)

　実際には，ブランドはこの3つのルートを組み合わせながら活用している。

　一方で，偶発的なマーケティング・コミュニケーションでは，得てして予

訳注※) 原本ではルートとして扱われ，paid media/owned media/earned media の記載はないが，メディアに対応した概念として訳者の方で加筆して記載した。

ビュー・ポイント1.1　新しいスポーツチャンネルが考えるべき領域とは

　2013年，ブリティッシュ・テレコム（BT）は，プレミアリーグの生中継38試合を含むシーズン放映権契約に7億3,800万ポンドを支払った。BTは以前にもプレミアシップ・ラグビーや他の様々なスポーツの放映権を買ったことがある。こうした動きはいずれも，2006年に放送通信業界に参入してきたスカイ（Sky）社との競争のためである。BTスポーツは，テレビ，電話，ブロードバンド（高速通信）の3つの活動を束ねた市場で優位に立つため，対抗するスカイが活動するスポーツ領域に参入したのであった。

　新しいスポーツ放送チャンネルは知名度を確立するために，英国中のアウトドア・メディアを活用した。最近現役を引退したデビッド・ベッカムを起用していたスカイに対抗して，BTスポーツはマンチェスター・ユナイテッドのロビン・ファンペルシ，マンチェスター・シティのジョー・ハート，トットナムのガレス・ベイルを起用した。さらにBTは「そのチームの名前を当てろ」コンテストを行った。このコンテストは，ファンたちがイラストのビジュアル手がかりに隠された44のスポーツチーム名を当てるものであった。

　この展開に人々の関心は喚起され，放送サービスへの期待が高まりBTへの消費者の視聴加入は大幅に促進された。しかし，残念なことに，顧客の中には期待したほどのサービスが実現されず落胆した人たちも多かった。BTテレビは最初は無料視聴であったが，後に有料視聴化されてしまったため，顧客に混乱が生じた。そして，スポーツチャンネルのサービスを始める頃にはそのことへの不平不満が大きく広がってしまったのである。とりわけBTテレビのサービス部門は苦情対応に追われた。英国のメディア規制監督機関オフコムによれば，視聴加入者1,000人あたりの不満者の比率はヴァージン社の10倍以上，スカイの20倍以上に及んだという。

　サービスに惹きつけられた消費者の関心が大きかった割に，プラットフォームでの対応を短期間で有料に切り替えてしまったことによってBTは大きな非難を招き，問題が引き起こされたのである。キャンペーンは強烈に注目を集めたからといってうまくいくとは限らないのである。

Adie（2013）；Anon（2013）；Brignall（2013）；Staff（2013）をもとに作成

問い：BTテレビのマーケティング・コミュニケーション領域では何がこのアンバランスを生んだと考えられるだろうか。
課題：4つの領域要素のバランスが計画的ではなかったキャンペーン事例を探してみよう。

想もしなかったようなメッセージが含まれる。その内容がよいものであれ悪いものであれ，強調したいのは，オーディエンスによってもたらされた意味に対して組織の側がどのように対応しマネジメントするかという点である。それは，具体的には第三者である専門家のコメントや政府による規制の変更や緩和，競合する組織の行動，製品や供給プロセスでの不備，そしておそらく最も影響力が大きいと見られるのが消費者同士のクチコミへの対応である。こうしたものすべてが，組織やブランドが築いてきた社会からのイメージ，評判に大きな影響を与える。リーディング・カンパニーの多くは，特にクチコミの影響力を認識しており，クチコミの性質や起こるタイミング，スピードに積極的に適応しようとしている。最近増えているインタラクティブ・メディア，特にインターネットは，既存顧客，潜在顧客，離反顧客やその他ステークホルダーと「会話する」ためにますます活用されるようになっている。コミュニケーションが計画的に行われたにも関わらずサービス体験に基づくコミュニケーションのために，それに見合った結果が得られなかった事例についてビュー・ポイント 1.1 を参照されたい。

マーケティング・コミュニケーションの役割

　組織はマーケティングやビジネス上の目的追求のために様々なオーディエンスとコミュニケーションを図っている。そこでは，マーケティング・コミュニケーションは多様なオーディエンスとエンゲージメントを結びながら，オーディエンスのニーズを満たすように活用されていく。伝えるメッセージは対象となる組織（または製品やブランド）に対して，個々人の心を動かし，反応を得るようにしなければならない。購買行動やお客様サポートセンターへの電話などの反応がすぐに表れることもあれば，メッセージは将来のための情報として取り入れられ，反応が後々になってから起こることもある。また仮にその情報が後日には忘れられていたとしても，伝えられたメッセージには興味が持たれ考慮されたといえるだろう。

　このようにマーケティング・コミュニケーションを活用する理由は，状況や文脈によって様々であるが，根本的な目標はオーディエンスの反応を喚起することである。Rossiter and Percy（2013）は，この反応を製品やサービス

の販売に限定している。彼らは広告の役割を「よりブランド価値のある製品やサービスを販売すること，あるいは広告に触れなければ生まれなかった喜んでお金を払いたいという気持ちを顧客に持ってもらうこと」としている。

しかしながら，消費者が購入に至るまでには複数のコミュニケーションが影響を与え，購買はその結果として達成される。したがって，オーディエンスの反応は，ブランド価値，態度，選好，そして前向きな思考を個人がブランドに対して抱くことと組み合わさって生じる。これは，ブランドへの「思考と感情による志向性」によるものであり，理性的な思考と情緒的な感情とが合わさったものである。

また，それとは別の反応として，オーディエンスに特定の行動を促すことが考えられる。「行動的反応（behavioral response）」とか「ブランド反応（brand response）」といわれるこのような反応の目的は「オーディエンスから特定の行動を引き出すこと」が目的となる。スーパーでチーズを試食する，ウェブサイトを訪問する，楽曲を視聴する，製品やサービスを注文して代金を支払う，友人と情報をシェアする，ネットワークに登録する，手紙を開封する，嘆願に署名する，電話をかける，など例示できる行動は様々である。フェイスブックのページを持っているブランドは，行動を促すきっかけに「call-to-action」（行動のきっかけ）ボタンを活用することができる。フェイスブックに限らずページ上の「今すぐ予約」，「お問い合わせ」，「アプリを使う」，「ゲーム開始」，「今すぐ買う」，「登録する」，「動画を観る」といった特定ページへのリンクはいずれもエンゲージメント戦略上の重要な役割を担っている（Anon, 2014a）。図1.4はエンゲージメントを促す2つの重要な要素を示している。

図1.4　エンゲージメントの2つのキー・ドライバー

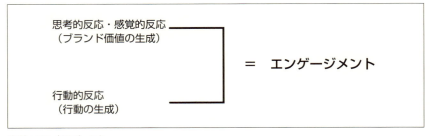

出所：Fill（2011）より。

キャッシュフローを生み出すことを別にすれば，こうした反応を促す目的の底流には，反応によって特定のオーディエンスとの関係性を構築しブランドのポジションを（再）構築するという戦略的な機能があると考えられる。

　例えば，シードルのブランドであるマグナーズのマーケティング・コミュニケーションは，かつては製品情報を伝えることに主眼を置いていた。しかしあるキャンペーンCMでは，それまでと異なり，製造方法に関するメッセージを伝える手法をとった。時代を特定しない田園風景の中にマグナーズを登場させ，暗闇の中で製造していること，無傷なリンゴを果汁として絞っていること，17種類のリンゴを受粉させていること，などを伝えた。

　Willifer（2013）はこの手法を情緒的ベネフィットに基づくドラマ仕立ての戦略への変更と述べている。また別のCMではブランドの語り手が現代風のアイリッシュバーを訪れ，視聴者をのせるようにリズムをとりながら「今」について語りかける様子が描かれた。ラストカットには「今が最高」というメッセージが置かれた。Willifer によれば，この「今」という言葉を使うことで，流れに乗ってチャンスを掴もうという気持ちと自然と結びつくという。古い過去ではなく「現代的」になることでオーディエンスがマグナーズに対して抱く新しい連想をもたらした。マグナーズはオーディエンスのマグナーズとのエンゲージメントを変えたのである。

　エンゲージメントは，ここまで述べてきたような2つの反応の結果として生み出されると考えられる。エンゲージメントのクオリティの程度を決定づけることはできないが，個人を引きつける特定の反応を引き出すことが，マーケティング・コミュニケーションの基本になるとはいえる。例えば，ペット保険会社ペットプランは，テレビを使って新たなブランド価値を醸成した後，コールセンターへの電話やウェブサイトへ訪問アクセスという行動を促す広告を展開した。この活動を支えたのはフェイスブックを使ったウェブ上でのコンテストだ。ペットの飼い主たちにコンテストへの参加を促し，フェイスブック利用者たちのペット写真で広告を作るために，写真の投稿を呼びかけた。28,000人を超える飼い主がフェイスブック上でのコンテストに自身のペットの写真を投稿した。彼らは皆キャンペーンに好意的になったばかりでなくペットプラン・ブランドに対する愛着も高めたのであった。

　こうしたエンゲージメントが生じる場面では，オーディエンスは対象とな

る組織やモノ・コトに心惹かれているといっていいだろう。その結果，行動を起こす機会も増える。エンゲージメントが架け橋として機能し，ブランドや組織とオーディエンスをつなぐ仕組みを作り上げることで，そこに関わる関係者全員の目的が達成できるようになるのである。言い換えれば，それは互いに価値をもたらすのである。

　このようにエンゲージメントのプロセスが拡張したことで，ブランドは顧客体験を生み出すことに焦点を当てることになってきている。そこでは，ブランドと顧客が相互作用する様々な接点を結びつけるとともに結果としてのブランド体験に一貫性を持たせなくてはならない。しかしながら今日の多様化したメディア・チャンネルでは，コミュニケーションに一貫性を持たせることはとても難しい問題となっている。例えば，小売業者の多くはマルチチャネル環境をマネジメントしようとしているものの，それぞれのチャネルを個別に取り扱ってしまいタコツボ状態になってしまっている。

　そのような中でも，いくつかの小売業者は顧客中心主義に立ってチャネルを連動させようと試み，ブランドに対する顧客の認識に一体的なつながりを持たせ一貫性を保とうとしている（Patel, 2012）。Poletti and Viccars（2013）が挙げているのは，高級スーパーマーケットのウェイトローズがiPhoneアプリを活用し，レシピや買い物リスト，ワインのマッチングサービスを機能統合し，顧客向け小冊子，雑誌，各ソーシャルメディアのコミュニティサイト，有名シェフが登場するYouTubeやテレビ番組などの動画を結びつけた例である。

　エンゲージメントが適切に結ばれるということは，理解され意味が効果的に伝わったということであり，それによってコミュニケーションは価値を生み出していく。「いいね」の数や閲覧者や読者の総数を数えるだけでは，エンゲージメントの質やエンゲージメントが与える価値を十分に取り扱っているとはいえない。価値を生み出すためには，まず1つは，一方向的コミュニケーションを通じ，ターゲットとするオーディエンスに提供する製品やサービスについて理解をもたらし，もっとコミュニケーション活動にも関わりたいという思いを広げることだ。さらには，双方向や相互のコミュニケーションによってエンゲージメントをその関係に特有な情報へと高めることである（Ballantyne, 2004）。情報を交換する頻度が高ければ高いほどより望ましい協調関係が築かれる可能性が高まるからである。

ビュー・ポイント1.2　ヴィクトリアズ・シークレットの店舗経験

　マルチチャネル販売やオンライン・セールスが成長しているために，ロンドンのニュー・ボンド・ストリートにあるヴィクトリアズ・シークレット（VS）はフラッグシップ店のデザインではデジタル体験に対応する必要に迫られた。

　4フロアからなるこの店舗は，曲線の形が特徴的で，装飾的なペインティングが施され特注のムラノガラス・シャンデリアが吊られ贅沢で荘厳さを誇っている。しかし，訪れる顧客の記憶に残る体験を創造しているのは，柔軟に変化するマルチメディア技術である。この現場での経験をインターネット上で再現することはできないが，どのチャネル接点でも一貫性を保つことができるように工夫されている。店舗での経験にマルチメディアを導入することによって今までとは別の顧客エンゲージメントを生み出している。

　注目されるのは壁面を飾る巨大な二層の高解像度液晶ディスプレイで，それは鏡張りの廊下に映し出されている。コンテンツは頻繁に入れ変わり，広告を背景に最新のファッションショーをライブ映像で映し出したり，直近のファッションショーの映像が再生されたりする。そのため，店を訪れるたびに目新しくユニークな経験をすることができるのである。

　店中の壁面ディスプレイは巧みに調整されていて，例えば会計コーナーでも，モデルたちの写真が飾られブランドのサインとなる香りを放つフレグランス・バーが照明に映し出されている。店内での動画や音響の活用によって，店中でエネルギーを感じさせブランド経験を豊かにし再来店を刺激することにつながっている。これらは，経験価値による消費社会化が進み，店内におけるデジタル環境が競争優位の重要なポイントになっていることを表している。

　さらに，VSはモバイル戦略も行っている。ユーザーはアプリをダウンロードして利用できる。アプリでは，カタログにアクセスしたりクイズやゲームをしたり他のユーザーとチャットで交流を楽しんだりでき，VSの年度ごとのファッションショーに関するメッセージを送ることもできる。

　このようなマルチメディア技術の利用によって，顧客はチャネルに制約されることなくブランドと直接的につながることができるのである。

Bergin (2012)；Bohannon (2015)；Patel (2012)；www.fashionfoiegras.com/2012/08/first-look-victorias-secret-new-bond.html

問い：これらの店内経験は行動的エンゲージメントをどのくらいもたらすのだろうか。
課題：小売環境においてデジタルテクノロジーを活用しているブランドを挙げてみよう。それらはうまくいっているだろうか。

その重要性を強調するかのように，「エンゲージメント」というコンセプトは今日，閲覧数やクリック数，ページビューにとって代わる測定方法としてテストされている。個人がウェブページに費やした時間を表す「エンゲージメント時間」という考え方の有用性を高く評価する組織もある。フィナンシャル・タイムズは，オーディエンスが広告内容にどれくらい長い時間を費やすかを基準としたディスプレイ広告を販売しようとしていると報じられた（Anon, 2014b）。スクリブルライブの重要な測定指標もユーザーのエンゲージメント時間（UEM：user engagement minutes）である。このような測定指標はすべて，人が広告内容と「関わる（engaged）」時間の長さを表している。これらの事実から見ても今日の，マーケティング・コミュニケーションでは，オーディエンスとエンゲージメントを結ぶことが最も基本的な役割として求められていると考えられる。

マーケティング・コミュニケーションのタスク

Bowersox と Morash が1989年に発表した重要な論文がある。情報の流れを含むマーケティングの流れは，顧客のニーズやウォンツを満たすことを目的とするネットワークとして表現できることが示されたのである。コミュニケーションはこのような交換のネットワークの中で重要となる。なぜなら，それは，次の4つのタスクを果たす手助けとなるからである。

● コミュニケーションは情報伝達を行い，組織が提供するものを潜在顧客に気づかせる。また，ブランドに関する知識や理解をもたらす。
●コミュニケーションは交換関係に加わることが望ましい既存顧客や潜在顧客を説得しようとする。
●コミュニケーションは体験を強化するためにも活用される。このことによってニーズを持つ人々は過去の取引で得たベネフィットを再認し，また同じような交換関係が結ぶことができるという確信がもたらされる。また，コミュニケーションによって交換前や購入後に安心を与え充足感を提供できる。このことは既存顧客の維持や収益性の向上につながるために重要である。絶えず新規顧客を獲得しようとするよりも費用対効果の高い手法といえる。

22　第1部　マーケティング・コミュニケーションとは何か

●マーケティング・コミュニケーションは差別化の要因として機能する。とりわけ，競合する製品やサービスとの違いを打ち出すのが困難な市場で有効である。例えばミネラルウォーターにはペリエやハイランドスプリングといった製品があるが，これらはとても類似している。このような中でブランドイメージを作り顧客に購入意思決定をさせるのはコミュニケーションである。この場合，マーケティング・コミュニケーションによって創造されたイメージによって人々はブランドを区別し異なるポジションを与え，製品を購入する際の確信や前向きな態度が構築される。

これまで述べてきたように，マーケティング・コミュニケーションのタスクは情報伝達し（inform），顧客を説得し（persuade），体験を強化し（reinforce），製品やサービスを差別化する（differentiate）イメージを生み出すものである。この要素は**DRIP**とまとめることができる（表1.1参照）。

しかし，より高いレベルから見ると，コミュニケーション・プロセスは情報提供や説得や強化や差別化によって取引を支えるだけに留まらず，コミュニケーションそのものが交換の手段になることがある。それは例えば，楽しみを提供したり，何かを解決したり，教育や自尊心が交わされるようなコミュニケーションである。コミュニケーションには心理的満足という目に見えないベネフィットが伴うため，例えば，広告物とエンゲージして楽しむような娯楽（Schlinger, 1979）や，ソーシャルネットワーク上の企画に参加することで得られる体験などは心理的満足をもたらすのである。

表1.1 マーケティング・コミュニケーションのDRIPモデルの要素

タスク	サブタスク	解説
Differentiate（差別化）	ポジショニングの構築	製品やサービスを特定のカテゴリーに位置づけること
Reinforce（強化）	想起，確認，刷新	事前のメッセージと経験を統合させ強めること
Inform（情報伝達）	認知獲得，教育	入手方法や特徴を知らせアドバイスをすること
Persuade（説得）	購入やさらなる問い合わせの喚起	購入行動に向けて前向きに動機づけること

第1章 マーケティング・コミュニケーションを考える 23

コミュニケーションはまた，価値観や文化を社会やネットワークの異なる人々に受け容れ支持してもらう手段ととらえることもできる。メディアにおける女性の描かれ方をめぐってステレオタイプな，痩せすぎのいわゆる「サイズ・ゼロ」の女性のイメージは不適切なロールモデルを設定することで健康への機能障害の問題を招いているという議論を呼んだ例がある。組織が（意味を伝えるサインやシンボルを活用することに慎重であれ無頓着であれ）採用するコミュニケーション・プロセスのスタイルや特徴は，あるイメージの定着や持続を促していく。ダヴはこの点をよく理解しており，様々な一般人を起用することで，ナチュラルビューティーという価値観に基づいたリポジショニングを成功させた。

　このような目に見えないコミュニケーションがもたらすベネフィットは国民健康保険（NHS：National Health Service）や慈善団体，教育機関，住宅協同組合といったNPO組織での社会的，心理的取引としてますます顕著になってきている。これらの組織は，多様なオーディエンスとのコミュニケーションを欠かさないだけではなく，顧客から「価値ある存在」として認識されるために対応することが重要であることも理解している。一般のブランドでもこのような重要性を理解し，製造元の環境に対する施策や取り組みを知りたがる顧客のニーズに対応しようとしている例がある。実際，クラフト・ハインツは，発展途上国の生産者との公平でバランスの取れた取引を目指す「フェアトレード」製品の増加を受け，こうした形の商業的活動に関わるべきであると考えたのである。

　コミュニケーションの価値は，別の角度からも論じることができる。どの組織であれ，コミュニケーション展開によって競争優位を表すようなメッセージ価値を伝える機会を持つことができる。メッセージ価値はその一貫性や発表のタイミング，分量や表現によるものだ。Heinonen and Strandvik（2005）もコミュニケーションの価値は次の4つの要素で構成されると論じている。1）メッセージの内容，2）情報提示の仕方，3）コミュニケーションを起こす場所，4）そのタイミングである。つまり，一連のコミュニケーション展開が成立するためには，その状況が極めて重要になる。マーケティング・コミュニケーションに含まれるこれらの要素については，本書も随所で触れて

いる。

　その一方で，マーケティング・コミュニケーション活動が文化的に逆効果をもたらすこともあると考えられている。例えばKemp（2014）は，トレンドを紹介するWebメディアLSNグローバルの編集者グリーンの言葉を引用している。グリーンによれば，ソーシャル・メディアは，それを使うことによって，人々の「もっと欲しい，もっと派手に，もっとよく見せたい」という気持ちを過度に煽るという。こうした感情に煽られて他者を察し，自分と比較して優劣をつけることになり，自分の心の中に逆に不満を招いてしまうという。こうした個人的な不満に誘発され社会的な不安が生み出されることも起こりかねない。Kempはその引用の後，ブランドは人々の不安を理解しそれらを解消するサポートをするべきだと述べている。社会的不安を理解し，共感を得るポジションを獲得した好例として，セインズベリーの「ものを持たずに上手に生活（Live well for less）」キャンペーンや，アルディの「ブランドものと変わらない。違うのは安いことだけ（Like brands. Only cheaper）」キャンペーンを紹介するドーソンの文章もKempは引用している。

　コミュニケーションが活用される理由は他にもある。情報を伝達して説得し，体験を強化して，製品やサービスを差別化するというコミュニケーションのタスクは，主に消費者，エンドユーザーに向けたものだ。しかし，組織というものは互いが独立して存在しているわけではなく，広義の組織ネットワークに属している。そして，そのネットワークの中で他の組織と行われる一連の交換によって原材料や資源をインプットし，付加価値化された製品としてアウトプットする一連の交換に加わっているのである。

　組織が交換に参入するためには，緩やかなものであれ強いものであれ，関係性を構築することが必要だ。Andersson（1992）はネットワークにおける組織間の関係性に注目し，その強さに応じて「ルース・カップリング（疎結合）」「タイト・カップリング（密結合）」と名づけた。こうした結合ないしパートナーシップは，組織間でやりとりされ，そこで受け容れられているコミュニケーションの影響を受けている。そこでのネットワーク内で各組織が担う役割やタスクを遂行するやり方は，ネットワーク内のコミュニケーションの多様さや複雑さによって形作られる。チャネルやネットワークのコント

ロールやリーダーシップ，上下関係，軋轢といった問題は，どのようなネットワークにおいても，交わされるコミュニケーションの形式や特性に内在するようになる。

「取引的交換」ではコミュニケーションはフォーマルで計画的であるとされている。それに対して「協働的交換」はより頻繁なコミュニケーション活動に支えられている。Mohr and Nevin（1990）が述べているように，そこには双方向のコミュニケーションの流れがあり，インフォーマルさの度合いによって情報の流れの性質やタイミングに影響がもたらされる。

マーケティング・コミュニケーションの定義

　これまでマーケティング・コミュニケーションの領域，役割，タスクを考えてきたが，ここではマーケティング・コミュニケーションの定義を考えよう。マーケティング・コミュニケーションには普遍的な定義はないが，その解釈は多数ある。表1.2は，マーケティング・コミュニケーションの議論が深まる中で，どのようなことに重点が置かれてきたかの変遷を示している。もともとの定義では製品やサービスの購入を説得する目的を持つ販売促進として位置づけられることが多かった。この考えは製品ベースの一方向的コミュニケーションで短期的視点から焦点が当てられていた。しかし，幅広いツールやメディアが現れ，コミュニケーション活動に期待されるタスクが拡張するとともに，「マーケティング・コミュニケーション」という表現が登場してきた。

　そこでは，認知獲得，説得に加え，理解，選好，想起，確信といった新しい目標がコミュニケーション目標として重要であると見なされるようになった。ダイレクト・マーケティング活動はワン・トゥ・ワンのアプローチとして活発化し，双方向コミュニケーションはその焦点をマスから個人的なコミュニケーション目標へとシフトさせた。今では多くの定義が統合的視点に言及している。この見方は1990年代半ばから勢いを増し，マーケティング・コミュニケーションを語るのにもはや欠かせないものとなっている。

　しかし，一方で統合的視点へ移行したことにより，マーケティング・コミュニケーションの目的に新たな問いかけも浮上している。例えば，製品やサービスを超えた外部要素にも目を向けていくべきなのか，コーポレート・コミュ

表1.2　マーケティング・コミュニケーション志向の発展

志向	解説
情報とプロモーション (Information and promotion)	コミュニケーションは，マスメディアを活用して人々を説得し製品購入に導く目的で用いられる。そこでは，製品の合理的な情報が強調される。
プロセスとイメージ (Process and imagery)	コミュニケーションは消費者が経験する購入プロセスにおける様々な段階に影響を与える目的で活用される。様々なツールが用いられる。製品イメージと感情的メッセージが強調される。
統合 (Integration)	消費者にとってのブランドのポジションを明らかにする目的でコミュニケーション資源を効果的効率的に用いる。戦略，メディア・ニュートラル，合理性と情緒性のバランスがとれたコミュニケーションが強調される。
関係 (Relational)	コミュニケーションは，組織が顧客と共有する様々な関係性に欠かせない要素として用いられる。互恵的な価値と意味に加え，様々なステークホルダー・グループのコミュニケーション・ニーズやその処理プロセスの認識が強調される。
経験 (Experience)	それぞれの文脈においてコミュニケーションは独自の顧客経験を生み出す目的で用いられる。そこでは，一貫性と意味をもたらすために統合と関係のどちらの要素もともに必要とされる。

ニケーションも組織のマーケティング・コミュニケーションのうちに統合されるべきなのか，ステークホルダーの範囲を顧客以外にも広げるべきなのか，そもそも統合とは何を意味し，実現可能なものなのか，といったことである。統合的視点としては強い戦略性と長期的志向が語られてきている。とはいえ，多くのマーケティング・コミュニケーション戦略の基盤はいまだ「プロモーション・ミックス」志向に留まっているように見受けられるのである。

　これまでのマーケティング・コミュニケーションの解釈で十分に導き出されていないのは，よりよい製品や組織のシンボル化を通じて付加価値を提供する論点である。また，マーケティング・コミュニケーションの文脈こそがメッセージの意味や解釈にインパクトを与えていることも見逃されている。異なるそれぞれの環境に合わせて枠組みを作り提案を図ることがマーケティング・コミュニケーションに強いチカラをもたらしている。そのため今日では，「統合（インテグレーション）」という言葉が様々なマーケティング活動や関連コミュニケーション活動を表すのに用いられ，コーポレート・マーケティ

第1章　マーケティング・コミュニケーションを考える　27

ングが次の重要な展開として浮上してきている（Balmer and Gray, 2003）。そこでは「形式」としては相互作用のコミュニケーションが,「パラダイム」としては関係性マーケティングが好まれている（Grönroos, 2004）。マーケティング・コミュニケーションが取り扱う領域はますます広くなり, 製品情報を伝えるという従来的な考え方を超えて今や組織全体としてのコミュニケーションや関係性マネジメント戦略にまで広がっている。この視点からは, 異なるオーディエンスの様々なニーズに合わせ, コミュニケーションに, 一方向的なもの, 双方向的なもの, 相互作用を図るもの, 対話形式のアプローチのものなどが包括されていく。統合段階ではまず, 組織に焦点が合わせられるが, その次の展開では組織が多様なオーディエンスと持つ関係性に焦点が合わせられる。そうした中ではマーケティング・コミュニケーションはとりわけ, オーディエンス中心の活動であらねばならない。それを受けて, ここで2つの定義を提案する。1つは短く覚えやすいもの, もう1つは詳しく言及したものだ。まずは短いほうの定義である。

　　マーケティング・コミュニケーションとは, オーディエンスを中心とする活動であり, オーディエンスとエンゲージメントを結び, 会話を促そうとするものである。

　この定義は, 活動の成果としてエンゲージメントと会話を生み出すことに焦点を合わせている。もう1つはプロセスに着目したもので, 3つのキーワードがある。

　　マーケティング・コミュニケーションとは, 組織とオーディエンスが互いにエンゲージメントを結ぼうとするプロセスである。当事者たちは, オーディエンスが嗜好するコミュニケーション環境を理解することを通じてメッセージを展開, 表現し, 評価や反応を得る。適切で意味のあるメッセージを伝えることで, 態度的反応, 情緒的反応, 行動的反応が活性化される。

　最初に関心を払うべきキーワードは「エンゲージメント（engagement）」である。ターゲット・オーディエンスが取引的ニーズを求めているのか協働的

ニーズを求めているのかを認識することで，マーケティング・コミュニケーションは多様なオーディエンスに適したコミュニケーションを用いてエンゲージメントを結ぶことができる。そこには，一方向，双方向，相互作用的，対話的，といったコミュニケーションの種類があることを指摘できる（第2部参照）。ただし，すべてのオーディエンスが常に自分の組織やブランドとの関係性構築を望んでいると思い込むのは非現実的である。人によっては一方向的なコミュニケーションのほうが有効なこともある。最終的には，メッセージそれ自体は，ターゲット・オーディエンス個人の心を動かし，対象となる組織（や製品，ブランド）に反応をもたらすべきである。ここでいう反応には，例えば，購買行動や，顧客電話相談，ウェブページのFAQ（よくある質問コーナー）の利用といった，即刻起こる反応がある。その一方，その将来に情報を活用した場合に初めて腑に落ちて起きる反応もある。たとえ，その情報が後には不要なものとなったとしても，コミュニケーションにおけるメッセージは注意を引き，考慮を促すような魅力を持つべきである。

　第2に関心を払われるべきキーワードは，マーケティング・コミュニケーションの「オーディエンス（audiences）」あるいはそれに加わる当事者である。従来，マーケティング・コミュニケーションは製品情報を顧客を中心とするオーディエンスに伝達するために活用されてきた。しかし今日では，幅広いステークホルダーと多様な次元のつながりや関係性を持つため，マーケティング・コミュニケーションは関係性の広がりや多様性に対応しなければならない。ステークホルダー・オーディエンスは，顧客を含め組織の問題に幅広く関心を持ち，その関心は，時には製品に関連すること，時には組織そのものの方針や進め方，価値観や手順に及んでいる。マーケティング・コミュニケーションはオーディエンス中心の活動であるべきだからこそ，その意味で重要なのは，オーディエンスのニーズや環境を理解したメッセージである。マーケティング・コミュニケーションが成果を上げるためには，ターゲット・オーディエンスの行動や情報処理のニーズやスタイルを踏まえなければならない。これは「コミュニケーションが起こる文脈を理解すること」といえる。このことを基本と考えれば，ターゲット・オーディエンスに対して，他社と違い価値があると見られるようにブランドを提示し，ポジションを得やすくなる。

第1章　マーケティング・コミュニケーションを考える　29

第3に関心を払われるべきキーワードは「反応（response）」である。これはコミュニケーション・プロセスがもたらす結果のことで，一連のコミュニケーションがうまくいったかどうかを測るものになる。本質的に重要な反応は2つある。**認知的反応**と**情緒的反応**である。認知的反応（cognitive responses）では，オーディエンスを能動的な問題解決者と仮定する。オーディエンスはマーケティング・コミュニケーションを活用して暮らしや製品・サービス購入の便宜を図り，組織とのやりとりなどをこなしていく。例えば，ブランドには消費者のために開発される部分もあれば企業自体のマーケティング効果のために開発される部分もある。消費者が類似ブランドの購入経験を持っていれば，「このブランドはこのくらいの品質である」とすぐに理解できるため消費者はリスクを低減させ安心する。消費者が「昼食のスープにどの新製品を選ぼうか」という問題に直面しても，馴染みのあるファミリー・ブランドから選ぶことで最小限のリスクでそれを素早く解決できる。そこでは認知的反応としてオーディエンスは合理的な情報処理を行っていると考えられている。

　一方，情緒的反応（emotional responses）では意思決定は合理的な認知処理を通して行われるのではなく，コミュニケーション刺激への情緒的な反応の結果と考えられる。快楽消費とは，夢を叶え感情的なニーズを満たすための製品・サービスの購入や利用のことである。製品を消費する体験全体が満足の基礎となる。例えば，スポーツカーやオートバイは必ずしも機能や性能で選ばれるわけではなく，意のままのスリルや力強さ，陽気さと危険とを合わせ持ったような感情によって選ばれる。マーケティング・コミュニケーションとそのコンテンツは，こうしたオーディエンスの認知的あるいは情緒的な反応を特に見越して展開されるべきである。

　このように，マーケティング・コミュニケーションは様々な視点から考察される。マーケティング・コミュニケーションは複雑な活動であるため，洗練の程度や達成成果の程度は組織によって多様である。しかしながら，マーケティング・コミュニケーション自体の役割とタスクを明確にすることはできる。すなわち，マーケティング・コミュニケーションの役割はオーディエンスとエンゲージメントを結ぶことであり，マーケティング・コミュニケーションのタスクは，差別化し，強化し，情報を提供し，説得をして，オーディエンスに考え，感じ，行動を起こしてもらうことである。

第**2**章

マーケティング・コミュニケーションに対する環境の影響

内外環境の影響

　マーケティング・コミュニケーションのマネジメントは複雑で不確実性の高い活動である。なぜならマーケティング・コミュニケーションには環境をはじめとする数多くの変数の影響を受ける性質があるからである。一口に環境といっても色々なものがあるが，本章では3つのカテゴリー，すなわち内部環境，外部環境，市場環境について考察する。それぞれどのようなものがあるかを図1.5に示す。

内部環境の影響

　内的環境とは主に，組織とその仕事の仕方，組織の価値観，どのように展開していきたいかという組織の戦略を意味する。組織のマーケティング・コミュニケーションは様々な要因の影響を受けるために組織の全体戦略は強い影響力を持たなければならない。例えば，組織がターゲット市場でとる差別化戦略は，メッセージや使用するメディアに影響を与え，当然，ポジショニング全般や組織の評判にも影響する。ブランド戦略は，ブランド・ネームがどのように設定されるか，販売促進がコミュニケーション・ミックスにどの程度必要か，販売促進がどのような位置づけを持つか，といったことにも影響する。また，組織に行き渡っている組織文化の影響力も非常に大きい。上下関係が支配的な経営体制や権力文化の下では，従業員は従属的でリスクを避ける傾向がある。このような場合には，コミュニケーションはオーディエンスと情緒的なエンゲージメントを結ぶことよりも，USPや製品のベネフィットに重きを置きがちになる。

図1.5 マーケティング・コミュニケーションを形成する環境要因

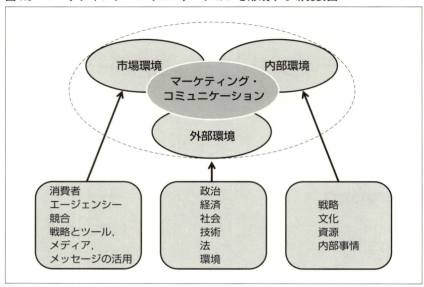

また、マーケティング・コミュニケーションに投じることのできる予算によって、メッセージを伝えるためのメディア・ミックスのあり方やセールス・スタッフの規模が変わってくる。従業員の質やモチベーションは別として、担当するスタッフの嗜好やマーケティング・スキルの程度は、メッセージ形式、メディア選択、エージェンシーやサポートサービスの起用に影響するだろう。つまり、会社の社会的体質、政治的内部事情は、誰がいち早く昇進するかだけではなく、貴重なマーケティング資源をどうやってどのブランドに割り当てるかも規定するのである。

マーケティング・コミュニケーションは往々にして、組織の対外的なコミュニケーションを取り扱うことと考えられがちである。しかし実際は、従業員のような内部ステークホルダーと良好なコミュニケーションを図ることも、長期的に望ましいイメージや認知、態度を十分確立するためには欠かせない。効果的なマーケティング・コミュニケーションは、従業員とマーケティング・プランのどちらにも影響力を持つ。例えば、B&Qやハリファックスの広告活動に登場するスタッフは、ブランドに明確に反映された組織価値を表現することをねらいとしている。

市場環境の影響

　市場環境は，競合他社の影響によってどの程度市場をコントロールできるか，どのような類型になるかによって特徴づけられる。ある会社が市場で独特なポジションを占めているならば，それ以外の会社では，製品の主張，使用するメディア，セールス・スタッフの営業地域，ポジショニングに制約を受けてしまう。また，ビジネス市場では媒介者がマーケティング・コミュニケーションの性質に影響を与える。そこでは，頻度や関係の密接さ，質，進んで互いに情報を共有しようとする意向が重要な要因となる。もちろん，組織が起用するエージェンシーも様々に影響力を及ぼしうるし，逆に，またそうした影響力を引き出すべきである。マーケティング・リサーチ会社（市場における認知や態度，行動に関する情報をもたらす），コミュニケーション・エージェンシー（何をいうのかを決め，どのように伝えるかコミュニケーションを企画する），メディア事業者（メディア・ミックスとそのタイミングを提案する）は，いずれもマーケティング・コミュニケーションに影響を与える可能性が高い。

　しかし，おそらく市場に最も影響を与えるのは，消費者やステークホルダーのネットワークである。直接コントロールできないために消費者やステークホルダーの態度，認知，購買嗜好，行動は，組織のマーケティング・コミュニケーションに大きな影響を与える。

外部環境の影響

　外部環境には，組織がそれをほとんどコントロールできないという特徴がある。よく知られる**PEST分析**はこのような要因を把握するのに有効である。

　まずは政治的要因（political forces）である。これには法的な事柄もあれば倫理的な事柄も含まれる。法規制や自主規制，組織の善悪や結果と義務に対する態度，組織が用いるフォーマルないしインフォーマルなコミュニケーションによって，マーケティング・コミュニケーションは影響を受ける。実際，倫理や組織責任への社会の関心がますます高まる中で，どのような組織文化が評価され評価されないかを明らかにすることが求められている。

　次に経済的要因（economic forces）である。人口統計学的要因，地理学的要因，またはそれらを複合することで，知覚価値から見たブランドのポジショ

ニングが規定されることがある。例えば，政府が金利を上げると消費者は製品・サービスに必要以上の支出を控えようとする。この場合，マーケティング・コミュニケーションでは，価値について通常よりも強いメッセージを伝え，行動のきっかけを繰り返し訴求する必要がある。

社会的要因（social forces）とは，社会が尊重している価値観や信念，社会規範のことである。社会において中核的な価値観はそう簡単に変えられるものではない。例えば，アメリカの銃文化や自己実現を目指す自分志向のトレンドは揺らぎにくいもので，一種の価値体系がすでに作り上げられている。そういったところでは，マーケティング・コミュニケーションはブランドを活用して，その価値観を賛美しそれと結びつく方向で用いられる。マクドナルドは，肥満解消や健康的な食習慣が取り沙汰される今日の社会的プレッシャーを受け，ロンドン五輪のオフィシャル・レストランとしてその価値観に従わなければならなかった（Rowley，2012）。また，ファーストフード会社に対する批判を受け，新製品や健康を意識したサイドメニューを取り入れることになった。その結果マクドナルドのマーケティング・コミュニケーションは，オーディエンスに情報を与え新メニューに気づかせるだけでなく，差別化とポジショニングに関わるメッセージを伝え，来店に向けての理由を提供するものとなっていった（ビュー・ポイント1.3参照）。

最後に技術的要因（technological forces）である。技術的要因はマーケティング・コミュニケーションに大きなインパクトを与えてきた。新しいテクノロジーはマーケティング・コミュニケーションを進化させ続け，今日のコミュニケーションは，個人を対象とし，ターゲットを特定してカスタマイズされ，レスポンスを得やすい形式になっている。かつては一方向的なコミュニケーションで情報提供や説得をすることが基本であったが，今や流れは双方向的なコミュニケーションへと移行し，オーディエンスとの統合を果たしている。デジタルテクノロジーにより組織とオーディエンスが行動を共有し，理由づけできる領域が拡大し，適切なターゲット・オーディエンスに適用され頻繁に用いられている。

また今日，商標や著作権の視点から法的要因が非常に注目を集めるようになってきている。信頼性や社会的責任の問題に関わる主張がされることで環境的要因がインパクトを与えるようになっているからである。

34　第1部　マーケティング・コミュニケーションとは何か

マーケティング・コミュニケーションはこれらの環境変化に合わせて発展してきた。例えば，ダイレクト・マーケティングは今や，消費者市場，ビジネス市場のどちらにおいても購買者との関係性を築くのに欠かせないアプローチとして確立されている。ソーシャル・メディア，デジタルテクノロジー，スポンサーシップ，アンビエントメディア，コンテンツ・マーケティングからは，新しく革新的なコミュニケーションスタイルが発展してきている。これらが示すように，効果的にコミュニケーションを図るには，環境での変化する文脈に応じて，多様化し続けるコミュニケーションの手法やメディアの種類を選択し，統合していくことが必要である。

ビュー・ポイント1.3　社会的要請に応えるコカ・コーラ

ブランドと社会的文脈との接点については，その文脈の存在がしばしば見過ごされてきた。しかしながら，多くの日常的な消費財（FMCG：Fast Moving Consumer Goods）のブランドではこの論点を抱え，ブランドの価値提案やポジショニングに社会的要請を組み込んで活用しようとしている。例えば，マクドナルドは肥満のリスクに対応してサラダや低カロリーメニューを導入した。

コカ・コーラは地域コミュニティや地域行政に大きく支えられているブランドである。地域コミュニティや地域行政のサポートによってコカ・コーラは世界中で流通ネットワークを築き，製造工場やボトリング工場を維持できているからである。そのため，コカ・コーラにとって肥満問題に取り組み，評判を守ることは必要不可欠なことなのである。

2013年のコカ・コーラの戦略には，世界中の市場でノンカロリーまたは低カロリーの飲料を提供することが盛り込まれた。さらに製品パッケージにカロリー表記を行いダイエットの選択肢を提供することによって，砂糖たっぷりの飲料が世界に肥満を蔓延させているという議論を鎮めようとした。

さらに，コカ・コーラは同社が展開している市場のそれぞれで，体を動かすような体育活動に焦点を合わせた活動を協賛するように方針を再編した。

出典：Boyle（2014）；Warc（2013）；Webb（2014）

問い：どのような状況ならば，組織は社会的要請への責任に応えることができるのだろうか。つまり，非倫理的行動だと非難されることが避けられ，商取引の成果を維持できるのだろうか。

マーケティング・コミュニケーション・ミックス

　近年，コミュニケーション環境そのものや，組織がターゲット・オーディエンスとコミュニケーションを図る方法で大きな変化が見られる。新しい楽しみ方を人々が求める中でデジタルテクノロジーは多数のメディアを創り出した。こういった現象はメディア・フラグメンテーションやオーディエンス・フラグメンテーションといわれ，組織はそれを踏まえてオーディエンスに効率的にリーチするための新たなコミュニケーション・ミックスの組み合わせを生み出してきた。例えば，様々なキャンペーンでダイレクト・マーケティングが重視されるようになると，直接的に反応を得られるメディアが急増した。インターネットやデジタル・テクノロジーによって新たな双方向コミュニケーションが可能となり，受け手が参加性を高めコミュニケーションのプロセスに受け手自身が自らの責任を持って参与できるようになってきた。

　マーケティング・コミュニケーションで成果を上げるには，ターゲット・オーディエンスのニーズやキャンペーンの目的に合わせて様々な要素をマネジメントしなければならない。もともとはマーケティング・コミュニケーション・ミックスを構成する要素は，1）広告や2）販売促進，3）パブリック・リレーションズ，4）ダイレクト・マーケティング，5）人的販売という手法やディシプリン（領域の知見）であった。これらは，様々な組み合わせや結びつきの程度を変えながら，ターゲット・オーディエンスに対して意味あるコミュニケーションを展開しようとしていた。

　ブランドが広告を活用して「アバブ・ザ・ライン」（above the line）といわれるマス・コミュニケーション・キャンペーンを生み出していた時代は，これらによるミックスが活用されていた。その戦略は基本的には，新聞や雑誌の紙面，あるいは視聴者が2,000万人以上いるようなテレビ番組に合わせてスポットと呼ばれる広告出稿の時間をバイイングするというものだった。そのためメディア側は戦略的に，ブランドのオーナーにとって魅力的な番組（コンテンツ）を作る必要があった。なぜなら，番組は比較的受け身な視聴者を膨大な数惹きつけなければならなかったからである。ブランドのオーナーは，オーディエンスが魅力的なエンタテインメントを楽しんでいるところに割って入ることで，ブランドを売り込むべく市場に語りかけることができたのである。

今日，メディアの範囲はかつてと比べて急増してきている。テレビ視聴は実際増え続けてはいるが，視聴者，特に若い人たちにとっては，テレビはもはや情報やエンタテインメントの主要な提供源ではない。新聞や雑誌の購読者数が減っていることも考え合わせると，消費者は明らかに多様な目的でメディアを利用している。具体的には新しい活動や人との出会い，経験，ブランドを発見したい，イベントやコミュニティに参加したい，経験や情報を共有したい，自己を表現したい，といったニーズである。このことからも人々がメディアと能動的にエンゲージメントを結ぼうとしていることは明らかである。

今やメディア利用やレジャー活動の選択肢は大きく広がったため，情報やエンタテインメントをいつどのように消費するかは受け手が決める事柄となった。人々は文字や音楽や動画を通じて気持ちが動かされたり，自分自身のコンテンツを作ったりするモチベーションが高まり，バーチャル・ネットワーク上の友人とシェアできるトピックについて思いを広げていく。つまり，今日ではメディアとメッセージは消費者にリーチするための鍵であり単なるツールではない。今や，直接的でターゲットを絞ってカスタマイズされたコミュニケーション活動が，ダイレクト・マーケティングやその他のツールとも組み合わさって主流となっている。つまり，オーディエンスに的確に伝達を図るためには，手法を選ぶだけではなく，メディアとコンテンツ，メッセージを組み合わせることが必要なのである。

したがって，マーケティング・コミュニケーションでも5つの主要な手法だけでなく，広告やメッセージを運ぶメディアや手段を考慮することが必要となってくる。手法とメディアを混同してはならない。特性も違えば目指す目標も異なっているからである。念のためいっておくが，インターネットはメディアであって手法ではない。

手法，メディア，メッセージの3つの要素が機能するためには，メッセージがターゲット・オーディエンスに届けられなければならない。コンテンツをさらに考えてみると4つに整理できる。1）情報提供のためのコンテンツ，2）感情に訴えるコンテンツ，3）ユーザーが生成するコンテンツ，4）ブランデッド・コンテンツである。ビュー・ポイント1.4では，ブランドが消費者と結びつくために，情報中心的なメッセージから感情的なメッセージに重きを移しつつあることが示されている。以前はブランド・コンテンツの発生元

とその性質については主に組織が責任を持っていた。しかし，今日では多くのメッセージが消費者によって展開され，他の消費者とシェアされている。

図1.6はマーケティング・コミュニケーション・ミックスのアプローチの変遷を示している。以前は介入（intervention）を基本とするマーケティング・コミュニケーションとしての組み合わせだった。消費者の活動に割り込み，必ずしも興味があるわけではない消費者に注目されようとしていた。それが会話（conversation）を基本とするマーケティング・コミュニケーションへと移行し，今ではそれがキャンペーンのコンテンツを生成することすらあるように，オーディエンス間のコミュニケーションに重点が置かれている。これは，ダイレクト・マーケティングや双方向コミュニケーション，そして人的販売にも顕著な影響を与えている。図1.6を見ると分かるように，マーケティング・コミュニケーションの3つの要素，手法※，メディア，コンテンツは中心で重なり合っている。破線は統合の程度と3つの要素の調和の幅を表している。円が広がるほど，統合の水準が高いとされ，マーケティング・コミュニケーション・ミックスは効果的になる。

図1.6　マーケティング・コミュニケーション・ミックス※（訳者，補完）

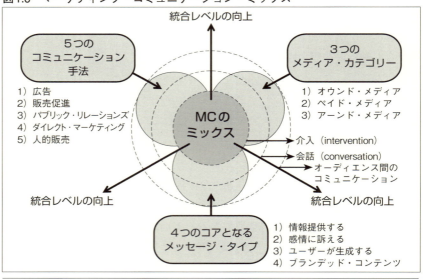

※　原文ではツールであるが本訳では手段という意味合いと区別するため"手法"と訳出した。
※　図1.6は，手法／メディア・カテゴリー／メッセージ・タイプでの具体的種別について，文中の意を汲み取って該当する個別の内容を訳者の方で補完させた。

ビュー・ポイント1.4　家庭用品の情緒によるブランド構築

クラウンやデュルックスといった塗料ブランドは長年にわたり，情緒的ベネフィットに基づくマーケティング・コミュニケーション戦略をとってきた。消費者の77%が色を塗っている時間は心地よいと答えたことから，デュルックスはコミュニケーション活動に情緒的アプローチを用いてきたのである。

しかし，DIY関連のブランドの多くにとって，このアプローチは常識的ではない。常識的に行われてきたのは，広告やダイレクト・マーケティング，販売促進で価格の安さを強調し「今すぐ買わなきゃ」と強く訴えることであった。このような行動的なアプローチであった広告活動が，情緒に訴えるメッセージを通じたブランド構築を意図した広告活動に代わったのである。

例えば，家具小売のDFSはお決まりの機能的な広告を用いて，読者は低価格で安心できる製品をセールでお得に買うように駆り立てようとしている。しかしこのような広告は，キャンペーンが重ねられるにつれて，次第に情緒的なものに変わった。今日では，価格ではなく快適さが強調されており，子供たちがソファの上で遊んでいる映像に「毎日をもっと快適に」というスローガンがつき，刷新されたハート型のロゴが用いられて，財布やクレジットカードのような価格訴求よりも心に訴えかけるものとなっている。2013年のクリスマス広告では，クリスマスに希望されたプレゼントを届ける準備としてサンタがDFSの店で用意できるものをメモしたり工場で働いたりしていた。

同様に，ベッドルーム用家具小売販売のドリームスやハービーはとても情緒的なキャンペーンを行っている。ハービーはかつて1つの広告上で10点ほどにも及ぶ複数製品をアピールしていたが，この広告は今見るとあまりに男性的すぎた。というのも，ブランドの意思決定者は女性たちに移っており，女性こそがホーム・インプルーブメントに関心を持たせたいターゲットだったからである。ハービーの変化の1つにはソファを自分の家に置いてみたらどうなるか試してみるモバイルアプリを開発したことがある。ドリームスは眠りに入ろうと電灯のスイッチを消す際に気持ちの安らぐ音楽が流れるさまを表現している。

典型的に価格が重視されるブランドにおいて，特にこの不景気の中でこのような変化が起こっているのはなぜだろうか。そこにはいくつかの理由があろう。ミンテル社の調査によれば，消費者の40%以上がジョン・ルイスやイケアのような情緒的なアプローチをとる小売業者を信用していると答えた。残念なことに，価格重視のブランドを信用している消費者は20%弱しかいない。また，女性がホーム・インプルーブメントに関心を持つようになり，ジョン・ルイスのクリスマス前のキャンペーンの成功のように家庭に関するブランドの展開やマーケティング・コミュニケーションが見直されてきているように感じられる。

出典：Brownsell（2011）；Vizard（2013）をもとにしている

> 問い：DIY市場で用いられるマーケティング・コミュニケーションでは，情報豊かなメッセージはどのような役割を果たすのだろうか。
> 課題：家具小売業者が用いているキー・メッセージは企業によってどのように異なっているか，挙げてみよう。

コミュニケーション・ミックス策定のクライテリア

組織がマーケティング・コミュニケーション・ミックスを策定する際に考えるべき重要な基準は，以下のようなことである。

● メッセージを伝えるのに必要なコントロールの程度
● 投じることができる予算
● オーディエンスの規模，分布
● メディア選好とターゲット・オーディエンスの行動
● 達成されるべきタスク

この他にも，組み合わせに影響を与える要素がある。競合他社の動向やメディアの価格，内部の政治的観点，エージェンシーによるバイアス，戦略などである。

コントロール

メッセージをコントロールするには，意図したメッセージが確実にターゲット・オーディエンスと共有され，ターゲット・オーディエンス間でもシェアされることが必要である。さらにメッセージは，受け手がきちんと理解でき，適切に行動できるようなものでなければならない。メッセージを遮ったり捻じ曲げたりする干渉や否定的な「ノイズ」があると，メッセージのコントロールは困難になる。ブランドの業績不振についてもメディアによってあまりにも執拗に報道されると，マーケティング・コミュニケーションに多額の経費を費やしても機能不全に陥ってしまう。

広告活動や販売促進，その他の有料メディアも，メッセージの企画から伝

40　第1部　マーケティング・コミュニケーションとは何か

達まである程度コントロールできる。しかし興味深いことに，メッセージの受け手からのフィードバックや，受け手に伝わった後にどう拡散していくかについては，部分的にしかコントロールできない。

インターネット上のデジタル・コミュニケーションの場合も，コントロールは重要である。例えばバナー広告を掲出するとして，スポンサード・リンクを獲得したり検索エンジンのキーワードランキングを決めたりすることは慎重にコントロールしなければならない。ただし，メッセージのコントロールとはそれ自体が曖昧な用語であることは注意しておいたほうがいい。ブランドのオーナーはメッセージの配置や仕掛けをコントロールしたいと望むが，一方で人々の間でブランドが話題になることも望んでいる。そこでは，ブランドについて何を誰がどのような文脈で語るか，ブランド・オーナー側がコントロールすることは諦めなければならない。エンゲージメントを結ぶことは人と組織の会話を生み出すことであり，この点は事実上，コントロールがほぼ不可能である。計画的なマーケティング・コミュニケーションは高いレベルでコントロールできても計画外のクチコミの会話はまずもってコントロールできない。ソーシャル・メディアをコントロールしている例としてビュー・ポイント1.5を見てみよう。

第2章　マーケティング・コミュニケーションに対する環境の影響　41

ビュー・ポイント1.5　ハイアットはソーシャル・メディアを傾聴している

　多くのエージェンシーと同様，スパークス・アンド・ハニーはクライアントに代わってソーシャル・メディアのコメントを運営している。しかし，ブランドについて語られることを傾聴するだけでなく，感情の評価尺度を用いて得点化をすることによってホットな話題を観察し，そのカテゴリーに対応したりトレンドが確立されるスピードを計測し予測分析している。この情報はブランデッド・コンテンツと関連する顕著な情報としてクライアントに報告されている。

　これはクライアントにとってはブランドがダメージを受けることを回避するのに役立っている。例えばハイアット・ホテルグループは，多くの時間と資源を費やして「女性の望みを叶える」というテーマに基づいたコンテンツ・マーケティング戦略を展開してきた。これはキャリア志向の働く女性をターゲットにしたキャンペーンだったが，フェイスブックのCOOシェリル・サンドバーグによる著書『リーン・イン』へのネガティブな議論の高まりを計測して，そのリスクをエージェンシーが報告したことにしたがって中止された。

　他にもハイアットが傾聴した事例としては，よい睡眠をもたらす瞑想ヨガがある。それによって，旅行者は様々なデジタルツールを用いた効用によって快適な眠りを得ることができるような工夫が提供されたのである。

出典：Kaye（2013）

> **問い**：ソーシャル・メディアをコントロールすることは実際にできるのだろうか。エラーが起こる余地を減らすことにしかならないのだろうか。あなたの考えを説明してみよう。
> **課題**：ブランドによるソーシャル・メディア活動がうまくいっていない例を2つ挙げてみよう。これらが消費者に避けられているのはなぜか指摘してみよう。

財務的資源

　資金力の有無はメッセージのコントロールの程度に影響する。例えば，組織が第三者にメッセージを伝える準備ができていたとしても，どれくらいの期間にわたって経費を投じられるかは財務面の支え次第である。ただし，マネジメント・コントロールがメッセージのプロセスの隅々まで行き届いていなければ，短期的なメッセージにすら綻びが見られるだろう。例えばメッセージのデザインが当初の合意と異なっていれば，すでに部分的にメッセージを

コントロールできなくなってしまっているということである。例えば、広告会社とクライアントの関係がうまくいっていないままに契約が終了してしまい、誤って意図しないクリエイティブワークやデザインが公表されてしまうというようなことである。

広告活動や販売促進はスポンサーがかなりの部分をコントロールしやすい手法である。一方でパブリック・リレーションズ、特にパブリシティは通常は第三者が自主的にメッセージを広めるため、スポンサーからコントロールされにくい。

ビジネス市場のコミュニケーションでは、消費者市場と比べて販売部門にマーケティング予算の大部分が充てられ、市場調査には予算がほとんどかけられない。

広告主にはメディアの選択肢が多数あるが、どのメディアにもある程度コストがかかる。ある理由から見て活用することが望ましいメディアがあったとしても、組織の財務的資源が足りないために使えないということも起こりうるのである。

オーディエンスの規模と地理的な散らばり

ターゲット・オーディエンスの規模や地理的な散らばり方によっても、コミュニケーション・ミックスの形は大きく変わる。国内であれば、広告活動や販売促進といったツールを使えば、消費者や顧客に的確に到達できる。同じく、専門的なビジネスでは、説明、企画、展示、設置、サービスの複雑な設備についてそれぞれ個別に注目してもらう必要がある。そのため、ビジネス市場では、人的販売、すなわちワン・トゥ・ワンのコンタクトが非常に重要な意味を持ってくる。反面、インターネットや衛星通信技術のようなネットワーク・メディアを選択するならば、組織（企業）は国内外の幅広いオーディエンスに訴えかけることができ、人的販売やクチコミの推奨の助けを借りて個人もしくは小規模のオーディエンスに訴えることもできる。

メディア行動と選好

ターゲット・オーディエンスの特徴に関するインサイト（洞察）は、コミュニケーション・ミックスを構成するうえで極めて大きな威力をもたらす。例

えば，消費者のそれぞれがどのようにメディアを利用しているかを理解できれば，メッセージの組み立て方，活用するメディア，ペイドメディアの出稿スケジュールが決まってくる。

　今や多くのオーディエンスにとっては，マルチスクリーンやモバイルの利用が双方向メディアとして広く普及し当たり前となっている。したがって，このようなオーディエンスの行動や選好を理解しメディアを幅広く使うことで，マーケティング・コミュニケーションのメッセージを遮断してしまうような混乱やノイズを避ける必要がある。

コミュニケーションのタスク

　コミュニケーション・ミックスのそれぞれの要素には強みもあれば弱みもある。だからこそ，強みを最大限に生かしタスクを成し遂げられる組み合わせを考える必要がある。例えば，ダイレクト・マーケティングを使う理由の1つはターゲットに行動のきっかけを提供し，メッセージを強化するのに大きな説得力があるからである。このような行動的な側面の一方で，広告活動やパブリック・リレーションズによってカウンター・バランスがとられ，提供物の差別化や主要な特徴やベネフィットの情報をベースとしてオーディエンスとのエンゲージメントが形成されていくのである。

第**3**章

消費者市場とビジネス市場

消費者市場（BtoC）とビジネス市場（BtoB）のコミュニケーションの相違

　今までの論点を別の角度から考察する視点として，消費者市場とビジネス市場との違いからのオーディエンス比較がある。組織購買は，購買したものを組織で使用する目的で行われるのに対し，消費者が買う製品は個人消費のためである。表1.3に，主な違いを示す。

メッセージの受容

　消費者市場とビジネス市場では，メッセージが受け取られ意味づけられる文脈的状況がまったく異なる。ビジネス市場ではメッセージの文脈はフォーマルで，購買は組織の財源によってなされる。消費者市場と比べ，価格は購入の意思決定要因としてさほど重視されず，製品が使用されることで得られるベネフィットがメッセージには重視される。

意思決定に関わる人数

　消費者市場では大抵の場合，個人単位で意思決定がなされる。一方ビジネス市場では，意思決定は**購買センター**の多くの人々によってなされる。そこでは，購買センターに関わる当事者間の相互作用が考慮されるべきである。さらに，到達し影響を及ぼしたい人々は多種多様であるために様々な異なるメディアやメッセージ戦略を合わせ持つ必要がある。

45

表1.3　BtoCマーケティングとBtoBマーケティングの違い

	消費者市場（BtoC）	ビジネス市場（BtoB）
メッセージの受容	インフォーマル	フォーマル
意思決定に関わる人数	単独もしくは少数	多数
コミュニケーション・ミックスのバランス	広告活動とセールス・プロモーションが中心	人的販売が中心
特殊化と統合	統合的な組み合わせに向けた幅広い手法の活用	ビロウ・ザ・ライン手法を特に活用するが高度の統合が必要とされる
メディアの多様性	多くの様々なメディア	限られた範囲のメディア
メッセージ・コンテンツ	感情的訴求やイメージの多用	合理的で論理的な情報に基づくメッセージの多用
メッセージの出所	ユーザー生成型コンテンツの使用が増加	ユーザー生成型コンテンツの使用は限定的
購入決定までの時間	一般的に短い	長く，複雑
ネガティブなコミュニケーション	購入者や利用者の周辺に限られる	組織内外の人が範囲となりうる
ターゲット・マーケティングとリサーチ	洗練されたターゲティングとコミュニケーション・アプローチの多用	ターゲティング，セグメンテーション，コミュニティ・アプローチの活用は限定的だが増えている
予算配分	多くはブランド・マネジメントに充てられる	多くはセールス・マネジメントに充てられる
評価と測定	非常に多様な手法やアプローチ	限定された手法やアプローチ

コミュニケーション・ミックスのバランス

　ビジネス市場でのコミュニケーションにおける広告活動と販売促進活動の役割は，人的販売を支援することが主となる。それは消費者市場でよく用いられるミックスとは対照的である。消費者市場では人的販売は重要な位置づけではないが，自動車や白物家電，金融商品といった高関与で知覚リスクの高いカテゴリーでは人的販売が購買時に重要な役割を担う。また，消費者市場でダイレクト・マーケティングが多用されるのは，パーソナル・コミュニ

ケーションがより拡大しつつあることを示唆している。ある意味，こうした消費者市場のコミュニケーション状況はビジネス市場のコミュニケーションの全体的方向性にますます似てきている。

特殊化と統合

　ビジネス市場は従来から，オーディエンスにリーチするために用いられる手法とメディアがかなり絞られたものとなっている。印刷物の利用が非常に重要とされ「below the line」活動の割合がどうしても高くなる傾向がある。一方の消費者市場では「above the line」のメディア広告に多額の予算が割り当てられている。興味深いことに，消費者市場におけるコミュニケーションはかつて想定されていた水準よりも統合が進んだ結果として，ビジネス市場のモデルに次第に近づきつつある。どちらの文脈においても，ブランドが特定のオーディエンスと関係性を築こうとする傾向が高まるにつれて，ソーシャル・メディアがますます広く活用されるようになっている。

メディアの多様性

　コミュニケーション・ミックスにおけるメディアは効果を決定づけるものになってきている。消費者とエンゲージメントを結び相互作用を果たすためにインタラクティブ・メディアを統合しようとする潮流は，最近ではビジネス市場でも組織的に見られつつある。消費者市場とビジネス市場では，利用できるメディアは消費者市場のほうがはるかに幅広い。主要なFMCGブランド※に関してはテレビがなおも有力なメディアであるが，消費者市場で生き残るためにブランドが適切なメディア・ミックスを選択することは，一層複雑になってきている。

コンテンツ

　ビジネス市場では，購入意思決定が高関与でなされるという特徴のため，メッセージは消費者市場よりも合理的で情報を中心としたものになる傾向がある。

※　Fast Moving Consumer Goods の略で，消費者の嗜好に応じて市場が早く動いていく日常品（飲料・食品・雑貨）関連の商品のこと。

メッセージの出所

　情報コンテンツの生成では消費者がますます活発な役割を果たすようになっている。例えばブログは消費者市場でもビジネス市場でも重要だが，ユーザーが生み出すコンテンツやクチコミは，消費者中心のマーケティング・コミュニケーション活動にも重要な位置づけを持つようになっている。

購入決定までの時間

　ビジネス市場では購入決定までに相当の時間を要する。そのため，短期集中的なメディアプランはビジネス市場では予算の浪費になりがちである。

ネガティブなコミュニケーション

　消費者市場の場合，１人が不満を持っていたとしても，それに影響を受ける人の数，すなわちネガティブなマーケティング・コミュニケーション・メッセージの広がりは少数に限られる。しかし，組織購買では購入意思決定の結果，利用者の満足度が低いと，たとえ口には出されずともネガティブなコミュニケーションが急速な勢いで広まることがある。それらには製品の使用に関わることや，意思決定に関わった当事者のキャリアに関することがあり，組織の規模や広がりにもよるが，ネガティブなコミュニケーションはおそらく組織全体に広まってしまうだろう。

ターゲット・マーケティングとリサーチ

　消費者市場におけるターゲット・マーケティングのプロセスは，ビジネス市場よりも高度で洗練されている。このことはターゲット・オーディエンスにリーチするよう活用されるマーケティング・コミュニケーションの質に影響を及ばしている。しかし今日では，ビジネス市場の組織もこの重要性に次第に気づくようになっており，セグメンテーションの技法やそのプロセスを洗練させてきている。

測定と評価

　コミュニケーションの効果を評価するうえで，消費者市場は様々な技法を採用している。一方，ビジネス市場では，売上規模，財務的価値，問い合わ

せの数，マーケットシェアが主な評価尺度となっている。

マーケティング・コミュニケーションの目標

　マーケティング・コミュニケーション・ミックスを組み立てる際の最も大きな要因は達成しようとするコミュニケーション目標である。マーケティング・コミュニケーションが用いられる理由は様々だ。そして，目標は何層にも分かれている。

　先に述べたようなエンゲージメントのタイプが，活用されるツールやメディア，メッセージを選択する第1の指標となる。例えば，消費者から企業ブランドの価値観に共感してもらうことが目標なら，メッセージは相当に情緒的なコンテンツになり，行動的反応を引き出そうとするものには決してならない。その場合，手法としては広告やパブリック・リレーションズ，スポンサーシップが選択され，ダイレクト・マーケティングや販売促進，人的販売は選択されない。オンライン，オフラインのペイドメディアは広告要素の働きを支援しアーンドメディアはメッセージのやりとりを高めるのに用いられる。

　第2の指標は，市場に広く浸透することに目標の主眼を置くかどうかである。つまり，新規顧客の開拓か，既存顧客の維持とロイヤルティ強化か，どちらに主目的を置くかである。市場浸透の場合，マーケティング・コミュニケーションは情報を提供し認知獲得を目指すものになる。つまり広告やパブリック・リレーションズ，ペイドメディア，情報的または情緒的なメッセージが主となる。その一方で，既存顧客の維持を目標とするなら既存顧客の嗜好に応えるようなコミュニケーションの組み合わせを目指すことになる。

　第3の指標は，消費者の認知獲得，考慮，選好に活動を絞り，これらの目標に向けて目標を再設定することである。これはIPA（イギリス広告業協会）がコミュニケーションの中間目標としているものである。

　このように，様々な問題や文脈上の要素を意識しながらコミュニケーションの組み合わせを考える必要がある。そこには，適切なマーケティング・ミックスを創り出すアルゴリズムも定まった枠組みも唯一絶対の方法も存在しない。我々にできるのは，マーケティング・コミュニケーション・ミックスについての役割，タスク，理解を整理統合し，考えをまとめることである。役

割とはオーディエンスとエンゲージメントを結ぶことであり，タスクはDRIP
マーケティングに準じる。すなわち，ミックスの様々な要素を選択し組み合
わせることでオーディエンスとエンゲージメントを結び，ゴールとしてDRIP
を達成しようとすることである。

　消費者市場とビジネス市場でマーケティング・コミュニケーション・ミッ
クスが大きく異なることに疑いをはさむ余地はないだろう。それらには，事
業環境の性質，付随するタスク，情報を受ける人たちの全体ニーズが反映さ
れているからである。

第1部のキー・ポイント

1) **交換**は大きく2つのタイプに分けられ，その2つは交換取引のスペクト
ラムの両極に位置すると考えられる。一方の極は**取引的交換**または**市場的
交換**と呼ばれ，交換は一度限りで価格と製品が中心的要素である。もう1
つの極は**関係的交換**または**協働的交換**と呼ばれ，取引の継続や関係性が中
心的要素である。

2) 関係性は**交換の頻度**が高まるとともに強化される。交換が頻繁になり関
係性が強まると重要となるのは交換される製品や価格ではなく関係性その
ものとなる。

3) マーケティング・コミュニケーションの領域には，オーディエンス中心
の視点から，**計画されたコミュニケーション**，**偶発的なコミュニケーショ
ン**，**製品に基づく経験**，**サービスに基づく経験**が含まれる。マーケティン
グ・コミュニケーションの役割は適切な会話を生み出すこととオーディエ
ンスとエンゲージメントを結ぶことである。マーケティング・コミュニ
ケーションのタスクとはオーディエンスに，**差別化（differentiate）**，**強化
（reinforce）**，**情報伝達（inform）**，**説得（persuade）**を働きかけて特定の
考えや行動に向けることである。

4) **エンゲージメント**は2つの要素からなる機能である。1つはメッセージに
よってブランドに関する**思考や感情を活性化**しブランド価値を構築するこ
とである。もう1つはメッセージによって**行動を喚起する**ことである。エ
ンゲージメントには1秒，1分という短期間のものもあるが，1時間，1

50　第1部　マーケティング・コミュニケーションとは何か

日，それ以上と長時間持続するものもある。

5) **マーケティング・コミュニケーションの定義**は，コミュニケーションの発展に伴い進化している。ここではマーケティング・コミュニケーションを次のように定義する。

マーケティング・コミュニケーションとは，組織とオーディエンスが互いにエンゲージメントを結ぼうとするプロセスである。当事者たちは，オーディエンスが嗜好するコミュニケーション環境を理解することを通じてメッセージを展開，表現し，評価や反応を得る。適切で意味のあるメッセージを伝えることで，態度的反応，情緒的反応，行動的反応が活性化される。

6) **内部環境，市場環境，外部環境**は，いずれもマーケティング・コミュニケーションの活用に影響する。**内部環境**とは，組織の従業員，文化，財務的資源やマーケティング・スキルを指す。**市場環境**とは，主に競合の動向や，組織あるいはそのブランドに対する顧客の認知と態度である。

7) **外部環境**はPEST分析の枠組みで考察できる。マーケティング・コミュニケーションに対する政治的要因，経済的要因，社会的要因，技術的要因は，いずれの影響も重要である。その影響は，通常広く一般化し1つのブランドや組織のみならずすべての組織に影響を与える。

8) マーケティング・コミュニケーション・ミックスは，様々な手法，メディア，メッセージからなる。それらは，オーディエンスにリーチし，エンゲージメントを結び，オーディエンスが中心となる会話を引き出すために用いられる。**5つの手法と3つのメディア，4つのメッセージ形式**が，ターゲット・オーディエンスのニーズに合わせて異なった方法で用いられる。

9) 消費者市場とビジネス市場では，**マーケティング・コミュニケーション・ミックス**の形式は大きく異なる。メッセージが受け取られ意味づけられる文脈によって，用いられる手法もメディアもメッセージもすべて異なり，必要とされるアプローチも異なる。ビジネス市場では人的販売が重視され消費者市場では広告が重視される。どちらもインタラクティブ・メディア

第3章 消費者市場とビジネス市場 51

の活用が増えており，ビジネス市場においては合理的メッセージが主流を占め，消費者市場では情緒的メッセージが主流を占める。

第1部のレビュー・クエスチョン

1. マーケティング・コミュニケーションを定義してみよう。その定義で鍵となっている要素は何だろうか。
2. 交換の2つの主要なタイプを比較しまとめてみよう。それらの交換プロセスを，コミュニケーションはどのように手助けしているのだろうか。
3. マーケティング・コミュニケーション手法はそれぞれどのような特徴を持っているのだろうか。
4. マーケティング・コミュニケーション・ミックスの要素を，コントロール，コミュニケーション効率，コストの点から比較して話し合ってみよう。
5. 様々なキャンペーンでエンゲージメントはどのように異なっているか評価してみよう。
6. 消費者市場とビジネス市場でマーケティング・コミュニケーションがどのように異なっているか説明してみよう。

第1部　さらなる考察のための学術論文

Verhoef, P. C., Reinartz, W. J., and Krafft, M. (2010) Customer engagement as a new perspective in customer management, *Journal of Service Research*, 13(3) , 247-52.

　　本論文はエンゲージメント概念に関わる議論を知るのに適切な論文である。エンゲージメントはブランドや組織に対する行動の兆候としてとらえられ，そこには交換以上の意味が含意されている。

Ray, M. L. (1973) A decision sequence analysis of developments in marketing communications, *Journal of Marketing*, 37 (January), 29-38.

　　本論文ではデジタル化以前のマーケティング・コミュニケーションを考えさせられる。また，統合型マーケティング・コミュニケーション（IMC）の萌芽期のアイデアが示されている。

Kliatchko, J. G.(2009)The primacy of the consumer in IMC: espousing a personalist view and ethical implications, *Journal of Marketing Communication*, 15(2-3), April-July, 157-77.

　本論文は，過去の研究をレビューしたうえでマーケティング・コミュニケーションにおける消費者像の諸問題に興味深い視点を提供している。

Gummesson, E. and Polese, F.(2009)B2B is not an island! *Journal of Business & Industrial Marketing*, 24(5/6), 337-50.

　ビジネス市場と消費者市場とのマーケティングの連続性について考えさせられる論文である。筆者らはビジネス市場と消費者市場の相互依存性を強調している。

■参考文献

Adie, N.(2013)BT apologises over issues with sports channel launch, *Cable.co.uk*, 13 December 2013, retrieved 20 December 2013 from www.cable.co.uk/news/bt-apologises-over-issues-with-sports-channellaunch-801672424/.

Andersson, P.(1992)Analysing distribution channel *dynamics, European Journal of Marketing*, 26（2）, 47–68.

Anon(2013)BT launches sports TV channels in battle with Sky, 1 August 2013, retrieved 20 December 2013, from www.bbc.co.uk/news/business-23527897.

Anon(2014a)Facebook adds more features, *Warc,* retrieved 15 December from www.warc.com/LatesNews/News/EmailNews.news?ID=34024&Origin=WARCNewsEmail&CID=N34024&PUB=Warc_News&utm_ source=WarcNews&utm_medium=email&utm_ campaign=WarcNews20141215.

Anon,(2014b)'Engaged time'could replace CPM,Warc, 14 June, retrieved 8 July 2014 from www.warc.com/LatestNews/News/EmailNews.news?ID=3 3140&Origin=WARCNewsEmail&CID=N33140& PUB=Warc_News&utm_source=WarcNews&utm_medium=email&utm_campaign=WarcNews20140619.

Anon(2015)How to measure success in content marketing, *ScribbleLive, retrieved* 14 February 2015 from http://media.dmnews.com/documents/105/scribblelive_whitepaper_measur_26084.pdf.

Bagozzi, R.(1978)Marketing as exchange: a theory of transactions in the market place, *American Behavioral Science,* 21（4）, 257–61.

Ballantyne, D.(2004)Dialogue and its role in the development of relationship specific knowledge,*Journal of Business and Industrial Marketing*, 19（2）, 114–23.

Balmer, J.M.T. and Gray, E.R.(2003)Corporate brands: what are they? What of them? *European Journal of Marketing,* 37（7/8）, 972–97.

第3章　消費者市場とビジネス市場　53

Bergin, O. (2012) Exclusive first look inside Victoria's Secret London flagship store, *Telegraph*, 28 August 2012, retrieved 22 December 2013 from http://fashion. telegraph.co.uk/article/TMG9503894/Exclusive-firstlook- inside-Victorias-Secret-London-flagship-store. html.

Bohannon, C. (2015) Victoria's Secret's catalog gets a mobile boost for Valentine's Day, *Mobile Commerce Daily*, 21 January, retrieved 15 February from www. mobilecommercedaily.com/victorias-secret-enhancescatalog- merchandising-with-mobile-quiz.

Bowersox, D. and Morash, E. (1989) The integration of marketing flows in channels of distribution. *European Journal of Marketing*, 23 (2), 58–67.

Boyle, S. (2014) Critics slam Coca-Cola's £20m anti-obesity 'stunt', *Daily Mail*, 26 May, retrieved 10 November 2014 from www.dailymail.co.uk/news/article-2639940/ Critics-slam-Coca-Colas-20m-anti-obesity-stunt-Expertssay- firms-plan-offer-families-free-sports-sessions-attemptdistract- attention-role-health-crisis.html.

Brignall, M. (2013) BT sorry for poor TV service after launch of sports channel, Guardian, Friday 13 December, retrieved 19 December 2013 from www.theguardian.com/ money/2013/dec/13/ bt-tv-complaints-sports-launch.

Brougaletta, Y. (1985) What business-to-business advertisers can learn from consumer advertisers, *Journal of Advertising Research*, 25 (3), 8–9.

Brownsell, A. (2012) Brand building comes home, *Marketing*, 21 March, 14–15.

Clark, N. (2010) Eurostar plots mag to boost customer loyalty, *Marketing*, 17 February, p. 4.

Duncan, T.R. and Moriarty, S. (1997) *Driving Brand Value*, New York: McGraw-Hill.

Dwyer, R., Schurr, P. and Oh, S. (1987) Developing buyer– seller relationships, *Journal of Marketing*, 51 (April), 11–27.

Gronroos, C. (2004) The relationship marketing process: communication, interaction, dialogue, value, *Journal of Business and Industrial Marketing*, 19 (2), 99–113.

Gummesson, E. and Polese, F. (2009) B2B is not an island! *Journal of Business & Industrial Marketing*, 24 (5/6), 337–50.

Heinonen, K. and Strandvik, T. (2005) Communication as a element of service value, International *Journal of Service Industry Management*, 16 (2), 186–98.

Houston, F. and Gassenheimer, J. (1987) Marketing and exchange, *Journal of Marketing*, 51 (October), 13–18.

Hughes, G. and Fill, C. (2007) Redefining the nature and format of the marketing communications mix, *The Marketing Review*, 7 (1), 45–57.

Kaye, K. (2013) How social data influenced Hyatt to pull part of campaign days before launch, *Adage.com*, 8 August 2013, retrieved 26 December 2013 from http:// adage.com/article/ datadriven-marketing/social-data-influenced-hyattpull- part-acampaign/243539/?utm_source=digital_ email&utm_medium=newsletter&utm_ campaign=adage &ttl=1376578743.

Kemp, N. (2014) Why social media is constructing a reality unworthy of your anxiety, *Marketing Magazine*, August, 49–51.

Kliatchko, J.G. (2009) The primacy of the consumer in IMC: espousing a personalist view and ethical implications, *Journal of Marketing Communications*, 15 (2–3), April–July, 157–77.

Li, T., Berens, G. and Maertelaere de, M. (2013) Corporate Twitter channels: the impact of engagement and informedness on corporate reputation, *International Journal of Electronic Commerce*, 18 (2), 97–125.

McCarthy, E.J. (1960) Basic Marketing: *A Managerial Approach*, Homewood, IL: Irwin. Macneil, I.R. (1983) Values in contract: internal and external, Northwestern Law Review, 78 (2), 340–418.

Mohr, J. and Nevin, J. (1990) Communication strategies in marketing channels, *Journal of Marketing*, 54 (October), 36–51.

Patel, D. (2012) Brands are placing multimedia at the heart of the in-store experience, 6 September 2012, retrieved 7 January 2014 from www.brandrepublic. com/ opinion/1148554/Think-BR-Brands-placing-multimediaheart- in-store-experience/?DCMP=ILC-SEARCH.

Poletti, J. and Viccars, J. (2013) Three steps to help brands connect digital content with in-store experience, Marketing, 22 August, retrieved 8 July 2014 from www. marketingmagazine.co.uk/article/1208216/three-stepshelp- brands-connect-digital-content-in-store-experience.

Ray, M.L. (1973) A decision sequence analysis of developments in marketing communications, *Journal of Marketing*, 37 (January), 29–38.

Rossiter, J.R. and Percy, L. (2013) How the roles of advertising merely appear to have changed, *International Journal of Advertising*, 32 (3), 391–8.

Rowley, T. (2012) London 2012 Olympics: McDonald's 'the wrong choice' for athletes, says Team GB sport science head, Telegraph, 19 July 2012, retrieved 10 November 2014 from www.telegraph.co.uk/sport/ olympics/news/9412953/London-2012-Olympics-McDonalds-the-wrong-choice-for-athletes-says-Team- GB-sport-science-head.html.

Schlinger, M. (1979) A profile of responses to commercials, *Journal of Advertising Research*, 19, 37–46.

Staff (2013) BT Sport unveils 'Name that Team' competition, *The Drum*, 3 September2013, retrieved 20 December, 2013 from www.thedrum.com/news/2013/09/03/ bt-sport-unveils-name-team-competition.

Verhoef, P.C., Reinartz, W.J. and Krafft, M. (2010) Customer engagement as a new perspective in customer management, *Journal of Service Research*, 13 (3), 247–52.

Vizard, S. (2013) Christmas ads: the good, the bad and the bizarre, *Marketing Week*, 13 November, retrieved 13 January 2015 from www.marketingweek.co.uk/news/ christmas-ads-the-good-the-bad-and-the-bizarre/4008560. article.

Warc (2013) Coke tackles obesity issue, retrieved 19 May 2013 from www.warc.com/ LatestNews/News/ EmailNews.news?ID=31380&Origin=WARCNewsEmail\ #FjSW7X3M6Q1WKV4J.99.

Webb, M. A. (2014) How brands get our attention, retrieved 10 November 2014 from www.

ami.org.au/ imis15/News_2014_July/Member_Say_How_Brands. aspx.

Willifer, M. (2013) Adwatch: Magners ad embraces emotions, *Marketing Magazine*, 17 June, retrieved 13 July 2014 from www. marketingmagazine.co.uk/article/1187655/ adwatch-magners-ad-embraces-emotions.

第2部
コミュニケーション：形式と会話

コミュニケーションとは，メッセージを受信し，解釈し，発信することであるが，その本質は他者と意味を共有することにある。曖昧さを減らしオーディエンスと意味を共有できるメッセージを用いてこそ，意味のある相互作用や対話を引き出すことができる。価値ある会話を創造し維持するには，影響力ある他者のサポートも欠かせない。他者とは，例えば，専門家，共通の関心を持つ人，それにふさわしい知識を持つ人，あるいはメッセージ内容に釣り合ったメディアにアクセスできる人が挙げられる。

目的とねらい

第2部の目的は，コミュニケーション理論を紹介しマーケティング・コミュニケーションの文脈に照らし合わせ適用し，考察することである。読者には下記をねらいとして読み進めてほしい。

第2部のねらい：
1 コミュニケーションの線形モデルを理解し，様々な要素がどのように相互につながり，どのようにコミュニケーションの効果を高めるかを認識する。
2 コミュニケーションに影響する諸要因の特徴や，コミュニケーションのインフルエンサー・モデル，インタラクショナル・モデル，関係的アプローチやネットワーク・アプローチを検討する。
3 オピニオン・リーダー，オピニオン・フォーマー，オピニオン・フォロワーの影響を解説する。
4 クチコミの特質と特徴を検討する。
5 マーケティング・コミュニケーションに関わる採用プロセスと普及プロセスについて述べる。

事例▶ 英国心臓病支援基金：
ビニーのステイン・アライブ！

　英国では，毎年60,000人の心臓病疾患の救急活動が病院外で起きているが，病院にかつぎこまれた後では，平均7％（4,200人）しか生存回復できていない。しかし，緊急治療サービスが到着する前に誰かが対応し，CPR処置（胸部圧迫と人工呼吸による血液循環の回復）を施すことができれば生存率は倍になると見込まれる。

　生死を左右するのは手当のスピードである。CPRを施すというのはプロが治療サポートするまでの時間を稼ぎ有酸素血液を脳と心臓に供給することである。1分を過ぎるごとに生存機会は10％ずつ失われるのである。

　救急車は混み合った道路網を抜けて早く到着しようと必死なものの，999番に電話をかける人の数は増え続けている。英国の代表的な心臓病チャリティ団体である英国心臓病支援基金（BHF）は救急車が到着する前に介入対応して時間稼ぎをするには一般の人々に加わってもらうしかないと考えた。

　かつてのCPRは複雑で一般の人にとっては恐る恐る対応せざるをえないものだった。そのためコミュニケーションによって処置の仕方を伝えることが難しく，人々が各々で処置を習得するように放っておくしかなかった。しかしそれでは，勝手にCPRを施すと病状をさらに悪くしてしまうという恐れを人々が持つのも当然で，76％の人々がCPRを施す自信を持っていなかった。実際，82％の大人がCPRをどのように処置すればよいかすら知らず，BHFの調査によれば73％の大人がCPRの手順にうまく対応できないと答えたことが明らかになった。

　より簡単な「ハンズ・オンリーのCPR」が新しく考案され，かつては「命のキス」として知られたマウス・トゥ・マウスが必要なくなった。そこでBHFは，発作を起こした時に側にいる人がサポーターになれるように，第5の緊急サービスとして誰でもどこでもCPRができるように処置の仕方を覚えてもらおうとしたのである。

　予算はわずかしかない中で，コミュニケーションは4つの主要なタスクを

達成する必要があった。

1．新しいCPRをどのように処置すればいいのかを人々に確実に知ってもらうこと。
2．処置することへの恐れを取り除き，行動する自信を吹き込むこと。
3．新しい「ハンズ・オンリーのCPR」の処置に関する認知を全英レベルで高めること。
4．命を救うこと。

マウス・トゥ・マウス対応を必要としない新しい処置手順には5つのステップがある。

1．999番に電話をする
2．呼吸をしているか確認する
3．マウス・トゥ・マウスは必要ない
4．胸部の真ん中を強く速く押す
5．そのテンポは100BPM（1分間に100回）

　この活動が目指したのは行動を後押しすることであって，認知を高めるだけではない。Clunk Click Every Trip やSlip! Slop! Slap といったそれまでの公共サービスのコミュニケーションは，対処のやり方をシンプルな表現で覚えやすくし，その教え方ではそれぞれのステップで異なる「フック」としてアクションを示した。このコミュニケーションでは活気ある音声フレーズを伴った分かりやすいビジュアル要素を用い，真似しやすい単純な行動を示していた。キャッチーなトーンを用いれば頭に入るものの内容が記憶に残りにくかったため，BHFはシンプルだが記憶に残るコミュニケーションを図り人々がCPRの手順を追えるようにしなければならないと考えたのである。
　BHFがキャンペーンを展開し始めると，笑いの力なら恐怖を克服できるというアドバイスが事実であることが明らかになってきた。ユーモアを活用すれば人々が心臓疾患処置の際に感じる恐怖に打ち勝つメッセージができるのではないだろうか？ BHFのアイデアはおおよそ次のようなものに仕上がった。

　オッケー。私たちには歌が必要だ。その歌は正確に100BPMのテンポで

なければならない。

　その歌は誰もが知っている歌でなければならない。ディスコ音楽？　そうだ。ビージーズの『ステイン・アライブ（生き続けよう）』は100BPMだ。

　命を守ることに誰が気づくのがよいのだろう？　有名人だ。

　有名人なら誰でもいいわけではない。強そうな男性がいい…バイオレンスで知られているような人。誰か物事をグイグイとどんどん進めていくような人。ビニー・ジョーンズだ。彼がステイン・アライブをやっているところだ！

　BHFは5つの要素を入れて，面白くて記憶に残る「ダンス」を作り障害を取り除いてしまおうとした。

1．100BPMのテンポを幅広く訴求する：ビージーズの『ステイン・アライブ』

2．タフネスとバイオレンスで知られる有名キャラクター：サッカーの元代表選手でありその後ハリウッド俳優としても知られているビニー・ジョーンズ

3．鍵となる行動を記憶に残すフレーズ：ハード・アンド・ファースト

4．政府機関がこれまで展開してきたような応急処置メッセージとは全然違うトーン：コメディタッチかつシリアス

5．ハンズ・オンリーのCPRの5つのステップを分かりやすくたどるスクリプト

　この「ビニーの企画」のために，TVメディアのバイイング戦略は，人口の80％に少なくとも1回リーチできるプランが立てられた。4週間のキャンペーンで480TVR（視聴率）が出稿され，英国で最も人気ある番組『ロード・ブロックド』を通じて注目を最大限に集めることになった。この「ビニー」の映像は初登場した週において最も多くシェアされたオンライン動画となり，ソーシャル・メディアを通じて最初の10日間で72,601件シェアされた。

　BHFはこの広告をツイッターでハッシュタグ「#hardandfast」をつけて投稿し，一番多い日には拡散されたツイート件数は導入初日の5倍にのぼった。

写真 2.1　ビニーのハンズ・オンリーの CPR

　ツイートはさらに拡散され，ヤフーやMSN, AOLのような多くの人の目に触れる全国規模のサイトから3,700万件のインプレッションが得られた。パブリック・リレーションズとソーシャル・メディアがキャンペーンを増幅したのである。
　BHFは「ハンズ・オンリーのCPR」をどのように対処するのかをガイドするアプリを作りiTunesやGooglePlayといったサイトを通じて提供するとともに，全英700のBHF窓口で限定版の「ビニー」Tシャツ・セットも販売した。
　「ビニー」キャンペーンはPRによるカバレッジを幅広く獲得し，オンライン，オフラインともに大規模な全国メディア，例えばBBCやザ・サン，デイリー・メイルといったメディアでも取り上げられた。ハンズ・オンリーのTV広告は，『グラハム・ノートン・ショー』（BBC1）や『アラン・カー・ショー』（チャンネル4），『サッカーAM』（Sky sports）といった人気TV番組でもパロディ化された。「ハンズ・オンリーのCPR」による救命活動はBBCの2つの主要チャンネルでも番組で取り上げられた。広告はレゴ社からも真似され，英国の有名な広告がパロディとして一堂に集められた『LEGOムービー』のプロモーションにも取り上げられた。

心臓病疾患処置を深刻で恐ろしいイメージからユーモアのあるイメージへと変えたことでキャンペーンは大成功を収め，BHFは人々の行動を変え命を救った。BHFの目的は緊急時に立ち会うことになる患者の側にいる多くの人たちに救命へのサポーターとして加わってもらうことであった。事後調査によると，BHFは「ハンズ・オンリーのCPR」を扱うことができる600万人以上の人々を生み出したことが明らかになった。この広告キャンペーンの直接的な成果を示す手紙も寄せられ，命を救われたという人は30人を数える。

　これらの命はどのように救われたのだろうか。調査によれば，キャンペーン・メッセージの表現要素によって適切な対処が分かりやすく「記憶に残り」人々がそれに共鳴しながら次々と人づてに伝わったことが分かっている。神経言語学的プログラミング（NLP）によると人々は3つの鍵となる方法によって学習するという。画像とイメージによるもの（視覚），詠唱とリズムによるもの（音声），ジェスチャーと体の動きによるもの（運動感覚）である。「ビニー」は3つをすべて組み合わせており，まさにこのキャンペーンはコミュニケーションを効果的にし，リーチを最大化しマス・オーディエンスに新しい行動を学習させたのである。

（このケースはグレイ・ロンドンのプランニング・ディレクター，マット・バトリックによって書かれた。）

■ クエスチョン

1. 英国心臓病支援基金（BHF）がメッセージのエンコードをどのように行ったか話し合ってみよう。もっとよい方法はあるだろうか。あるとすればどのような方法だろうか。

2. BHFのキャンペーンを企画実施するのに，コンシューマー・インサイトがどのように貢献したか説明してみよう。

3. このキャンペーンが成功するのに，オピニオン・リーダーはどのような役割を果たしただろうか。

4 BHFの事例は，コミュニケーションのインフルエンサー・モデルからはどのように解釈できるだろうか。

5. BHFのコミュニケーションは，線形モデル，インフルエンサー・モデル，インタラクショナル・モデルのうちどれが最も適切に表現できるだろうか。

6. 普及プロセスに基づくとBHFのメッセージはどのように解釈できるか話し合ってみよう。

第4章

コミュニケーションをとらえるモデル

はじめに

第1部では，マーケティング・コミュニケーションで組織やブランドが多様なオーディエンスとの対話を創り出し維持する事柄を見てきた。コミュニケーションではまた，オーディエンス同士がブランドを話題にするように働きかけることも必要となる。さらに，コミュニケーションは個々人が情報を共有するプロセスであるため，コミュニケーション・プロセスに加わる当事者がメッセージに込められた意味をそれぞれ正しく解釈し，妥当な関わり方として反応できるようにしなければならない。

英国心臓病支援基金（BHF）の事例からは，ターゲット・オーディエンスの性質や特徴を適切に理解することが，キャンペーンの重要な成功要因であることがよく分かる。このキャンペーンでは，鍵を握る当事者たちに情報が伝達され，さらに彼らの間で話題になった。このようなマーケティング・コミュニケーションに関わる当事者たちの複雑さを理解しておくことこそが重要なのである。なぜなら，コミュニケーション・プロセスについて知識を持ち理解をすることで，ターゲット・オーディエンス一人ひとりと意味を共有するというコミュニケーション目的を達成しやすくなり対話を持続することができるからである。

本章では，コミュニケーション・プロセスのいくつかのモデルや形態を見ていく。また，そこからクチコミの特徴を考察し，製品やアイデアが個人や市場によってどのように取り入れられていくのかを考察する。

コミュニケーションの線形モデル

　Wilbur Schramm（1955）は，今日ではマス・コミュニケーションの基本として一般によく知られるモデルを展開した。図2.1に示す。この**コミュニケーションの線形モデル**の要素は次の7つである。

1．発信者：メッセージを発信する個人または組織
2．エンコーディング（符号化）：意図されたメッセージを伝達可能な記号スタイルに変換すること
3．シグナル（信号）：特定のメディアを使ったメッセージの伝達
4．デコーディング（解読化）：メッセージの内容を理解するために，符号化された記号スタイルを解読すること
5．受信者：メッセージを受信する個人や組織
6．フィードバック：受信者から発信者への返信
7．ノイズ：コミュニケーション・プロセスの歪み。送信者が意図したメッセージを受信者が読解することを困難にする阻害要因

図2.1　コミュニケーションの線形モデル

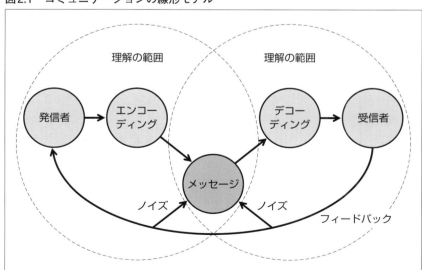

出所：Schramm（1955）とShannon and Weaver（1962）より。

このモデルは一直線的な形であり，強調されているのは「情報やアイデア，態度，情緒を，ある個人や集団から別の個人や集団へ伝達することであり，それは主に記号を介して行われる」（Theodorson and Theodorson, 1969）ということだ。モデルはシンプルな直線の形で表現されるが，コミュニケーションをうまく機能させるかどうかを決定づけるのは，プロセスにおける様々な要素の結びつきのクオリティである。

発信者／エンコーディング

　メッセージを伝達する必要性を持つ個人や組織を発信者という。発信者は，伝達されるメッセージを表現するために言葉，画像，記号，音楽を適切に組み合わせようとする。このことを**エンコーディング（符号化）**という。その目的は，受信者が理解できるメッセージを作ることである。BHFの例では，人々が心臓病疾患蘇生のCPR処置をすることに困惑やためらいを持つことが分かっていたため，ユーモアや覚えやすい歌を用いてメッセージをうまくエンコードした。そこでは，オーディエンスが，メッセージをデコード（解読）でき，学習し，行動（およびシェア）できるよう配慮されている。

　発信者がエンコーディングに失敗する理由は数多い。例えば，発信者が状況を正確に把握できていないことが考えられる。ステークホルダーの抱える問題や知識レベルを十分に理解できていなければメッセージに不適切な情報が含まれてしまう。そうなると，受信者がメッセージを受け取った時に誤った解釈を導いてしまう。ターゲットとなる受信者の知識水準を適切に把握できていなければ，メッセージをエンコードする時に受信者が理解できない言葉や記号を使用してしまうことになる。

　ターゲット・オーディエンスを深く理解するために市場調査に膨大な時間や資金を投じる組織もある。メッセージの発信者はコミュニケーション・プロセスの重要な要素である。発信者に信念や権威，信用，専門性が欠けていると受信者が認識してしまい，発信者への信憑性が確立されないと，どのようなメッセージであってもメッセージは割り引かれて受け取られるようになる。

　多くの組織がセールス人材の採用に膨大な時間と資金を投じている。人材採用を誤ってしまうリスクは極めて大きいからだ。多くのハイテク組織では

1年以上をかけて製品や販売について研修を行ってからでなければ新人販売員に接客させない。顧客から見れば，製品知識が豊富で，購入決定権を持つ人にとって共感が得られる販売員を，信用できると思い込んでしまう。したがって，知識が豊富で信用される販売スタッフを揃えた組織は，同レベルの販売員教育をしていない組織と比べるとコミュニケーション・プロセスでもたらされる効果は高いと考えられる。

　発信者は，単にメッセージを発信するだけの存在ではなく，コミュニケーション・プロセスの一部となっている。Patzer（1983）によると，とりわけ発信者の場合，身体的魅力がある伝達者が高い説得力を持つ。組織や製品の品質を保証するために有名人を起用するのはこのことと関わっている。受信者に確信をもたらし，メッセージの目的をすぐさま連想させ，しかも信頼するに足る専門性を備えているとともに，受信者にとって魅力的であるスポークスパーソンならば，彼の言葉は豊かな意味を持ち，コミュニケーション・プロセスにおいて優れたファシリテーターとなる。

　このような正当化された権威は，多くのテレビ広告や動画広告で展開されている。例えば，白衣や黒縁メガネ，制服を身に着けることは，専門性を持つシンボルとして活用されている。スポークスパーソンに白衣を着せれば，すぐに信頼できる情報源として知覚され「彼らは話している内容に関する知識を持っている」と認識され信頼されやすくなるのである。

シグナル（信号）

　エンコードされた後，メッセージは伝達できる形式にしなければならない。口頭であろうと文字であろうと，言葉であろうと言葉でないものであろうと，象徴的であろうと記号であろうと，どのような形式であろうとも発信者はメッセージ化した内容を，受信者がデコード（解読）できる形式にしなければならない。

　チャネルは発信者から受信者にメッセージが伝達される手段である。チャネルには，パーソナルな手段もインパーソナルな手段もある。パーソナルな手段とは対面やクチコミのような個人間のものであり極めて大きな影響力を持つ。インパーソナルな手段とはマスメディアのような人が介さないチャネルであり，多くのオーディエンスに届けることができる。

一般的に，パーソナルなチャネルを通じて直接受信された情報は，マスメディアを通して受信された情報よりも説得力がある。このことは明確な事実だが，その理由を理解しておくべきであろう。第１の理由は，人を介したアプローチはメッセージの伝達の際にその都度自在な対応が可能であるからである。メッセージが伝達されるタイミングや強さを販売状況に合わせてその都度調整することができる。第２の理由は，販売の進み具合に応じた顧客のニーズに合わせてメッセージを発信できることである。マスメディアを介してメッセージを発信する場合にはこのような自在な対応ができない。というのも，メッセージは伝達前に作りこまれており，顧客に直接的にインプットすることは考慮されていないからである。

ビュー・ポイント2.1　中国人の共感が得られるように広告をエンコードする

　アディダスは，競合であるナイキが持つ中国市場のシェアを奪取するため，北京オリンピックに向けたキャンペーンを展開した。アディダスは，他の広告主の多くが人権問題や環境政策に関わるアプローチをメインとしていたこの時に，中国人の愛国心に訴えることを選択した。

　アディダスのキャンペーンの基本となったのは，試合をホストし試合で勝利することに向けての中国人のプライドであった。このキャンペーンには，バスケットボールの隋菲菲や飛び込みの胡佳といった中国人アスリートが登場した。広告はCGアニメを活用して作られ，中国のファンたちがオリンピックで自国のアスリートを手助けするような内容であった。例えば，ファンたちが，バレーボールのスパイクをブロックしたり，バスケットボールでパスを出したり，飛び込みの着水を手助けしたり，といった具合である。別バージョンでは，アテネオリンピックで中国女子バレーボールチームが大きなプレッシャーをどのように克服しメダルを勝ち取ることができたかが描かれた。さらにアディダスは，受賞メダルの表彰式で中国代表団が着用する上着も製造することとなり，そのことを広告で取り上げた。

　有力なスポーツイベントで通常行われるようなグローバル・キャンペーンのアプローチとは違い，このキャンペーンは中国国内だけに限定されて，テレビ，屋外広告，店舗，モバイル，インターネットで展開された。

　ブランドはオーディエンスからの文脈を読み違えることで意味不明となる広告を作ってしまうことがある。それは，オーディエンスがブランド側の意図とは異なるデコードをしてしまうことが原因となる。その結果，オーディエンスはブランドを無視したり戸惑ったり激怒することになる。広告をエンコードするプロセスで判断を誤るとこうしたことが起こり，マーケティング・マネジメントでのブ

68　第2部　コミュニケーション：形式と会話

ロセスが台無しとなってしまう。

　例えば，ブルース・リーのファンや中国の映画製作者たちは，ウイスキーのジョニー・ウォーカー青ラベルの広告でディアジオ社が生前のリーを活用したことを批判した。中国市場向けの動画の中でアニメーションによって生き返ったブルース・リーが描かれたのである。エンコードのプロセスでは，制作者たちはリーの没後40年を皆で偲ぶことを意図したのだが，広告を放映するタイミングがそれとはズレてしまっていた。加えて，アルコール飲料との連想にリーを起用したことも誤りであった。なぜならブルース・リーは酒を飲まなかったのである。さらに残念なことに，リーを再現するために起用した声優についても判断を誤った。その声優は広告の中で中国語の標準語を話したのだが，リーは香港生まれで生前は広東語を話していたのであった。

出典：　Anon（2010a）；Barnes（2013）

> **問い：アディダスはなぜこのキャンペーンを中国国内に限定したのだろうか。**
> **課題：特定の文脈に基づいているキャンペーンを2つ挙げてみよう。**

デコーディング／受信者

　デコーディング（**解読化**）は，メッセージを考えに変換解釈するプロセスである。このプロセスは，受信者の**理解の範囲**の影響を受けるが，そこには，発信者と受信者双方の経験，認知，態度，価値が含まれる。発信者に対する受信者の理解が深まれば深まるほど，また受信したメッセージをデコードする経験が増えれば増えるほど，意図された意味を受信者がデコードし解釈できる能力も高まってくる。

フィードバック／レスポンス

　メッセージを見聞きしたり読んだりした後の受信者の一連のリアクションのことを**レスポンス**（response）という。その内容は多岐にわたり，問い合わせの電話番号に電話をかける，クーポンの提示やダウンロードに反応する，製品を購入する，文章やeメールを送るというものから，後のために情報を長期記憶に留めておくといったものもある。**フィードバック**（feedback）は送信者に返されるレスポンスの1つであり，それはコミュニケーションが効果的であったかどうかの判断基準ともいえる。メッセージが受信されたかどうか

だけではなくメッセージが「どのように」受信されたかを理解することも欠かせないことである。例えば，受信者がメッセージを不適切にデコーディングした場合，まったく違ったレスポンスが引き出されることになる。適切なフィードバック・システムがなければ発信者はコミュニケーションが失敗していることに気づかないまま無駄なやりとりを続けることになる。これではマーケティング・コミュニケーションは効果的にも効率的にもならない。

　そのため効果的なコミュニケーションが展開されているかどうかを知るためにはフィードバックの評価が不可欠となる。評価がなければコミュニケーションが成功しているかどうかは判断できないからである。フィードバックは，人的販売では質問，反論，注文書へのサインといった明瞭な手段ですぐに返ってくる。ジェスチャーやボディ・ランゲージなどの手段では明瞭さに欠けるため，適切なレスポンスが返されたとしても，そのフィードバックを正確にデコーディングしなければならない。広告主にとってそのプロセスは非常に曖昧で解釈を誤りやすい。

　一般に，マスメディア・チャネルの場合にフィードバックを得ることはとても難しい。フィードバックが返ってくるまでにはどうしてもそれなりの時間差が生じるためだ。英国BARB（Broadcasters' Audience Research Board）が契約テレビ局に提供している翌日視聴率速報のような例外もあるが，原則としてフィードバックを得るまでには時間がかかる。コミュニケーションが成功したかどうかを見る唯一の指標は売上高だという人もいる。しかし，売上高に影響する要素は数限りなく存在する。価格，かねてからのコミュニケーションの蓄積，オピニオン・リーダーや友人の推奨，競合の拙劣な動き，行政や規制の改革などである。ダイレクト・マーケティングのように即座に直接的なフィードバックが得られる場合を除けば，組織はコミュニケーション活動の成果が有効かどうかを測定するために売上高以外の方法を用いるべきである。例えば，顧客の要求のレベルや質，来店回数や頻度，態度変容の程度，広告物の再認や再生の程度などである。ただしこれらはいずれもフィードバックではあるが大雑把な判断区分でしかない。そのため，マス・コミュニケーションに対するフィードバックを評価することは人を介したコミュニケーションを評価するよりはるかに難しいものとなってくるのである。

ノイズ

　受信やフィードバックの質に影響を与える複雑な要因がノイズである。Mallen（1977）によると，**ノイズ（noise）**は「情報の欠落や歪み」であり，どのようなコミュニケーションにおいても常に一定のノイズが存在している。そのため，影響の有無に関わらず，ノイズのレベルを最小限に留めておくことはマネジメントの役割である。

　受信者がメッセージの全部ないし一部を受信できなかった時にもノイズは発生する。その原因にはおそらく認知的要因や物理的要因がある。例えば，認知的要因としては，メッセージが適切にエンコードされていないことが考えられ，そうだとすると受信者はメッセージをデコードすることが難しい。この場合，発信者と受信者の理解の範囲が一致していなかったといえる。ノイズが入り込むもう1つの原因は，受信者の注意が散漫になることでメッセージを正確にデコードすることが物理的に妨げられることである。注意が散漫になるというのは，例えば，電話が鳴った，部屋の誰かが質問や咳をした，といったことである。また，似たようなメッセージがたくさんありすぎて当該メッセージが目に留まらないということも原因となる。

　販売促進の実務家の中には，特殊な販売促進イベントで，その環境が持つ独特の雰囲気や関心のことを「ノイズ」という者もいる。この場合，「ノイズ」という言葉はコミュニケーション・プロセスでの前向きでアドバンテージをもたらす要素という意味で使われているが，本書ではこの見方は取り上げない。

理解の範囲

　理解の範囲という概念は先にも述べた。理解の範囲がコミュニケーション・プロセスで重要な要素とされるのは，コミュニケーションの成功は発信者と受信者がお互いを理解し，意味を共有することによって成立すると認識されているからである。ここでいう理解は，態度，認知，行動，経験，すなわち，コミュニケーション・プロセスの両者の価値観に関連する。つまり，効果的なコミュニケーションは発信者と受信者の間に理解の範囲という共通の土台がある時に成立しやすいのである。

　組織の中には，とりわけ民間企業では，巨額を投じてターゲット市場を調

第4章　コミュニケーションをとらえるモデル　71

査し，メッセージが適切にデコードされているかを確かめる広告調査を行う組織もある。受信者への理解を深めるほど，組織はさらに自信を持ってメッセージを作成し受信者に伝達できるからである。反復と学習はマーケティング・コミュニケーションでは重要な要素である。学習は知識に関わる機能であり，知識が高まるほど理解が深まることになる。

コミュニケーション・プロセスに影響する要因

　放送メディア（ブロードキャスト・メディア）が商業的コミュニケーションの主流であった時代には，連続的なコミュニケーション・プロセスを示す線形モデルは有効であった。しかし，今や線形モデルは今日的なコミュニケーション・プロセスを正確に表現できておらず，すべてのコミュニケーション形態を正しく反映しているわけではない。メディアやオーディエンスの細分化，コミュニケーションの社会的次元や関係的次元を考慮する必要性，インタラクティブなコミュニケーションの影響によって，線形モデルを全面的に当てはめることは妥当とは考えられなくなってきたのである。

　コミュニケーション・プロセスでは特に考慮するべき影響が２つある。１つ目は情報を運ぶメディアであり，２つ目はコミュニケーション・プロセスに関わるオーディエンスの影響である。順に見ていこう。

メディアの影響

　組織とオーディエンスの間でマーケティング・コミュニケーションが生み出そうとしている対話にはある程度の時間差がつきものである。時間差とはコミュニケーション・プロセスの当事者がレスポンスを返すのにかかる時間である。しかし，テクノロジーによって，今日の当事者は電子的なスピードでマーケティング・コミュニケーションに関わる「会話」ができるようになった。このスピードのおかげで，リアルタイムでインタラクティブなコミュニケーションが可能になり，問い合わせにもほとんどすぐに回答できるようになった。

　デジタルテクノロジーとりわけインターネットは，顧客同士の相互作用と対話を可能にしている。伝統的な（線形）メディアの特徴はモノローグ的であり，

せいぜい最善でも時間差をできるだけ抑えて推論によって補う形で相互作用を図るしかなかった。新しいメディアをベースとしたコミュニケーションで重要となるのは、マーケティング・コミュニケーションが起こる文脈が再定義される点である。伝統的には、対話は（比較的）馴染みのある文脈で生じるが、その対話は発信者によって作り出されたものである。発信者は、様々なコミュニケーション・ツールを通して、オーディエンスに広く認知されると考えられる環境に慎重にメッセージを溶け込ませる。発信者はターゲットが頻繁に利用する様々な環境にメッセージを埋め込む。Yuan et al.（1998）によると、広告メッセージには2種類ある。ダイレクト・マーケティングのように他のコンテンツから「切り離された（unbundled）」ものと、テレビ、ラジオ、バナー広告が表示されるウェブページのように、他の情報コンテンツと「一緒に（bundled）」表示されたり埋め込まれたりしたものである。別の見方では、直接オンライン広告と間接オンライン広告がある。直接オンライン広告とは顧客に届けられる広告メッセージ（eメール）であり、間接オンライン広告とは顧客が好きな時間にアクセスして見ることができるメッセージ（ウェブサイト）である。

デジタル・メディア上でのコミュニケーションでは、情報発信者側を従来よりも受け身にする傾向がある。組織からのメッセージがオーディエンスに表示されるためには特別な端末が必要であったり、そのメッセージへのオーディエンスからの検索行動が必要であったりする。組織と顧客の役割が入れ替わり、その結果、コミュニケーションを推進するのは能動的な情報探索者側であり、（それは、組織や他の情報提供者も含めた広い社会のメンバーからなる）ターゲット・オーディエンスがその推進役として大きな役割を果たし、情報を提供する組織だけが推進役になるわけではなくなったのである。

オーディエンスの影響

伝統的なコミュニケーションの視点では、コミュニケーション・プロセスは本質的にワンステップであると考えられてきた。情報は、まるで弾丸のように見込みオーディエンスに向けて一直線に放たれる。その場合、オーディエンスが裁量できるのはメッセージにしたがって行動するかどうかであり、オーディエンスはコミュニケーション・プロセスにおいて受動的な役割を担

うしかなかった。組織はメッセージに少しだけ手を加えたり，チャネルの種類や頻度を変えたりするだけで様々なターゲット・オーディエンスと容易にコミュニケーションを図ることができた。

　しかし線形モデルにはコミュニケーションを過度に単純化しているという批判がなされてきた。線形モデルではコミュニケーション・プロセスにおける対人的な影響や情報が一直線的でないような流れを持つ可能性を無視してしまっている。こうした影響を考慮するために，さらに2つの影響モデルを紹介しよう。コミュニケーションのインフルエンサー・モデルとインタラクショナル・モデルである。

コミュニケーションのインフルエンサー・モデル

　コミュニケーションのインフルエンサー・モデルでは，情報はメディア・チャネルを通して特定のタイプの人々（オピニオン・リーダーとオピニオン・フォーマー）に流れ，それ以外のオーディエンスは，それらの人々を情報源やガイドラインとして参照するというものである。オピニオン・リーダーは，自らが持つ対人的ネットワークを通じて，メッセージに直接接触していないターゲット・オーディエンスにリーチする。加えて，すでにメッセージがリーチしたオーディエンスにはその影響を強化する（図2.2）。例えば，トリップ・アドバイザー・ドットコムに掲載されている旅行者のフィードバックやコメントは，旅行を計画する人々に役立つオピニオン・リーダーとしての役割を果たす。また，新聞日曜版の旅情報の編集者やテレビの旅番組のプレゼンター，旅情報を扱うプロのブロガーは，専門知識を提供するオピニオン・フォーマーとしての役割を担い，フォーマルな知識によってこれから旅行をしようとする人の意思決定に影響を及ぼす。

　もともと「二段階モデル」といわれていたこのアプローチでは，マスメディアはオーディエンスに対し直接的で絶対的に強力な影響力を持つわけではない。マスメディアの機能は情報を提供することが主であり，そのためその後に，ターゲット・オーディエンスを説得したり直接的に影響したりする対人的な影響力が欠かせないことになる。

　このようにインフルエンサー・アプローチは，複数の段階からなるモデル

74　第2部　コミュニケーション：形式と会話

図2.2 コミュニケーションのインフルエンサー・モデル

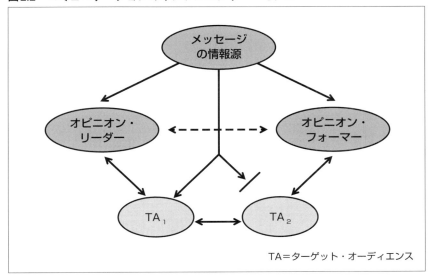

出所：Fill（2011）より。

図2.3 多段階的なコミュニケーションのインフルエンサー・モデル

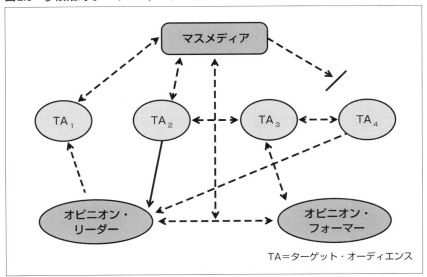

出所：Fill（2011）より。

として展開される。このアプローチの独自性は，コミュニケーションにはそのプロセスに関わるあらゆるグループの人々との相互作用が含まれるという提案である（図2.3参照）。この解釈は，コミュニケーション・プロセスに巻き込まれている当事者間のネットワークをうまく表している。

コミュニケーションのインタラクショナル・モデル

　もともとコミュニケーション・プロセスの説明に活用されるモデルやフレームワークは，現実を単純化したものであり，実際のコミュニケーションを正確に反映しきれているわけではない。線形モデルは一方向的であり，そのプロセスでは受信者は受動的な役割を担うとされている。インフルエンサー・モデルは，コミュニケーション・プロセスに個人が能動的に参加することについて説明を加えようとしている。しかし，どちらのモデルも個人の行動に重点を置き，コミュニケーション・プロセスの背景にある社会的行動が考慮されていない。

　コミュニケーションのインタラクショナル・モデルは，これに対してコミュニケーション・プロセスが受ける多様な影響を考慮しようとするものである。このモデルは人や情報機器から受信するコミュニケーションへの人々のレスポンスを取り含んでいる。メッセージはシェアされたり更新されたりして，コミュニケーションはますます他のメッセージに反応し，意味を持つようになってきている。これらの「会話」は相互作用的であり，社会において必要不可欠な部分として構成される。図2.4はこのようなコミュニケーションの複雑さを表している。

　インタラクションとはレスポンスを導く活動をいう。ダイレクト・マーケティングの展開のおかげで，一方向から双方向へ，そして相互作用をベースにしたコミュニケーションへと，根本的な変化は確かに進んだ。デジタルテクノロジーはこのインタラクション・プロセスをさらに飛躍させた。しかしながら，インタラクションがありさえすればゴールが達成されるわけではない。なぜなら，インタラクションには，根本的に意見が食い違っている，意見を交換しただけ，挨拶をしただけ，ということも含まれるからである。

　Ballantyne はオーディエンス同士の双方向的なコミュニケーションについ

76　第2部　コミュニケーション：形式と会話

図2.4　コミュニケーションのインタラクショナル・モデル

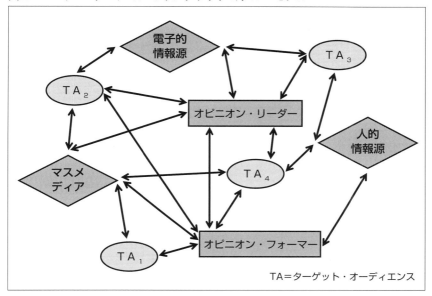

出所：Fill（2011）より。

て言及し，まず対面での出会いやコンタクトの中心として「with」体験の存在を明らかにしている。その次に，それとは異なる，よりハイレベルな双方向コミュニケーションを取り上げている。それは二者間（between）のコミュニケーションである。信用，傾聴，適応行動が顕著に見られるような真の対話の姿が具現化されているのは後者の段階である。表2.1に示す。ロレアルは「わたしにはそれだけの価値があるから」というスローガンを少しずつ変えてきた。2000年代半ばには「あなたにはその価値があるから」に変わり，2009年にはさらに「わたしたちにはその価値があるから」（Clark, 2012）へと変わった。おそらく「わたしたち」という言葉が顧客との関係性を築く鍵になるという認識があり，消費者の関与をより一層強化しロレアルへの満足度を高めようとするねらいがあるのだろう。

　ここで重要な疑問が生じる。インタラクションとは何か，インタラクションの主な特徴とはどのようなものかという問いである。インタラクションのダイナミクスやその諸次元が理解できれば，より効果的なマーケティング・

表2.1　コミュニケーション・マトリクス

方向性	マス市場	ポートフォリオ／マス・カスタマイゼーション	ネットワーク
一方向 計画的コミュニケーション 情報提供と説得を目的とする メディアのムダが多い	○○「へ」というコミュニケーション。 ブランド認知やロイヤルティを確実にするための計画的な説得的メッセージ。 例：USPやESPによるコミュニケーション	○○「のために」というコミュニケーション。 ターゲット市場への十分なオファーによる計画的な説得的メッセージ。 例：ライフサイクル製品にターゲットを絞ったコミュニケーション，補償，ロイヤルティ・プログラム	
双方向 フォーマル，インフォーマルどちらの形でも傾聴と学習を目的とする ムダが最小限		○○「と一緒に」というコミュニケーション。 計画されたものと相互に共有された知識との統合。 例：対人的，ダイレクト（データベース），コンタクトセンター，相互作用的なB2Bポータル	○○「の間で」というコミュニケーション。 信用や学習，適応に基づく当事者同士の対話。共創結果をともなう。 例：事柄についての連携が重要。コミュニティやスタッフのチームワークの拡大

コミュニケーションを展開できる。インタラクティビティは2つの視点から考察できる。1つ目はインタラクションを可能にするテクノロジー，ツール，特徴（例えば：マルチメディア，インターネット，オンラインゲーム）である。2つ目はJohnson et al.（2006）によると，インタラクティビティがコミュニケーション・プロセスにもたらす付加価値である。

インタラクションから生まれるのは**対話（dialogue）**である。対話は，相互理解と相互作用に対する合理的アプローチ，すなわち相手の話を聞いて場面に合わせた行動をとることで起こる。対話は巻き込まれたグループの関係性とともに特有の知識を深めることに関わってくる。Ballantyneはこれを共学習（learning together）と述べている（Ballantyne, 2004）。

対話をコミュニケーションのベースとすることで，組織がオーディエンスを見る見方が変わる。対話を歓迎しそこに参加することで，組織がステークホルダーと持つ関係性があらためて強調されることになる。言い換えれば，有意義な対話を生み出すためにはそれに先立つインタラクションが欠かせない。

コミュニケーション・プロセスにおいて人が介在することの重要性を示している点で，インフルエンサー・モデルは意味深い。コミュニケーションの成功は，インタラクティビティがコミュニケーションを活性化する程度で判断することも多いのである。

第4章　コミュニケーションをとらえるモデル　79

第5章

クチコミ

クチコミの重要性

　製品やサービス，ブランドではマーケティング・メッセージや意味に関わる消費者同士の会話は自然に発生するものである。購買者，見込購買者，購買をしない人といった立場とは関係なく，またブランドに影響されたり促されたりすることもなく情報は交換される。

　多くの組織がクチコミをマーケティング・コミュニケーションに欠かせない要素として活用し，人々が自社のブランドについて前向きな会話をするように熱心に働きかけている。彼らがそうするのは，購買決定の20〜50％が**クチコミ（WoM）**に依存していると考えられているからである（Bughin et al., 2010）。Shih et al.（2013）によると，ニールセンの調査では，オンライン広告を信用する利用者は33％しかいないのに対し，友人のおすすめを信用する利用者は90％，eWoM（オンライン上のWoM）を信用する利用者は70％にものぼるという。

　クチコミは非公式的で意図されたものでも誰かに頼まれたものでもない会話とされている。クチコミを通じてなされる推奨行為は情報を提供し，購買を手助けし，個人の購買決定を強化する。この核心には発信者の信憑性があり，信憑性の高い発信者の意見は人々に求められ，購入意思決定に活用される。クチコミの情報提供者は，バイアスのない信用できる客観的な，インフォーマルな専門家と見なされている。このようにパーソナルに影響することは重要であり，コミュニケーション・プロセスを豊かにする。メッセージが基本的に線形で一方向的でフォーマルな広告活動とは異なり，クチコミは

80

相互作用的で双方向的で信頼されやすい。Hamilton et al.（2014）は，「自分以外の消費者の意見は高く評価される。なぜなら，自分以外の消費者の意見にはフォーマルなマーケティング・コミュニケーションよりも製品やサービスのネガティブな情報が多く含まれているからである」という。

定義と動機

　Arndt（1967）は，クチコミを「受け手と伝え手との間で行われる口頭での個人同士のコミュニケーションである。受け手はこの伝え手をブランド，製品，サービスに関して非営利的と見なしている」とした。簡単にいえば，クチコミとは企業やその代理人と関わりを持たない人たちの間で意見が共有されることである（Santo, 2006）。

　Stokes and Lomax（2002）はクチコミを「製品やサービスに関する対人的なコミュニケーションで，そこではクチコミの受け手はクチコミの伝え手を自分に対して公平であると見なしている」と述べている。このシンプルな定義は，これまでに確立されていた解釈が今日のメディアには当てはまらず，クチコミの例を見れば，伝え手は他の誰かには依存していないという認識に限界があることを踏まえている。

　Kawakami et al.（2014）は，クチコミを「ある製品について，商品購入者と潜在的購入者との間で行われる情報と評価信念の交換であり，そのコミュニケーションの内容は製品メーカーや他のマーケティング組織によって作られたりスポンサードされたりしていない」と定義した。彼女らはまた，クチコミは個人的な知り合いの間（pWoM）でも，バーチャルといわれる実際に会ったことのない人たちの間（vWoM）でも起こることを指摘した。Weisfeld-Spolter et al.（2014）は複数の異なる形式のeクチコミを明らかにし，eクチコミについて語る際には注意が必要なことを示唆している。

　人は様々な理由から製品（サービス）経験について語ることを好む。その理由は後に考察する。例えば，近所の人や同僚に休暇中にあった好ましい経験を話す場面では，直接体験したことを「知り合いに実際に起きたことなのだけれど」と話したとしても，それを聞いた人はどちらであろうと大差なく他の人々に伝えていく効果がある。そこでは情報の妥当性は問われず，休日を他の場所で過ごしたらどうだったかといった一般的な印象が無視されてい

第5章　クチコミ　81

る。Mazzarol et al.（2007）は，クチコミを促す重要なトリガーとして，「メッセージの豊かさ」と「明示的または暗示的なアドボカシーの強さ」を挙げている。Palmer（2009）はこれらをまとめて，「クチコミを自分と似たような人々から発信されるがゆえに自分にとって意思決定の手助けとして信用できる情報」と述べている。

　Helm and Schlei（1998）は，クチコミを「製品提供者，利害の伴わない専門家，家族，友人や実際の消費者といったグループの間でやりとりされる，（肯定的ないし否定的な）言語上のコミュニケーション」と述べている。組織は営利目的でeクチコミの技術を活用し，ブランドの差別化ポイントに関する会話を生み出そうとする。クチコミはかつては1対1の会話だったが，今日では，商品レビューがネットに投稿されたりブログや動画が急速に広まったりするデジタル化の影響を受け，1対多のコミュニケーションに変わってきている。

　1つ重要な疑問が挙げられる。人はなぜ製品や広告のメッセージを話題にしたくなるのだろうか。Stokes and Lomax（2002）でも引用されているが，Bone（1995）はクチコミに3つの要素を挙げている（表2.2参照）。

表2.2　クチコミの要素

WoMの要素		解説
方向性	インプットとしてのWoM	購入に先立って消費者が求める推奨
	アウトプットとしてのWoM	購入経験の結果としての感情の表現
誘発性		経験から導かれる肯定的ないし否定的な感情
ボリューム		メッセージが届けられる人の数

出所：Bone（1995）

　Dichter（1966）はアウトプットとしてのクチコミを主に4つのカテゴリーに分けている。

1．製品関与

　人は，自分自身で経験したとても楽しかったことやとても不愉快だったこと

82　第2部　コミュニケーション：形式と会話

を話題にしたいと強く思う。それは，情報探索の時であれ使用する時であれ，その両方の場面でもあるが，繰り返し話題にすることでそれまでの経験を再生する機会となる。マーケティング・コミュニケーションでの製品やサービス経験がここに反映されていることは，第1章で明らかにした。

2．自我関与

話し合うことによって，製品を所有していることが権威づけられ，受け手にとっての名声やステイタスとしてのシグナルが確立される。それ以上に重要なのはおそらく，購入者が自分の意思決定が間違っていなかったと思うことで認知的不協和が解消されることである。

3．他者関与

製品は他者の役に立ちたいとか愛情や友情，思いやりの感情を表現したいという人々の動機を手助けする。このような感情は，製品がもたらす様々なベネフィットを共有する感覚を通じて生じる。

4．メッセージ関与

Dicher（1966）によると，製品を話題にする動機は，製品自体を取り巻くメッセージ，特に広告や，ビジネス市場ではセミナーや展示会，業界紙によって喚起される。これらのメッセージは会話を誘発し，クチコミでの推奨を刺激する。

マーケティング・コミュニケーションはこうした動機を活用し会話を刺激する。

あるブランドをとても身近に感じている人やブランド・アドボケイツと呼ばれる人がクチコミにはしばしば関係する。ブランドを支持する意見はクチコミだけではなく，ブランドの服を着ることや道具や装置を使うといった行動を通じても表現される。

製品について会話をする動機や関連経験は人によって異なり，動機の強さも時によって異なる。このようなクチコミのプロセスでは発信者と受信者の二者が中心となる。調査によれば，受信者のメッセージへの評価は常に一定

ではなく時間が経てば変化し，（当然予想されるように）再生の正確さは次第に薄れてくる。そのため，とりわけサービス分野では，製品について好ましい経験をした人に事後できるだけ早く話をさせるようにマーケティング・コミュニケーションを仕掛けるべきであるといわれる（Christiansen and Tax, 2000）。Goldsmith and Horowitz（2006）によれば，リスク低減，人気，コスト削減，情報入手の容易さ，そして映画やテレビ，ラジオのようなオフライン情報源から得られるインスピレーションでさえ，人々がネット上に他者の意見を求める理由になっているという。

■ ビュー・ポイント2.2　クチコミから始まったグリーン・ホッピング

　グリーン・ホッピングは観光やビジネス向けにヨーロッパの自然豊かな地域をアピールするオンラインサイトである。グリーン・ホッピングは，人々の関心を高めエンゲージメントを結ぶとともに，各地域のサステイナビリティをアピールするために認証やその他の属性を取り上げ，訪問者に深い感銘をもたらす経験理解に向けて活動している。具体的には地域の様々な物語や美しい写真，地域ラベルや認証などでの詳しい情報を提供している。例えば，ある地域のホテルがどのようにエコ認証を達成したか，あるレストランがどのようなスローフードのネットワークの一員になったか，そしてこれらの注目すべき活動につながったキー・ポイントの情報提供も付け加えている。このブランドサイトのおかげで様々な実務家が支援する機会を見出し，環境重視に向けた改善や目標達成に取り組んだりしているのである。

　グリーン・ホッピングの本部はブリュッセルであるが，スタートアップ企業として最初に直面した大きな問題は，新参者でブランドの知名度がないことであった。そこで大きなタスクとなったのは関連する専門家や投資家に情報を提供し，新しいユニークなブランドとして目を留めてもらうことであった。資源が限られていたため，ペイドメディアを使った広告をすることは考えられなかった。新卒者ばかりのグリーン・ホッピングのチームは，広告の代わりにクチコミ戦略を用いることにした。グリーン・ホッピングのプラットフォームは消費者市場向けの展開であったが，初期の展開での焦点はビジネス市場に合わせて活動した。

　クチコミ戦略のチームはグリーンマップ・ブリュッセルのイベントに向け200のビジネス機関にターゲットを絞った。彼らはNGOやブロガー，写真家，その他のプロフェショナルといった地域のインフルエンサーに連絡を取るとともに，個人的にも接触を図った。例えば，ブリュッセル・グリーターズ，ユーズイットマップス，スローフード・ブリュッセルといった組織である。これらの組織はサステイナビリティとエコツーリズム認証に基づいて選定された。チームはいくつかのマーケティング・カンファレンスを訪れ，マーケターの間でグリーン・ホッピン

84　第2部　コミュニケーション：形式と会話

グが話題になるように個人レベルのクチコミ・マーケティングを働きかけた。

関連業務の専門家たちには，グリーン・ホッピングが取材した記事や写真とともに，グリーン・ホッピングの信念・目的・価値観が書かれたステートメントや記録，さらには，固有の地域ラベルや認証に関わる彼らのインサイトを提供した。その結果，専門家たちにとっては観光訪問される地域が，環境を重視する自分たちのアイデンティティを伝えるためにはどのような論点に向きあうのかについて深く学ぶことができたのである。彼らは今日でもサステイナビリティに関するトレンドの最前線であり続けている。

この活動によって，関連業務の専門家たちはグリーン・ホッピングの真のサポーターになっていった。このサイトによって人々は互いに対話を始め，新しい知識をシェアできるようになった。ブリュッセルでグリーン・ホッピングを話題にする人々の間では，グリーン・ホッピングを介して組織同士がすぐに一緒に協働するようになったのである。ジャーナリストたちはグリーン・ホッピングと連絡をとるようになり，新聞にグリーン・ホッピングの記事が掲載されたり，設立者たちがテレビのインタビューを受けたりするようになった。このようにして，ビジネス市場でも消費者市場でも，エキサイティングな新しいプロジェクトに向けた可能性を常にもたらすパートナーシップが現れていった。これらはすべてクチコミ戦略の結果もたらされたのである。

このビュー・ポイントは，ブルガリアのBGMenuのデジタルマーケティング専門家Bilyana Petrovaに多くを負っている。彼女は広告とマーケティングを英国コベントリ大学で学んでいた。

> **問い：クチコミがそれほど重要ならば，クチコミがすべてのブランドにおいて中心的な活動になっていないのはなぜだろうか。**
> **課題：今度あなたが休暇施設を訪れる時に，ブランドのオーナーが施設について訪問者にどのようなことを話すかしっかり覚えておこう。**

オピニオン・リーダー

Katz and Lazarsfeld（1955）は**オピニオン・リーダー（opinion leader）**を，「情報を先取りし，それを再加工して他者に影響を与える人」と定義した。アメリカでの投票行動や購買行動の研究によると，マスメディアから直接得られる情報よりも個人が再加工して伝える情報のほうが説得力があるという結論が導かれている。Rogers（1962）によると，このようなオピニオン・リーダーは「オピニオン・リーダーでない人と社会階層が同じであってもグルー

プ内での高い社会的ステイタスを享受している」傾向があるという。William (1990) は Reynolds and Darden (1971) の研究から，オピニオン・リーダーはそうでない人よりも社交的で自分に自信を持っていることを指摘した。加えて，オピニオン・リーダーは意見に関するマスメディア（印刷物）への接触が多く，その結果，製品知識も豊富になるとともにその種の製品に親しみ，関与も高くなる。そうなると，彼らはよりイノベーティブになり，インフルエンサー（リーダー）としての自分の役割にさらに自信を深めていく。ただし，見た目には特別に普通の人と違う特徴はなかったという（Chan and Misra, 1990）。

オピニオン・リーダーは広告の中で製品の使用を推奨する役割を果たす。広告でよく使われる技法には，一般の人たちが製品に関する前向きなコメントを寄せるというものがある。

コミュニケーション・プランを計画し実行していくうえで，オピニオン・リーダーの重要性を軽視してはならない。Midgley and Dowling (1993) によると，イノベーターとしてのコミュニケーターは新しいアイデアを抵抗なく受け容れ，他者の意見には構わずに革新的な視点にしたがって購買意思決定をしていく。このような人々が重要であることは確かだが，誰がオピニオン・リーダーで誰がイノベーター・コミュニケーターであるかを判別しようとすると大変難しい。専門誌を読んでいる，いち早くクーポンを使う，展示会に参加する，新しく革新的な技術や製品に自ら接触していくなどという特徴もあるにはあるが，職業や家族，社会集団といった目に見える外見からは判別しづらいのである。

表2.3　オピニオン・リーダーの特徴

特徴	解説
社交性（social gregariousness）	オピニオン・リーダーの社会的定着性のレベル。彼らはノン・リーダーよりも社会的紐帯を持ち，友人が多く社会との接点も多い。
有効性（efficacy）と信用（trust）	オピニオン・リーダーは政治体制への信頼性が一般的に低いことが特徴だが，ノン・リーダーよりも自尊心や自己信頼性が強い。
価値観（values）と満足（satisfaction）	オピニオン・リーダーはノン・リーダーと比べて物欲や金銭的成功に関心が低い。彼らは社会的責任や政治的寛容さ，市民意識，環境問題に高い意識を持つ。

Nisbet（2005）は，オピニオン・リーダーの資質について優れたインサイトを示している。彼の観察によれば，オピニオン・リーダーには典型的に3つの基本次元が見られるという。社会的定着性（Weimann, 1944），情報提供性（Rogers, 2003），情報探索性（Keller and Berry, 2003）である。

ビューポイント2.3　アドボケーツ,インフルエンサー,アンバサダー

　ハンガリーでセンソダイン・プロナメル（ハミガキ粉のブランド）を市場展開するにあたって，グラクソ・スミスクラインはクチコミ・キャンペーンを行った。そこには歯の酸蝕症とセンソダイン・プロナメルについて会話を広げるために1,000人のブランド・アンバサダーが集められた。アンバサダーたちは，センソダイン・プロナメルが酸蝕症を防ぐのに有効な特別なハミガキ粉であることを伝えようとした。そのため，彼ら自身が製品を体験し，スターター・キットを自ら用い，サンプルを友人や家族，知人たちに手渡しし，会話を生み出したのだった。キャンペーン期間中に185,000件以上の会話が生まれ，公式的にはキャンペーンが終わった後も多くの会話が起こった。

　ワン・ウォーター（ミネラルウォーターのブランド）の「私はステラ」キャンペーンはトニー・ロビンソン（英国の俳優），クラウディア・ウィンクルマン（英国のテレビ・パーソナリティ），サー・ランオルフ・ファイアンズ（英国の探検家）といったブランドのアドボケーツ（擁護者）たちによって展開された。彼らをはじめとする有名人たちはソーシャル・メディアで「私はステラ」と宣言し，トゥルカナ族の12歳の少女ステラの動画にリンクを張った。ワン・ウォーターの売上によって寄付された新鮮な水を汲み出すポンプが設置されることで，ステラの生活は劇的に変化したのである。

　スペインの登山家カルロス・ソリアはビルバオ・ビスカヤ・アルヘンタリア銀行（BBVA）の価値観である，誠実，謙虚，卓越さの追求，献身，協働を表現している。彼が73歳にして目指しているのは世界の8,000メートル級の山々14峰を登頂することである。

　ビール酵母食品のブランドであるマーマイトは粘りのある濃い茶色のペーストである。マーマイトはパンやトーストに塗られるものだが，ビールの醸造工程で糖を発酵させアルコールにする際にできるものである。マーマイトには強烈な独特の味がある。マーマイトは「マーマラティ」というオンライン・コミュニティを形成してブランドの支持者を生み出そうとした。このコミュニティは熱烈なファンのための知る人ぞ知るクラブ組織で，完全にソーシャル・メディア上だけで存在するのだが，そこには歴史やアイデンティティ，様々な儀式や伝統がある。コミュニティのメンバーはマーマラティのメンバーになる許可を得るためには「ファースト・サークル」に紹介され，マーマラティの誓いを宣誓して目隠ししたまま試食をするという儀式に参加しなければならない。

シングル・モルト・ウイスキーの売上は，初めはほとんどがクチコミの推奨で促されたといわれている。それならば，グレンフィディックやセーラー・ジェリーの製造元ウィリアム・グラント・アンド・サンズが，インフルエンサーたちがブランドについて語ってくれるコンテンツの展開にマーケティング予算を割り振ったというのも納得がいく。

出典：Anon（2010b）；Bamfold（2013）；Bolger（2013）；Joseph（2014）；Rantal（2011）；www.marmite.com; www.wearesocial.net; www.bbva.com/

> **問い**：ブランド・アンバサダーと有名人による推奨との最も大きな違いは何だろうか。
>
> **課題**：ブランド・アンバサダーが登場する事例を２つ見つけ，彼らアンバサダーが推奨している他のブランドを挙げてみよう。似たようなブランドが挙げられないだろうか。

オピニオン・フォーマー

オピニオン・フォーマー（opinion former）とは，コミュニケーション・プロセスの目的に関わる権威，学歴，地位を持つために他者に影響力を発揮しうる人である。オピニオン・リーダーと同様に他者から認められ情報やアドバイスを求められるが，これはオピニオン・フォーマーが公式的な専門性を持っていると評価されているからである。例えば，地域の薬剤師は病状や薬について相談される。映画や演劇の批評家は作品のレビューを通じて人々に作品の評価を伝えるために，作品が成功するか失敗するかを左右する。

『ゼネラル・ホスピタル』（アメリカ）や『アレス・バス・ツェールト』（ドイツ），『ショートランド・ストリート』（ニュージーランド），『コロネーション・ストリート』（イギリス）のような，人気メロドラマは非常に多くのオーディエンスを引きつけている。それらは，避妊，中絶，薬物使用，病気，メンタル・ヘルスのような社会問題に対する注目を喚起し，論議を醸し出すメディア手法として利用された。

オピニオン・フォーマーの影響は非常に大きい。例えば，専門誌や新聞の編集者は専門知識の情報源と考えられ，メディアでの彼らの発言は信憑性が非常に高いものとして受け取られる。この意味で，編集者はゲートキーパーとしての役割を持ち，マーケティング・コミュニケーションに携わる人は，状

88　第2部　コミュニケーション：形式と会話

況に見合ったオピニオン・フォーマーを特定し，彼らに適切なメッセージを行き渡らせることがタスクとなる。

オピニオン・フォーマーの信憑性はコミュニケーションの効果に欠かせない。もしもオピニオン・フォーマーの公平性に疑念が抱かれることがあれば，彼らの見方やコメントには客観性が欠けていると思われ，ブランドへの評価も損なわれる原因となりかねない。

多くの組織が「自分たちにとって好ましい」政策を進めてもらえるよう，要職の議員にロビー活動を絶えず働きかけている。オピニオン・フォーマーは比較的見極めやすい。なぜなら，特にオピニオン・フォロワーの意見を形成している様子で彼らはよく目立つからである。

オピニオン・フォロワー

消費者のほとんどは**オピニオン・フォロワー**（opinion follower）であるといわれる。マスメディアから彼らが得るメッセージは，先の2種類のインフルエンサーの意見の焼き直しである。情報通から積極的に情報を求める人もいれば，マスメディアから情報や推奨を得る人もいる（Robinson, 1976）。しかし，オピニオン・フォロワーであっても，情報をもとにわくわくしながらマーケティングに反応している時には，自身で情報を加工し様々なインプットを活用していることを忘れてはならない。

倫理性の高い製薬会社は通常，新しい薬を発売する際にはその療法分野を専門とし，他の医師からも専門家と認められている医師に協力を求める。信憑性を高めるために，新製品に関するシンポジウムや関連イベント活動に彼らのようなオピニオン・フォーマーを招いて会のリード役となってもらう。同時に，その情報をマスメディア（オピニオン・フォーマー）に取り上げてもらえるようにPR会社はプレスリリースを準備して製品がターゲット・オーディエンスにより広く露出されるように編集，展開する。ターゲット・オーディエンスは製品やメディア・ビークルによって異なるが，開業医や勤務医，患者，そして一般の人々であろう。これらの人々は，オピニオン・リーダーであろうとオピニオン・フォーマーであろうと積極的なインフルエンサーであり語り手となる（Kingdom, 1970）。

クチコミによるブランド展開

　本章ではこれまでクチコミを自然発生的なもの，計画的でない会話として見てきたが，実はその見方だけでは十分とはいえない。なぜなら，多くの組織がクチコミの原理を利用して意図的にオーディエンスにリーチしようとしているからだ。「クチコミ・マーケティング（WoMM）」とは，製品やサービスを保証する発言の電子版であり，そこではメッセージはキーとなる個人に向けられ，その人は友人や同僚に自ら進んでメッセージを発する。そうすることによって，彼らはメッセージを保証し，信憑性の伴うものにする。WoMMは計画的で意図を持った試みとして消費者対消費者のコミュニケーションに影響を与え，プロのマーケティング手法やテクノロジーを用いて（Kozinets et al., 2010)，クチコミの会話を盛り上げていく（see www.womma.org)。

　この点で組織がオーディエンスに影響を及ぼす方法は様々にあると考えられるが，どれもクチコミとして括られる。クチコミの3つの主要な形式を挙げよう。自発的なクチコミ，誘発的なクチコミ，そしてマネージされたクチコミである。

1. 自発的なクチコミ：最も自然と思われる個人同士の会話の形。いかなる外部からの影響も強制も意図も受けない。したがってオピニオン・リーダーやオピニオン・フォーマー，オピニオン・フォロワーの間から他の影響を受けずに起こる会話である。
2. 誘発的なクチコミ：組織がオピニオン・リーダーやオピニオン・フォーマーに向けた意図を持つメッセージによって発生するもので，情報をフォロワーに伝えシェアしてくれるように促す。その目的はオピニオン・リーダーの信憑性を基にフォロワーの間に会話を起こすことである。消費者からの見方によって企業の見方が修正されることもある。例えば組織は，ブログやネット上のコミュニティ，フォーラムなどソーシャル・メディアの様々な要素を活用して消費者間の会話を促し，その様子を傾聴観察することで，市場へのアプローチを変えることがある。
3. マネージされたクチコミ：組織がオピニオン・リーダーにインセンティブを提供する見返りとして，フォロワーのネットワークに自社の製品や

サービスを奨めることを促そうとして発生させる。この場合，オピニオン・リーダーはコミュニケーション・プロセスにおける自立性や客観性を損ない，報酬の支払いを受けたブランドの代弁者となる。その結果，彼らへの信憑性は弱まり，製品やブランドのことを自由に語るというクチコミの本来の性質は失われる。

　組織が最新のマーケティング・コミュニケーションを活用し，製品やサービスに関わる前向きな経験をもたらし，それによって刺激された消費者を自発的に会話に駆り立てようとしているのは明らかである。このような消費者を動かそうとするアプローチは広く見られるようになっており，組織の信憑性や責任感が保たれているかが問題となる。マネージされたクチコミを利用するのは違法ではないとしても，倫理的な一線を越えており，オーディエンスに敬意を欠くという罪に値するのではないだろうか。そのため長期的に強い優位性を持つことはできないだろう。

　ブランド構築はこれまで，オピニオン・リーダーが方向づけたオフラインのコミュニケーションや，特定化されたオピニオン・フォーマーを通じて展開されてきた。有名なスポーツ選手やエンターテイナーが長きにわたりブランド・アンバサダーとして起用されてきた。アンバサダーのパーソナリティとブランドとのポジティブな連想を深めるために起用されているのである。有名人のエンドーサーとは「社会で高い知名度を享受しており，製品（消費財）と一緒に広告に登場して自分の知名度をその製品のために利用する人」と定義される（McCracken, 1989）。

　McCracken（1989）によると，有名人によるエンドースメントは意味移転の理論にしたがって作用する。ある有名人がブランドを「代表する」かどうかを消費者は評価するが，その際有名人のアイデンティティが手がかりとなって知覚と解釈のベースが提供される。ここでいう手がかりとは消費者にとって特に関心を引く，彼らの行動やコメント，能力，特性である。McCracken（1989）は，有名人の公的なイメージは「テレビや映画，軍隊，スポーツ，その他の経歴」に表れるという。

　Jin and Phua（2014）は，ツイッターを使ってブランドを推奨している有名人はフォロワーから常にソーシャル・メディア上の仲間として認識されて

第5章　クチコミ　91

いることを明らかにした。したがって，彼らによる推奨は，テレビや印刷広告で見られるものよりも信憑性や信頼が高くなる。さらにJin and Phuaは，eクチコミを通じて非常に多くのブランドを推奨する有名人は「企業に雇われたツイッター使い」と見なされ信用を失う傾向にあることも報告している。

コマーシャル・メッセージに有名人と製品が一緒になって登場すると，有名人が与える意味は，有名人を通じて製品に移転する。Gwinner and Eaton (1999) は，消費者が製品を買ったり消費したりすることでその意味が消費者に伝わって意味移転のプロセスは完了する，と論じている。

今や，ブランド展開にはソーシャル・メディアの利用，特に，ブロガーの存在が欠かせない。ブランド情報を拡散するのにブロガーの役割はますます大きくなっている。ここでは，クチコミを通じたマーケティング・コミュニケーションを使ってブランドを育成する方法を明らかにしていこう。

ジャーナリストのようなオピニオン・フォーマーは，プレスリリースを通じてブランド情報を見つけ受け取る。そして，彼らはその情報を編集，再編成し，それぞれのメディアを通じて読者や視聴者に受け渡す。したがって，ブランド情報は，メディア・チャネルを通してエンドユーザーに伝えるために意図的にジャーナリストに送られる。

今日ブロガーは影響力のある重要なコミュニケーション・チャネルとなった。しかし，彼らはジャーナリストとまったく同じ特徴を持っているわけではない。例えば人数では，どのような市場にもそれぞれ何万人以上という数のブロガーがいると考えられるが，ジャーナリストのようなオピニオン・フォーマーは比較的少ない。また，大多数のブロガーは，対象となる話題にインフォーマルに興味を持っているのに対し，オピニオン・フォーマーはフォーマルな専門知識を持っていると見なされている。一方でブロガーは公式ルートや編集者とつながっているわけではないため，彼らのコメントが客観的でなければならないわけでなく，いかなる広告メッセージの影響を受ける必然性もない。最も重要なことは，ジャーナリストは自分自身に情報のフィードバックがほとんどない一方で，ブロガーはブロガー同士やフォロワーと相互に会話を行っていることである（ビュー・ポイント 2.4 を参照）。

ビュー・ポイント2.4　ファッショナブルなブロガー

　15歳のブロガー，イジー・ホザックは食べ物のブログ『トップ・ウィズ・シナモン』を立ち上げ，2年のうちに30万人以上のフォロワーを獲得した。彼女のブログは，レシピだけでなく彼女自身の飾らない本音の発言スタイルや写真・動画のクオリティが注目されたのであった。ソーシャル・メディアでの彼女の影響力は出版社がレシピ本のオファーを出し，広告主が彼女のウェブサイトに広告を出そうとするまでに至った。極めて多くの人々が彼女のレシピやアイデアに惹きつけられたのだった。

　組織はターゲット・オーディエンスにリーチし，影響を与えようとブロガーを起用する。例えば，ユニリーバは『髪のすべて』というユーチューブ・チャンネルを立ち上げ，ヘアサロンのトニー＆ガイ，スキンケアのダヴ，整髪料のVO5といったブランドの広告を展開した。700万人のフォロワーを持つカリスマ・ブロガーのゾエラは，ソーシャル・メディアのトレンドやグーグル・データをもとにしてその日の話題に合わせたヘアスタイリング講座を，報酬をもらって展開した。ユニリーバはこのようにしてフォロワーが自社のブランドを買うよう促しているのである。

出典：Rivalland（2014）; Robinson and Malm（2015）; Swift（2014）

問い：ブログを書くことの目的は自己表現だけだろうか。
課題：ファッション，旅行，スポーツのそれぞれで，異なるブログを3つ挙げてみよう。それらの相違点を考えてみよう。

　クチコミに関する本章のまとめとして，クチコミによる推奨がオーディエンスの態度を変容させたり，一方それを思い留まらせたりする3つの決定要因を明らかにしたい。Bughin et al.（2010）によるとそれは，何をいうか，誰がいうか，どこでコミュニケーションするか，である。

　第1の要因はメッセージのコンテンツ，つまり何をいうかである。メッセージは，製品やサービスの重要な特徴を表現しなければならない。例えば，スキンケアであれば，使うとどんな気分になるのかといった情緒的なメッセージと比べ，パッケージや成分のような機能的側面を内容とする方がより強力なクチコミ効果をもたらす。

　第2の要因はメッセージを発する人である。オピニオン・リーダーやイン

第5章　クチコミ　93

フルエンサーは信用と有能さを具現化する。彼らは普通の人たちの３倍のクチコミ・メッセージを生み，オピニオン・リーダーによるメッセージは受け手の購買意思決定に４倍の影響力がある。

第３の要因は，クチコミが流通する環境とその力である。コンパクトで信用によって結びついているネットワークであればメッセージのリーチは狭いとしても，メッセージそのものが大きなインパクトを持つためにコミュニケーションが拡散し情報が流通していく。私たちが意見を信用する人と評価しているネットワークとの間にしばしば高い相関があるのは，このためである。

クチコミとメッセージの増幅

マーケティング・コミュニケーションは，ブランドと関連する適切な会話を可能な限り実現させていく。したがって，効果的なコミュニケーション・プログラムは会話の質と同様にその量が決め手になるともいえるだろう。この論理が当てはまらない場合もあるが，原則として会話の量が多く多様で拡散されていればコミュニケーションが成功している兆候といえるだろう。

本質的には，クチコミとは可能な限り多くの人々にリーチできるようにメッセージを増幅することである。今日，様々なメディア，特にソーシャル・メディアを通じて，人々の相互作用が起き会話を指数関数的に増大させる可能性がある。実際，バイラル・マーケティング・プログラムは組織が意図的にインターネットにコンテンツの種を蒔く場合もあれば文化的にスパークして自然に火がつくこともある。だがどちらの場合もメッセージは増幅されて予測よりも格段に幅広くオーディエンスにリーチする。

増幅には，エンゲージメント概念の認知的要素と行動的要素の両方が含まれる。このことによって，ブランドへの思考や感情といった認知的要素，トライアルや経験，購買，知り合い，友達や家族のようなネットワーク内でシェアするといった行動的要素，いずれもがブランドについて再確認され，記憶に留まっていく。スポンサーによって作られた物語やツイートをソーシャル・メディアに埋め込むことも流行のコンテンツを使ったソーシャルアドを展開することも，すべてメッセージを増幅するためなのである。

クチコミの効果を測定することは重要であるとは認識されてはいるが，必

ずしもいつも優先実行されているわけではない（Leggatt, 2014）。Groeger and Buttle（2014）は，ソーシャル・ネットワーク分析を利用してネット上のクチコミの効果を調査した。その結果として彼らは，クチコミが過大評価されすぎている可能性を示唆している。彼らは標準的な効果測定において，メッセージのリーチをキャンペーンでの会話数と見なしていることを問題にしている。このアプローチではキャンペーンでのメッセージを同じ人が何度も受け取っている可能性を考慮に入れていないという問題があると主張している。つまり，キャンペーンは通常よりも「会話一単位あたりのコストを見た時に明らかに効率が悪い」ものになる可能性を示しており，それは，「複数接触によって，キャンペーンでの会話の総数が個人にリーチされた人数と同じではない」ということを意味するのである。

コミュニケーションでの関係的アプローチ

　先に説明したモデルは，社会行動としての説明はできてもその行動が起きる文脈については説明しきれていない。一連のコミュニケーションはいつも文脈（Littlejohn, 1992）の中や特定の環境の下で起こる。文脈はコミュニケーションのあり方だけでなく，コミュニケーションの性質やそれらの受容，解釈，反応行動に影響を与えていく。文脈に影響を与えうる変数は無数に存在する。それは，関係者の気質，物理的環境，問題の性質，歴史や文化，当事者の目標，そして対話そのものを通じて期待される反響といったものである。

　Littlejohnは文脈の4つの主要なレベルを明らかにしている。1）個人，2）グループ，3）組織，4）マス・コミュニケーションである。これらの4つは順次，階層構造をなしており，高次の水準では低次の水準を含むが，高い次元になるにつれて「新しい何かをその階層に付加することもある。」

　関係的アプローチでは，一連のコミュニケーションは系統だった同じような様式のもとに結びついているが，コミュニケーションは1人以上の当事者が介入することでそれが「中断させられる」ことがある。このような介入は当事者が協力しようとする時にも対立が起きた時にも起こりうる。

　Soldow and Thomas（1984）は，販売交渉では交渉の内容よりもむしろ交

渉のあり方が関係性を展開していくと述べている。どちらが主導権を握るのか，あるいは同等の立場で臨むのかについて互いの同意が必要となる。Rothschild（1987）によれば，同意がなされるか交渉が妥結するかまで「口論の応酬が続く」という。言い換えれば，当事者の役割について互いの同意があって初めて，相互作用の本当の目的が達成され交換が達成されるのである。

　関係的コミュニケーションの理論で興味深いのは，社会的浸透（Taylor and Altman, 1987）という側面である。自分の情報を互いにどんどん開示していくことで（個人的にも組織的にも）両者の関係は親密度を深め，やがては人間同士の関係性の構築に至る。関係性は互いの情報を開示し続けていくことによってパートナーのように深まり，情報の量や深みを共有すればするほど信頼が育まれていく。それらのレベルで，志向性，手探りしながらの感情的やりとり，感情的やりとり，安定的なやりとり，が明らかにされる（表2.4参照）。これらの階層は論理的なつながりを持って順を追って展開していくとは限らない。関係性が時間とともに広がる中でパートナーたちは前の段階に戻ることもあり，成果や報酬が検討され立ち位置が考え直されたりすることもある。こうしてみると組織の信用やコミットメント，関係的交換の発展の基礎には社会的浸透の理論が存在するように思われる。

　インタラクショナル・アプローチが示唆するように，関係性は二者間だけでなく三者間やもっと広いネットワークで多くの当事者を取り含む可能性がある。この観点から見れば「コミュニケーション・ネットワーク」は情報の流れとしてとらえることができる。当事者たちは，コミュニケーションが起こる環境や当事者の周囲への関わり方を知覚し，それに基づいてコミュニケーションとの関わりを深めていくのである。

　Rogers（1986）は，コミュニケーション・ネットワークを「パターン化されたコミュニケーションの流れによって相互につながった人々の集まりからなる」とした。ここで重要なのは，コミュニケーションを組織の壁を越えたものとしてとらえている点である。言い換えれば，パターン化されたコミュニケーションの流れを作るのは，組織の中の個人同士だけではなく組織を越えた個人の間の流れでもありうるのである。こうした人々は，お互いに（おそらく交換を通して）関わり合い，それぞれの抱える事柄を達成するためにコミュニケーション・ネットワークを利用する。

表2.4　社会的浸透の階層

階層	解説
志向性	公式情報だけを開示
手探りしながらの感情的やりとり	公式情報の広がりや深まり
感情的やりとり	感情や価値，信念の深まりに応じて，それに報いるような期待を伴う情報の開示
安定的なやりとり	お互いの反応を高い水準の正確さで予測できるような高レベルの親密さ

出所：Taylor and Altman（1987）。

　個々人がネットワークと結びついている程度を連結性（connectedness）という。ネットワークがつながればつながるほどメッセージが拡散する度合いも広がっていく。その結果，孤立する個人は少なくなっていく。同様に，ネットワーク内の統合のレベルによってメンバー同士の互いの結びつきの度合いも高くなっていく。統合が進むほどメッセージが流れるチャネルの数も多くなるのである。

　システム理論によれば組織は相互に作用する単位から成り立っている。関係的アプローチでのコミュニケーションもシステム理論と類似している。ネットワーク内のグループを「縦横無尽に」流れる様々な情報により，個人やグループは他者や他のグループの行動と「網」のようにお互いが結びつき，それにより，コミュニケーションのパターンが確立される（Tichy, 1979）。

コミュニケーションでのネットワーク・アプローチ

　このようなパターン化した情報の流れにしたがえば，計画的（prescribed），または創発的（emergent）という2つの異なるコミュニケーション・ネットワークが導かれる（Weick,1987）。計画的ネットワークとは形式化されたコミュニケーション・パターンであり，それを作り出すのはもっぱら組織の経営陣であり，組織をまたがるコミュニケーションであればその代表者たちである。創発的ネットワークとはインフォーマルで当事者の社会的ニーズや業務上のニーズに応じてその都度現れる。

　線形モデルや一方向モデルでは，コミュニケーションの多様な複雑性に対応

第5章　クチコミ　97

できない。先に議論したように，単純すぎて一連のコミュニケーションの複雑な側面を描ききれないのである。とはいえ，線形モデルはインタラクショナル・モデルに比べて連続的なモデルとして分かりやすいので，現在でも多くの組織で活用され実践されている。Varey（2002）は，これをコミュニケーションの「情報伝達モデル（informational model）」と述べ，Grunig（1992）やBallantyne（2004）はコミュニケーションが機能する多くのあり方の1つにすぎないと指摘している。コミュニケーションは関係性マーケティングに欠かせない要素となっており，その協働的な文脈の中では，インタラクションと対話が必要不可欠な要因となっている。Vareyはこれを「変容的コミュニケーション（transformational communication）」と表現している。

第6章

採用と普及

採用のプロセス

　オピニオン・フォロワーの概念やクチコミに関する議論を拡張してみると興味深いことに個人の新製品採用のプロセスに行き当たる。Rogers（1983）は，これを**採用（adaption）**のプロセスとしたが，彼はイノベーションの採用に関わる意思決定プロセスの各段階を図2.5のように表した。この諸段階は連続的なつながりを持つが，それぞれの段階は異なる要因（例えば，個々人が利用するメディア等）によって特徴づけられている。

図2.5　イノベーションの受容における意思決定プロセスの諸段階

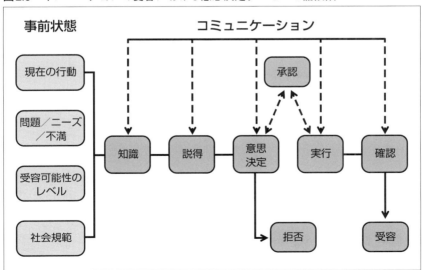

1．知識（knowledge）

イノベーションが消費者に知られたとしても，それだけでは情報も不足し態度も十分に形成されない。したがって，積極的に情報を求める組織や個人が接触したがっている情報がマスメディアを通じて伝達されなければならない。情報探索に消極的な者には彼らがふだん習慣的に使っているメディアやチャネルを通じて，情報を積極的に求める人とは違う情報が提供されることが望ましい（Windahl et al. 1992）。

　シェーンは洗髪を欠かさない。しかし，最近，櫛につく抜け毛の束が気になり始めた。そうなると，彼は**メイン**（育毛剤のブランド）の雑誌広告が目に留まるようになった。

2．説得（persuasion）

イノベーションが，自覚され始めた問題や意識にのぼっていない問題を解決するのに役立つかもしれないと消費者が気づくようになる。そうすると，その製品を体験した人の情報がとても重要になる。

　シェーンは，メインが抜け毛を減らすだけでなく増毛にも効果もあるとメーカーが主張していることに気づく。先週パブで出会った人にもメインをすすめられた。試してみようとシェーンは心が動かされた。

3．意思決定（decision）

好む好まざるに関わらず態度が形成される。そして，オファーに対してトライアルするかどうかという意思決定に至る。この段階ではコミュニケーションは根気よく促し続けていくことが必要である。

　シェーンはメインのメッセージや主張を信じる（信じない）気持ちがわいてくる。彼は内心メインは使ってみたらとてもよさそう（よくなさそう）だと考えるようになる。無料サンプルをもらった（セールがあった）ので，シェーンは，メインを試してみようと思った。

４．実行（implementation）

　販売促進活動なしで採用プロセスを進めるためには，買い手に製品の入手場所や使用方法を知ってもらう必要がある。そして製品が手軽な方法で試されることになる。コミュニケーションはトライアル体験を促すような情報を提供しなければならない。

　シェーンは，メインのトリートメントを試してみた。

５．確認（confirmation）

　イノベーションが受け容れられるか拒否されるかはトライアル経験の結果による。コミュニケーションを計画的に組み立てることは，消費者の否定的な考えを払拭し，その選択が「正しかった」と確認させることで，その新しい行動を継続させるために重要な役割を果たす。このことをMcGuireは事後確信（post-behavioral consolidation）と述べたとWindahl et al.（1992）は指摘している。

　メインには効き目があった。メインを試す前に見られたシェーンの抜け毛は止まった。シェーンは多くの人々がメインを使用しており満足度も高いという記事を読む。これによって，シェーンはこれからもメインを購入し使っていくことを決める。

　このようなプロセスはどの段階でも中断してしまう可能性がある。当然ながら多くの競合ブランドが消費者の注目を求め争っているため，コミュニケーション・プロセスに複雑で様々なレベルのノイズが増えていくからである。一般的にマス・コミュニケーションは購入者が積極的に関心を持っているがゆえに採用プロセスの早期の段階に効果的であると考えられている。その一方で，後期の段階，とりわけ試用や採用の段階では，対人的コミュニケーションのほうが効果的だと考えられている。このモデルでは決まった段階が順を追って発生することが仮定されているが，すべての購入行動がこのようになるわけではない。ブランドへのロイヤルティが高い場合や購買者が事前にブランドを体験したことがある場合には，後の試用段階では情報が特に用いられないこともある。

第6章 採用と普及　101

普及のプロセス

　個々人の採用プロセスを，時間とともに集合的にとらえたものが**普及**（diffusion）である。Rogers（1983）によれば普及とは，あるイノベーションが特定のチャネルを通じて一定の時間をかけて社会システムを構成するメンバーにコミュニケーションされるプロセスである。普及は集団的なプロセスである。また，Rogersは採用者を５つのカテゴリーに分類した。図2.6は，普及のスピードには速い遅いがあり，定まったスピードはないことを示している。５つのカテゴリーは次のとおりである。

１．イノベーター（innovators）

　このグループの人たちは新しいアイデアを好み可処分所得も高い。このことは彼らが新製品に対して冒険しやすいことを意味する。

２．アーリー・アダプター（early adoptors）

　オピニオン・リーダーの大半がこのグループに入ることがよく知られている。したがって，普及のスピードを上げるためにはこのグループが重要となる。アーリー・アダプターは，他のグループよりも若く教育水準も高い傾向にある。彼らは能動的に情報を探し求めるためにインターネット行動やメディア情報の閲読程度も高い。アーリー・アダプターには高い割合で熱心なブロガーが存在するといえる。マーケティング・コミュニケーションのプロセスにとってもアーリー・アダプターが重要なのは，このグループが情報の普及のスピードを左右する可能性が高いからである。

３．アーリー・マジョリティ（early majority）

　アーリー・マジョリティは，通常はオピニオン・フォロワーで構成され，年齢，教育，社会的地位，収入において平均より少しだけ高めの人々である。実態を正確に掴むことはできないが，インターネットの使用程度はおそらく高い。ただ，インフォーマルな情報源に依存しており，先の２グループほどメディアから情報を得ていない。

図2.6 イノベーションの遅い普及と速い普及

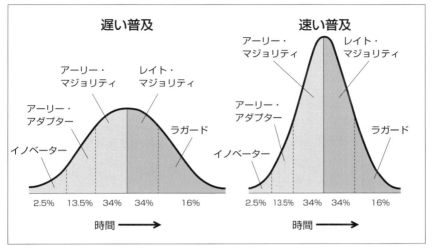

出所：Hawkins et al.（1989）より。

4．レイト・マジョリティ（late majority）

このグループの人々は新しいアイデアに懐疑的で，社会的要因や経済的要因によってのみ新製品を採用する。メディアから情報を得ることはほとんどなく，教育水準，社会的地位，収入は平均を下回る。インターネットの利用程度も平均を下回るだろう。

5．ラガード（laggards）

このグループの人々はすべての新しいアイデアを疑ってかかり自分の意見を曲げない。5つのグループのうちで収入，社会的地位，教育水準が最も低く，イノベーションを採用するのには時間がかかる。

このフレームワークが示唆することは，イノベーションを起こす段階では，比較的若く，収入，教育水準，社会的地位の高い人をメッセージのターゲットにするべきということである。そうすることによってクチコミの推奨と普及プロセスのスピードは高まるだろう。Mahajan et al.（1990）は，パーソナルなクチコミの影響力は他のコミュニケーション・ツールやメディアから完全に切り離されると作用しないことを明らかにした。アーリー・アダプター

は集団の「外からの影響」に反応してイノベーションを採用する傾向があり，時間が経って初めて集団の「内からの影響」が次第に意義を持ってくるのである。言い換えれば，クチコミが効果を発揮し始める前に，マスメディアによるコミュニケーションを働きかける時間が必要であるということだ。しかしながら，デジタル化の進歩によって，マスメディアを回避しバイラル・コミュニケーションやソーシャル・ネットワークを活用するだけでクチコミの浸透が実現できてしまうようになった。

　Gatignon and Robertson（1985）は，特に日用品の普及プロセスにおいて，考慮するべき3つの要素を示唆した。

1．普及率。すなわち販売が起こるスピード
2．普及パターン。すなわち普及曲線の形
3．潜在的な浸透水準。すなわち市場のサイズ

　普及プロセスを理解しようとするなら，この3つの要素をいずれも十分に考慮する必要がある。キャンペーンがイノベーターやアーリー・マジョリティをターゲットとし，クチコミによる刺激をかけ合わせていくのであれば，クチコミの要素を考慮しないよりも成功確率はずっと高くなるだろう。

第2部のキー・ポイント

1) **線形のコミュニケーション・プロセス**では，メッセージは，発信者，エンコード，情報発信，デコード，受信者によるメッセージの意味づけ，の順に展開される。その途中でノイズが発生すると，メッセージの本当の意味の伝達が妨げられ，発信者へのフィードバックも不十分になる。コミュニケーション・プロセスの効果は，それぞれの要素のつながりがうまくいくかにかかっている。

2) コミュニケーション・プロセスにおいて特に考慮しなければいけない影響が2つある。1つ目は**情報を伝達するメディア**が多数のニュー・メディアの出現によって劇的に細分化されていることである。2つ目は，**人の存在**そのものがコミュニケーション・プロセスに見逃すことができない程に大きな影響を与えていることである。特に**クチコミ**のプロセスではオピニオ

ン・リーダーやオピニオン・フォーマー，あるいは当事者同士の関わりが考慮されなければならない。

3) **インフルエンサー・モデル**では，情報の流れがメディア・チャネルを通じて特定の人々（オピニオン・リーダーとオピニオン・フォーマー）に向けられており，他のオーディエンスは彼らからの情報や推奨を参照している。オピニオン・リーダーは，パーソナルなネットワークを通じてメッセージに触れていないターゲット・オーディエンスに情報を行き届かせるだけではなく，メッセージを受け取ったオーディエンスに対してもメッセージの効果を強める。

4) コミュニケーションはますますシェアされたり更新されたり他のメッセージへの反応によって意味づけられるようになってきている。これらの会話は「相互作用的」であるといわれ，社会において欠かせないものになってきている。コミュニケーションの**インタラクショナル・モデル**は，コミュニケーション・プロセスが受ける様々な影響を理解し，人や情報端末から受け取ったメッセージに対する人々の反応（相互作用）を説明しようとしている。

5) **オピニオン・リーダー**とはある話題に関するインフォーマルな専門性や知識を持つグループのメンバーである。**オピニオン・フォーマー**は資格や経験，キャリアに裏づけられたフォーマルな専門知識を持っている。オピニオン・フォロワーは意思決定プロセスにおいてオピニオン・リーダーやオピニオン・フォーマーから得た情報を重視し活用する。したがって，マーケティング・コミュニケーションではオピニオン・リーダーやオピニオン・フォーマーをターゲットとするべきである。なぜなら，彼らはコミュニケーション・プロセス全体のスピードを上げるからである。

6) **クチコミ（WoM）**は「製品やサービスに関する人と人とのコミュニケーションであり，受け手は伝え手を自分と同じレベルでバイアスのない存在と考えている」。クチコミは効果的なコミュニケーションとして重要性を増している。クチコミは比較的コストがかからない割には信憑性も高くマーケティング・コミュニケーションの会話的特性を具現化させている。

7) 個人の採用プロセスが時間とともに集合化された形が**普及**である。普及はイノベーションがチャネルを通じて一定時間をかけて社会システムの構成

メンバーにコミュニケーションしていく集団的プロセスである。そこでは異なる特徴を持つ5つのグループが明らかにされている。

第2部のレビュー・クエスチョン

1. コミュニケーションの線形モデルの要素を挙げてみよう。そして，それぞれの要素の役割を簡単にまとめてみよう。
2. オピニオン・リーダーは，オピニオン・フォーマーやフォロワーとどのように違っているのだろうか。
3. Boneが明らかにしたクチコミの3つの要素とはどのようなものであっただろうか。
4. 自発的であることをクチコミの1つの要素とするならば，あとの2つはどのような要素だろうか。
5. 好きな製品を取り上げて，その普及プロセスの段階を表現してみよう。

第2部　さらなる考察のための学術論文

Schramm, W. (1962) Mass communication, *Annual Review of Psychology*, 13 (1), 25-87.

　　本論文は後世に大きな影響を与えている。筆者はマス・コミュニケーションの理論的発展に貢献した優れたインサイトを提供しており，とりわけコミュニケーションの線形モデルがよく知られている。

Berger, J. and Schwartz, E. M. (2011) What drives immediate and ongoing word of mouth? *Journal of Marketing Research*, 48 (October), 869-80.

　　本論文はクチコミを促進する心理的要因と，効果的なクチコミ・マーケティング・キャンペーンを組織がどのようにデザインしているかを考察している。

Kozinets, R. V., de Valck, K., Wojnicki, A. C. and Wilner, S. J. S. (2010) Networked narratives: understanding word-of-mouth marketing in online communities, *Journal of Marketing*, 74 (March), 71-89.

　　本論文はインターネット上のブロガーの間でのクチコミの活用とその効果を考察している。筆者たちはブロガーによる4つの異なるコミュニケーション戦略を

> 明らかにしている。

> Soldow, G. F. and Thomas, G. P. (1984) Relational communication: form versus content in the sales interaction, *Journal of Marketing*, 48 (Winter), 84-93.
>
> 　本論文は，対面コミュニケーションに関するアイデアを発展させようとした学術論文である。

■参考文献

Anon (2010a) Decoding Adidas Beijing 2008 Olympics Games advertisement, *Galuhnadi*, 21 April, retrieved 24 August from www.scribd.com/doc/30312096/advertisements-semiotics-encoding-decoding.

Anon (2010b) Case study – Marmite, *The Marketer* (May), p. 35.

Arndt, J. (1967) Role of product-related conversations in the diffusion of a new product, *Journal of Marketing* Research, 4 (August), 291–5.

Ballantyne, D. (2004) Dialogue and its role in the development of relationship specific knowledge, *Journal of Business and Industrial Marketing*, 19 (2), 114–23.

Bamford, V. (2013) Simon Pegg, Claudia Winkleman declare: 'I am Stela' as part of One Water push, The Grocer, 15 February 2013, retrieved 18 August 2014 from www.thegrocer.co.uk/fmcg/simon-pegg-claudiawinkleman- declare-i-am-stela/236551.article.

Barnes, R. (2013) Top 10 marketing mishaps of 2013, Marketing Magazine, 11 December, retrieved 5 May 2015 from www.marketingmagazine.co.uk/article/1223477/top-10-marketing-mishaps-2013.

Bolger, M. (2013) Mouthing off, *The Marketer, November/*December, 26–9.

Bone, P.F. (1995) Word of mouth effects on short-term and long term product judgments, *Journal of Business Research, 32* (3), 213–23.

Bughin, J., Doogan, J. and Vetvik, O.J. (2010) A new way to measure word-of-mouth marketing, *McKinsey Quarterly*, Issue 2.

Chan, K.K. and Misra, S. (1990) Characteristics of the opinion leader: a new dimension, *Journal of Advertising*, 19 (3), 53–60.

Christiansen, T. and Tax, S.S. (2000) Measuring word of mouth: the questions of who and when, Journal of *Marketing Communications*, 6, 185–99.

Clark, N. (2012) Meet the new Type A, *Marketing,* 29 February, 28–30.

Dichter, E. (1966) How word-of-mouth advertising works, *Harvard Business Review*, 44 (November/December), 147–66.

Gatignon, H. and Robertson, T. (1985) A propositional inventory for new diffusion research, *Journal of Consumer Research*, 11, 849–67.

Goldsmith, R.E. and Horowitz, D. (2006) Measuring motivations for online opinion seeking, *Journal of Interactive Advertising*, 6 (2), 3–14. Retrieved 5 April 2010 from www.

jiad.org/article76.

Groeger, L. and Buttle, F. (2014) Word-of-mouth marketing: towards an improved understanding of multi-generational campaign reach, *European Journal of Marketing*, 48 (7/8), 1186–208.

Grunig, J. (1992) Models of public relations and communication, in Excellence in Public Relations and *Communications Management* (eds J.E. Grunig, D.M. Dozier, P. Ehling, L.A. Grunig, F.C. Repper and J. Whits), Hillsdale, NJ: Lawrence Erlbaum, 285–325.

Gwinner, K.P. and Eaton, J. (1999) Building brand image through event sponsorship: the role of image transfer, *Journal of Advertising*, 28 (4), Winter, 47–57.

Hamilton, R., Vohs, K.D. and McGill, A.L. (2014) We'll be honest, this won't be the best article you'll ever read: the use of dispreferred markers in word-of-mouth communications, *Journal of Consumer Research*, 41, June, 197–212.

Hawkins, D.I., Best, R.J. and Coney, K.A. (1989) *Consumer Behavior: Implications for Marketing Strategy*, Homewood, IL: Richard D. Irwin.

Helm, S. and Schlei, J. (1998) Referral potential – potential referrals: an investigation into customers' communication in service markets, Proceedings of 27th EMAC Conference, M*arketing Research and Practice*, 41–56.

Jin, S.A.A. and Phau, J. (2014) Following celebrities' tweets about brands: the impact of Twitter-based electronic word-of-mouth on consumers' source credibility perception, buying intention, and social identification with celebrities, *Journal of Advertising*, 43 (2), 181–95.

Johnson, G.J., Bruner II, G.C. and Kumar, A. (2006) Interactivity and its facets revisited, *Journal of Advertising*, 35 (4), 35–52.

Joseph, S. (2014) Sailor Jerry's owner bets on organic content to 'unlock the power of recommendation, *Marketing Week*, 15 July, retrieved 14 August 2014 from www. marketingweek.co.uk/sectors/food-and-drink/news/ sailor-jerrys-owner-bets-on-organic-content-to-unlockthe- power-of-recommendation/4011115.article.

Katz, E. and Lazarsfeld, P.F. (1955) *Personal Influence*, Glencoe, IL: Free Press.

Kawakami, T., Kishiya, K. and Parry, M.E. (2014) Personal word of mouth, virtual word of mouth and innovation use, *Journal of Product Innovation Management*, 30 (1), 17–30.

Keller, J.A. and Berry, J.L. (2003) *The Influential: One American in Ten Tells the Other Nine How to Vote, Where to Eat, and What to Buy*, New York: Simon & Schuster.

Kingdom, J.W. (1970) Opinion leaders in the electorate, Public *Opinion Quarterly*, 34, 256–61.

Kozinets, R.V., de Valck, K., Wojnicki, A.C. and Wilner, S.J.S. (2010) Networked narratives: understanding wordof- mouth marketing in online communities, *Journal of Marketing*, 74 (March), 71–89.

Leggatt, H. (2014) Marketers struggle to measure offline word-of-mouth marketing, *BizReport: Social Marketing*, 28 April, retrieved 5 August 2014 from www.

bizreport. com/2014/04/marketers-struggle-to-measure-offlineword- of-mouth-marketin.html.

Littlejohn, S.W. (1992) *Theories of Human Communication*, 4th edition, Belmont, CA: Wadsworth.

Mahajan, V., Muller, E. and Bass, F.M. (1990) New product diffusion models in marketing, *Journal of Marketing*, 54 (January), 1–26.

Mallen, B. (1977) Principles of Marketing Channel *Management, Lexington,* MA: Lexington Books.

Mazzarol, T., Sweeney, J.C. and Soutar, G.N. (2007) Conceptualising word-of-mouth activity, triggers and conditions: an exploratory study, *European Journal of Marketing,* 41 (11/12), 1475–94.

McCracken, G. (1989) Who is the celebrity endorser? Cultural foundations of the endorsement process, *Journal of Consumer Research,* 16 (December), 310–21.

Midgley, D. and Dowling, G. (1993) Longitudinal study of product form innovation: the interaction between predispositions and social messages, *Journal of Consumer Research,* 19 (March), 611–25.

Nisbet, E.C. (2005) The engagement model of opinion leadership: testing validity within a European context, International *Journal of Public Opinion Research,* 18 (1), 1–27.

Palmer, I. (2009) WoM is about empowering consumers in shaping your brand, *Admap,* 504, retrieved 2 June 2010 from www.warc.com/admap.

Patzer, G.L. (1983) Source credibility as a function of communicator physical attractiveness, *Journal of Business Research,* 11, 229–41.

Rantal, Z. (2011) Word-of-mouth marketing for Sensodyne Pronamel toothpaste, Trnd, retrieved 22 August 2014 from www.kreativ.hu/download.php?id=11083.

Reynolds, F.D. and Darden, W.R. (1971) Mutually adaptive effects of interpersonal communication, *Journal of Marketing Research,* 8 (November), 449–54.

Rivalland, M. (2014) Student blogger may be the next Nigella, *The Times,* 2 August, p. 16.

Robinson, J.P. (1976) Interpersonal influence in election campaigns: two step flow hypothesis, Public *Opinion Quarterly,* 40, 304–19.

Robinson, M. and Malm, S. (2015) The house that 7 million followers on YouTube bought, *Mail Online,* 17 February, retrieved 30 May 2015 from www.dailymail. co.uk/news/article-2957053/That-s-7-million-subscribersbuy- Blogging-sensation-Zoella-buys-1million-fivebedroom- mansion-Brighton-six-years-YouTube-diary. html.

Rogers, E.M. (1962) *Diffusion of Innovations,* 1st edition, New York: Free Press.

Rogers, E.M. (1983) *Diffusion of Innovations,* 3rd edition, New York: Free Press.

Rogers, E.M. (1986) *Communication Technology: The New Media in Society,* New York: Free Press.

Rogers, E.M. (2003) *Diffusion of Innovations,* 5th edition, New York: Free Press.

Rothschild, M. (1987) *Marketing Communications,* Lexington, MA: D.C. Heath.

Santo, B. (2006) Have you heard about word of mouth? *Multichannel Merchant,* 2 (2), 28–30.

Schramm, W. (1955) How communication works, in *The Process and Effects of Mass Communications* (ed. W. Schramm), Urbana, IL: University of Illinois Press, 3–26.

Shannon, C. and Weaver, W. (1962) *The Mathematical Theory of Communication*, Urbana, IL: University of Illinois Press.

Shih, H.p., Lai, K.h. and Cheng, T.C.E. (2013) Informational and relational influences on electronic word of mouth: an empirical study of an online consumer discussion forum, *International Journal of Electronic Commerce*, 17 (4), 137–65.

Soldow, G.F. and Thomas, G.P. (1984) Relational communication: form versus content in the sales interaction, *Journal of Marketing*, 48, 84–93.

Stokes, D. and Lomax, W. (2002) Taking control of word of mouth marketing: the case of an entrepreneurial hotelier, *Journal of Small Business and Enterprise Development*, 9 (4), 349–57.

Swift, J. (2014) Unilever pilots multi-brand advertising with YouTube beauty channel, *Campaignlive*, retrieved 3 August 2014 from www.campaignlive. co.uk/ news/1289962/Unilever-pilots-multi-brand advertising-YouTube-beauty-channel/?DCMP=ILCSEARCH.

Taylor, D. and Altman, I. (1987) Communication in interpersonal relationships: social penetration theory, in *Interpersonal Processes: New Directions in Communication Research* (eds M.E. Roloff and G.R. Miller), Newbury Park, CA: Sage, 257–77.

Theodorson, S.A. and Theodorson, G.R. (1969) *A Modern Dictionary of Sociology*, New York: Cromwell.

Tichy, N. (1979) Social network analysis for organisations, *Academy of Management Review*, 4, 507–19.

Varey, R. (2002) Requisite communication for positive involvement and participation: a critical communication theory perspective, *International Journal of Applied Human Resource Management*, 3 (2), 20–35.

Weick, K. (1987) Prescribed and emergent networks, in *Handbook of Organisational Communication* (ed. F. Jablin), London: Sage.

Weimann, G. (1994) *The Influentials: People Who Influence People*, Albany, NY: State University of New York Press.

Weisfeld-Spolter, S., Sussan, F. and Gould, S. (2014) An integrative approach to eWOM and marketing communications, *Corporate Communications: An International Journal*, 19 (3), 260–74.

Williams, K. (1990) *Behavioural Aspects of Marketing*, Oxford: Heinemann.

Windahl, S., Signitzer, B. and Olson, J.T. (1992) *Using Communication Theory*, London: Sage.

Yuan, Y., Caulkins, J.P. and Roehrig, S. (1998) The relationship between advertising and content provision on the Internet, *European Journal of Marketing*, 32 (7/8), 667–87.

第3部
オーディエンス・インサイト：
情報処理と消費者行動

人はどのように世界を知覚するのか，どのように学習するのか，どのように態度を形成してマーケティング・コミュニケーションに反応するのか。効果的なコミュニケーションを展開するためには，これらを理解することが基本となる。同様に，人はどのように意思決定を行うのか，意思決定にはどのような要因が決定力を持つのかを知ることもマーケティング・コミュニケーションの効果的展開に役立つ。

目的とねらい

第3部の目的は，まず消費者の情報処理について考察することである。そして，購入意思決定とマーケティング・コミュニケーションにもたらす影響についての重要な論点を検討していく。

第3部のねらい：
1 情報処理に関わる重要な要素である，知覚，学習，態度について理解する。
2 購入意思決定において，消費者と組織の両者が情報をどのように活用しているかを解説する。
3 購入意思決定の考え方について議論する。
4 知覚リスクと関与がマーケティング・コミュニケーションにどのように影響するのかを理解する。
5 快楽消費やトライバル消費，行動経済学を理解し，それらのマーケティング・コミュニケーションへの影響を明らかにする。

事例 ▶ 知的なアリバイ—ダチアは どのようにして伝統的な価値の 知覚にチャレンジしたのだろうか

　フランスの自動車メーカー・ルノーは，かつてはルーマニアの国有企業で あったダチアを1999年に買収した。その後，ルノーはダチア・ブランドをシ ンプルな機能価値に絞り込んだブランドとしてヨーロッパに再上市した。そ の戦略では，価格を競合より安く抑えて，消費者が限られた予算でも他の 車種の中古車並みの価格で新車のダチアが買え，しかも３年保証つきという ものであった。コミュニケーションには「衝撃的な買いやすさ」というメッ セージが用いられ，ダチアは市場で最も低価格帯に位置づけられた。このア プローチは成功し収益を上げ，ヨーロッパの自動車市場の構造を揺るがした のであった。

　2012年，ルノーは深刻な不況のために構造が変わりつつあった英国自動車 市場にダチアを導入しようとした。貯蓄や価値観に関する調査によると，消 費者はもともと高価であったが値引きしている車か，その中古車を好むこと が分かった。このことがマス市場や中価格帯のブランドに変動をもたらした ため，ルノーは英国で弱体化し，18番目，1.99％の市場シェアしか持たない 状況となっていた。

　ルノーの復活戦略となったお値打ちブランドの戦略は，すでに他社がある 程度展開してはいたものの，英国市場で最も低価格なSUVとしてダチア・ダ スターは2013年に上市した。その価格はライバルであるシュコダ・イエティ を5,000ポンドも下回る安さであった。当時のダチア・サンデロ（５ドアの ハッチバック）は5,995ポンドで販売され，英国のどの車種の新車よりも低価 格であった。

　しかし，英国市場での成功への鍵を開いたのは価格が安いことではなかっ た。英国の人々は低価格は低品質であると考える傾向があり，そのため，安 いことはジョークやまがい物，冷笑の種とされてしまう。シュコダやラーダ， トラバントはどれも低い予算に釣り合わせただけの東欧の自動車ブランドで，

写真 3.1　ダチア・サンデロとダチア・ダスターの英国発売時のクリスマス広告

　いずれも長年にわたり残酷なジョークによって物笑いの種とされてきたのであった。ダチアもその例外ではなく，テレビの人気自動車番組『トップギア』では発売前からすでにジョークの対象となっていたのであった。

　人はマイカーとの間には単なる機能性に留まらない関係性がある。マイカーには自分に語りかけてくる感覚があり，それによって車を評価するところがあるのだろう。人が車との間に抱く情緒的なつながりを考えると，マイカーが安いということは社会的にも自我的にも購入にリスクを生じさせるものとなってしまう。実際，ルノーはダチアが英国で成功するチャンスをとらえるためには，このトラウマとなっているようなリスクをどうにか切り抜けなければならないと考えていた。

「知的なアリバイ」とはフランスの精神分析学者クロテール・ラパイユが提唱した言葉で，人が自分の実行することに与える理由のことである。もし，ダチアを購買すれば『トップギア』でのように自分自身がジョークの対象にされてしまうことに不安を覚えるため，彼らが自己の尊厳を守り，正しい選択をしたという信念を持つには，誰からもからかわれないようなアリバイを必要としたのである。

　調査によれば，人がある自動車を選択する理由は事実そのものに基づくというよりも，むしろ合理化のなされ方に基づくことが多いという。例えば，SUVのドライバーは都会に住んでおり，車は主に学校への送迎にしか使わないにも関わらず，彼らが実際に4輪駆動の太いタイヤを必要としているという理由は合理化され語られるという。ラパイユはニューヨークのSUVドライバーは「雪道での駐車の難しさ」を選択理由の1つに挙げるという。ドライバーには高価格帯モデルの車を購入した理由に，ある特徴や機能があったからこそ余分な金額を払ったと語る人もいるが，それらの特徴や機能がどのくらい頻繁に利用されているかを探ると大抵は「ほとんどもしくはまったく使っていない」ことは明らかである。

　人は節約したいと思っている一方で，車との間に強い情緒的なつながりが生まれていることを意識しており，ある車の所有者となることは，自分の社会的地位がそのことで評価されることを気にしているのだとルノーは理解した。

　そのため，ルノーは導入キャンペーンにあたって，ダチアには恥ずかしくない「知的なアリバイ」を提供し，購買者がダチアを選択するにあたって不快な気持ちをもたらさないようにした。ダチアはまがい物ではないという感情を持って，囃したり嘲笑したりする人に反論できるようにしなければならないと考えたのである。

　競合他社は，購買者をいい気持ちにするために「気前よさ」を伝え，価格を抑えたままできるだけたくさんのオプション（例えば，ボディカラーと同じ色のバンパー，ドライバーが操作できる電動窓，昼間走行用ライト）を詰め込んでいた。少ない支出でより多くの選択肢を得ることに価値があると考えるように消費者は条件づけられていた。しかし，ダチアはそれとは違う路線をとった。販売されたベーシック・モデルには余分な装備をまったくつけ

写真 3.2　ダチア・ダスターの「知的なアリバイ」広告

なかった。カップホルダーも，電動ドアミラーも，色付きガラスも，衛星ナビも，ラジオさえも装備しなかった。快適で安全なドライブに必要とされる本質的な装備だけに絞ったのである。

　このようにして，ダチアは「たくさんあるのはよいことだ」という考え方そのものにチャレンジし，不必要なものに金を払うことこそ無駄であると主張した。価値があるとは，車にとって本当に必要なものに正当にお金を使い，不要なものには無駄遣いを避けることである。ダチアは不要な装備品をカット

して，節約に心が動く人にターゲットを絞り込んだ。彼らにとってダチアは車に関わるすべてが十分整っており，賢明ではない人々であれば接客スタッフのセールストークによって買わされてしまう余分な支出を避けるよう考えさせ，自分たちには節約する賢さがあると思わせたのである。

　このようにダチアは「不要品は敵である」というポジションをとった。その知的なアリバイによって自動車市場での価値の概念を再構成し，必要以上に多くは持たないという美徳を称讃したのである。このことは次のようなキャンペーン・メッセージに見てとれる。

　見てください。あなたが実際にクルマに求めているのはこれなのです。いま，あなたに30,000ポンドあればこれらをすべて手に入れることができます。でも，ちょっと待って。まったく同じものを10,000ポンド以下で手に入れられるとしたら，あなたはどちらを選びますか？　賢い常識を備えた人ならどちらを選ぶでしょう？　計算してみてください。

　他の2つの主要なモデル（ダスターとサンデロ）での別の施策では，別の様々な角度からのメッセージにも取り組んだ。茶目っ気のあるもの，「ストレート」なもの，他の自動車ブランドを真似したもの，サッカー選手の移籍のようなその時々の話題に合わせてダチアを話題にするようなものもあった。しかし，どれもみな同じポイントに立ち返る展開であった。同じ知的アリバイである。生活が厳しいとか，有名ブランドを買うお金がないとかでダチアを選ぶのではない。ダチアを選ぶのは，あなたが賢く分別に長けており，他のたくさんの人たちのように誇大広告に騙されるはずがないからである。

　最初の年の終わりには，ダチアは17,263台の新車を売った。それは販売目標よりもはるかに多かった。ダチアUKの市場導入は，ダチアの母国ルーマニアを除けば，他のヨーロッパのどの国をも上回った。驚くべきことに，2014年3月時点ではダチアUKは，ルノーの本拠地として好調だったフランスでの販売すら上回ったのである。

（このケースは，ピュブリシスのプランニング・ディレクター，ジュリアン・アールによるものである。）

116　第3部　オーディエンス・インサイト：情報処理と消費者行動

■ クエスチョン

1. ダチアのマーケティング・コミュニケーションには知覚の理解がどのように貢献したのであろうか。
2. ダチアの潜在顧客が感じていた知覚リスクを挙げてみよう。ダチアのコミュニケーションはそれらをどのように低減したのだろうか。
3. ダチアのマーケティング・コミュニケーションは学習理論からはどのように説明できるだろうか。
4. ダチアのマーケティング・コミュニケーションは態度理論からはどのように説明できるだろうか。
5. 「知的なアリバイ」はダチアの顧客の意思決定プロセスにどのように影響を与えたであろうか。

第7章

消費者の情報処理

はじめに

消費者は製品やサービスの実用的価値のみを消費するわけではなく，製品やサービスが表象することや意味すること，象徴的価値をも消費する。言い換えれば，消費者は，意識するしないはともかく，自らのアイデンティティや自分がどう見られたいかに基づいても購入意思決定を行う。知的なアリバイに関するダチアのケースはこれをよく表している。

マーケティング・コミュニケーションは約束のマネジメントである。すなわち，約束を掲げ，それを伝え，実現していくことである。したがって，その約束を現実的に有効なものにしていくためには，消費者がどのように考え行動するのかを理解することが求められる。購買者はどのように意思決定をするのか，消費者の意思決定プロセスや消費者が好むアイデンティティに影響を及ぼす要因にはどのようなものがあるのか，それが分かればマーケティング・コミュニケーションは効果的に行うことができるはずである。とりわけ，メッセージの構造やコンテンツのデザイン，メディアの出稿計画を効果的にするだろう。本書ではこれまで消費者を購買者という見方とオーディエンスという見方の両方から説明してきた。購買者はすべてオーディエンスであるが，すべてのオーディエンスが購買者になるとは限らない。

消費者の購入行動の一連のプロセスは，しばしばジャーニー（旅）に例えられ，**カスタマー・ジャーニー**といわれる。そこでは初めに問題認識の段階があり，解決方法の探索，意思決定がなされ，その後の購入後経験や振り返りがあるというようにまとめられる。

図3.1 従来的なファネル・モデル

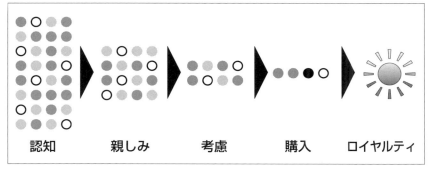

出所：Court et al.（2009）より。

　そのようなカスタマー・ジャーニーがどのように構成されているのかは，実務家を中心に多くのアイデアが提案されてきた。消費者の意思決定ジャーニーはかつては線形の図式で概念化されていた。代表的なものは図3.1のような（販売）ファネル図で表現される（Court et al., 2009）。このアプローチは，消費者が問題を特定し一群のブランドについて考察し実行できそうな解決策を体系的に絞り込みながら購入に至るというプロセスを描いている（McNeal, 2013）。

　しかし，メディアに対する見方が複雑化し購買機会も多様化するとともに，大量のデータが入手可能となった今日では，ファネル図のような線形的な解釈では十分に説明できなくなっている。消費者の購入意思決定は循環型やジグソー型のように図示され複数の次元からなる経路で説明されるようになってきた。

　このように購買プロセスが複雑になると，消費者の購買ジャーニーに対し組織が時間や資源を費やすことは以前よりも困難になるため，組織はかつてほど消費者をコントロールできなくなっている。Court et al.（2009）は，現代の消費者の意思決定ジャーニーには4つの異なる段階があると主張した。

- 初期の考慮
- 積極的な情報収集と購入選択肢への評価
- 1つのブランドを選択し，購入を完了させること
- 購買後，ブランド経験全体をふりかえり，問題解決を評価したり将来の購入意向を形成したりする

図3.2　意思決定の循環

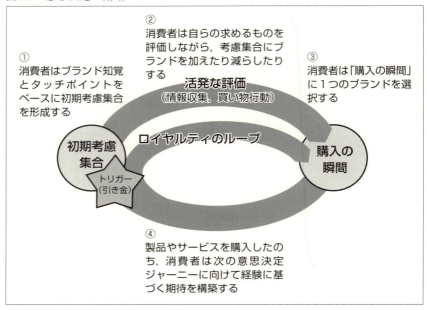

出所：Court et al.（2009）より。

　以上の要素が作用しあっている様子を表しているのが，図3.2である。
　ほとんどの組織が，鍵となるジャーニーを1つだけ取り上げて，それに基づいてビジネスモデルを作り上げようとする。しかしそれでは実態に即したアプローチとはいえない。また，ジャーニーの一部だけをとらえて効率を改善したり，顧客満足度を高めようとして様々なタッチポイントをマネジメントするが，それにも疑問が残る。Rawson et al.（2013）は，顧客満足は多次元的なタッチポイントの各場面で起こるのではなく個人との相互作用が重ねられた結果として生まれるという。つまりジャーニーは「時間の経緯とともに，多次元的なタッチポイントやチャネルを通じて得られた経験の蓄積」された結果であり，したがって，経験全体や顧客満足のレベルに影響を与える。実際，ブランドとのエンゲージメントには通常，ジャーニーに様々なタイプと形式が集積されているのである。ビュー・ポイント3.1はこのようなジャーニーをほぼ現実に近い形で表している。
　第3部では，このようなカスタマー・ジャーニーの様々なポイントでマー

ケティング・コミュニケーションの展開に影響を与える重要な問題を考察する。第7章では伝統的に考えられてきたオーディエンスの情報処理の仕方を考察する。第8章では意思決定について長年親しまれてきた古典的な考え方を取り上げる。合理的な意思決定という考え方である。第9章では，それらにとって代わるような，まだ定番としての評価は得られていない比較的新しい考え方を取り上げ，消費者行動の理解に取り組む。このセクションでは，消費者は不完全な情報に基づいて意思決定を行い，ヒューリスティックや経験則に基づいて意思決定を行ったりすると仮定され，そのプロセスが説明される。こうしたプロセスは本質的には合理的ではなく多分に情緒的である。

ビュー・ポイント3.1　デジタル化した顧客のカスタマー・ジャーニー

　家を買ったばかりの若夫婦が洗濯乾燥機を検討しているところを想像してみてほしい。いくつかの大型小売店のウェブサイトを閲覧することから，マイクとリンダのカスタマー・ジャーニーは始まる。そのサイトで彼らは興味を持った機種を3つ見つけ「ウィッシュリスト」に保存した。なぜなら，彼らのマイホームにはスペースに限りがあるうえ洗濯乾燥機は大きな買い物のため，実物を直接見る必要があると考えたからである。

　企業が最適化したクロス・チャネル体験の手順に導かれ，彼らはウェブサイトで調べた中で，距離的に一番近いアウトレットの店を見つける。次にグーグル・マップで道順を調べ，お目当ての洗濯乾燥機を実際に見るため車でそこに向かう。彼らが店のドアを開け入店する際には，店舗エントランスに設置された情報端末によって，マイクとリンダのモバイルには歓迎メッセージや彼ら向けの特典，購買履歴に基づいたおすすめ製品情報が送信されるだろう。そのメッセージには，彼らがあらかじめ作ったウィッシュリストにすぐに飛べるようにリンクが張られ，さらに（ウェブサイトのクリック履歴に基づいて）以前チェックした洗濯乾燥機の最新スペックや価格が表示される。加えて，彼らは「ブランド限定15％オフ。本日限り」といったセール案内を受け取る。もちろん，彼らがウィッシュリストに入れた機種に適応できる案内である。

　ウィッシュリストをタップするとアプリによってマイクとリンダは電化製品コーナーに道案内され，そこで「コール・ボタン」を押せば専門販売員と話すことができる。マイクとリンダは専門販売員に質問したりサイズを測ったりしてブランドや機種を絞り込む。高度なタグづけ技術によって，洗濯乾燥機の情報はマイクとリンダのモバイルアプリに自動的に同期化される。マイクとリンダはコンシューマー・リポート誌のアプリを使って製品レビューに目を通し，メールで両親にア

第7章　消費者の情報処理　121

ドバイスを求めたり，フェイスブック友達にこの買い物について意見を求めたり，他店と製品価格を比べたりもする。また，マイクとリンダは店のアプリの「バーチャル・デザイナー」機能を使って，部屋のサイズや装飾についてのいくつかの情報を入力するだけで，その洗濯乾燥機が家の中でどのように見えるかをプレビューすることもできる。

　すべてのインプット情報が望ましい結果を示せば，マイクとリンダは15％オフの特典を使ってその洗濯乾燥機を買う決断を下す。マイクの「スマートウォッチ」で支払い認証を行い，配達日時を決めて帰路につく。1週間後の指定日に，彼らはトラックが近くまで来ていてあと30分で到着するという確認メールを受け取る。あらかじめ到着時刻が分かっているため他の予定をキャンセルする必要などなく，到着を待つばかりである。3週間後，彼らはお店からメッセージを受け取る。そこには他の家電や家を買って1年以内のオーナーの希望に応えるDIYサービスのオファーがついている。そして，このサイクルがまた繰り返される。

出典：von Bommel et al.（2014）より抜粋。

> 問い：このようなカスタマー・ジャーニーは将来どう変わっていくだろうか。
> 課題：食品や衣料品を買う時のデジタル化されたカスタマー・ジャーニーを
> 　　　書き留めてみよう。

情報処理

　マーケティング・コミュニケーションは，オーディエンス中心の活動であるため，製品やサービスを購入する意思決定の前や，意思決定時，意思決定後にオーディエンスがどのように情報を処理するかを理解することが極めて重要である。伝統的に，認知の獲得が情報処理には欠かせないと考えられてきた。しかし，それは組織の目標やポジショニングに合わせた活動の一部分である。ここでは，知覚，学習，態度といった情報処理の3つの主要な問題について取り扱う。

知覚

　知覚（perception）とは，個人が環境をどのように見てその意味を理解するかという事柄である。個々人が，世界を理解するために刺激をどう選択し

122　第3部　オーディエンス・インサイト：情報処理と消費者行動

編成し，解釈するかということである。

知覚の選択

　まず，膨大な量のメッセージがふるいにかけられる。なぜなら，個人はすべてのメッセージを処理することはできないからである。期待の高さ，個人の動機，これらの相互的なやりとりの結果として刺激は選択される。この相互的なやりとりを決定づける重要な要因が，**注意（attention）**である。「刺激が感覚受容神経を活性化し，感覚が脳に届いて情報処理された時に注意は喚起される」（Hawkins et al., 1989）といわれている。

　マーケティング・コミュニケーションでは，強さ，大きさ，場所，対比，新しさ，繰り返し，動き，といった刺激や外的要因の性質を精緻化することで注意を喚起しようとしてきた。例えば，マーガリンやティーバッグのようなあまり特徴がなく面白みに欠ける製品クラスでは，注意を引きつけるためにアニメーションが利用されてきた。マーティン・ソルヴェイグの『エブリバディ』を使ったイビス・ホテルの広告『エブリバディズ・フェイマス』のように，思ってもみなかったカメラアングルや音楽を使用することでターゲットの注意を喚起するというのも効果的な手法である。また，香水の広告でよく利用されるようなセクシーな魅力はオーディエンスの注意を喚起するのに強力な手段であり，ブランド価値と連想させて展開すればブランドへの注意を引きつけるのに非常に効果的であろう。

　個人の期待やニーズ，動機といった内的要因を考慮することも重要である。人は見たいと期待するものに目を向けるものであるが，人の期待は一般的に過去の経験や条件づけに基づいている。コミュニケーションの視点からは，人は期待に反するような刺激を見せられると否応なく強い注意が喚起される。エロティックなメッセージやセクシーさの注意喚起力はよく知られており，広告メッセージにも活用されている。例えば，リーバイスやラングラー，ディーゼルといったジーンズ・メーカーは，ブランドをプロモートするためにこの種の刺激を頻繁に活用している。しかし，再生認知に関する広告調査によれば，注意喚起のための刺激（例えば，男性や女性の映像）は記

訳注※）心理学の専門用語として，「体制化」という訳語も使われているが，本書では，知覚編成されることとして編集という用語を当てた。

第7章　消費者の情報処理　123

憶再生のスコアには高い値を示すものの，製品やブランドのことが記憶に残らないことが多いとも報告されている。Schrammのコミュニケーション・モデル（第4章）に当てはめてみるならば，エンコーディングが正確さに欠けるためデコーディングが妥当なものでなくなっているのである。

　物事への関心が生じるのは，個人が環境から特定の情報のみを選択する傾向があるためである。このプロセスを**選択的注意**（selective attention）という。選択的注意を通して人は自分にとって好ましくないと感じる情報に接触することを回避している。なぜなら，そういった情報は自分の信念や行動に強く反するからである。

　人は見たいものや見る必要のあるものを見る。新しく車を買おうと思っているなら車の広告を認知する程度は高まるし，それと関係のない刺激はあまり認知されなくなる。選択的注意によって，人は心地よいメッセージや役に立つメッセージに接触するように仕向けられる。例えば，新車や高価な技術機器を購入した人で，購入に際してそのリスクを時間をかけて話し合ったり考えたりした人には，まず安心させることが何よりも必要となる。新しい車を買ってくれたオーナーにはその賢明な選択を称讃するとともに補償やアフターサービスといった購買後の契約内容が伝えられる必要がある。もしも誤って個人が傷つくようなメッセージがフィルター・システムを通り抜けてしまったとしても，認知的な防御メカニズムが働き，そのメッセージは気に留められないだろう。

知覚の編成

　知覚が意味を持つためには，選択された大量の刺激が整理され既存の知識と結びつけられる必要がある。感覚刺激が対処する4つの方法を紹介しよう。図と地，グループ化，閉合，輪郭，である。

図と地（figure-ground）

　環境の知覚は，一般的な背景とそこに置かれたモノから構成されており，対象となるモノには光が当てられ浮かび上がっている。Williams（1981）は空を背景とした何本かの木と文字を配したデザインを例示した。このデザインは広告主にコミュニケーションのデザインや形式を考える大きな意味をもた

らした。特に，広告ではメッセージの見られるべき重要な部分，特に注目してほしい価格やロゴ，企業やブランド名などに注意を引くことに示唆を与えている。

グループ化（grouping）

互いに似ているものは1つにグループ化されパターン化される傾向がある。グループ化は製品と特定の属性との連想を促すのに使われてきた。例えば，健康市場にポジショニングされる食品はフィットネスやエクササイズを表現する写真とともに示されることが多い。なぜなら，その食品を摂ることで自分のライフスタイルがフィットネスやエクササイズを取り込んだ健康的なものになるという連想をもたらすからである。こうした連想の喚起は健康志向のターゲットには重要である。

閉合（closure）

情報に不完全さがあると，人は意味が通るようにその欠落部分を埋め合わせようとする。このことは人をメッセージに引きつけ選択的注意をより高めるのによく使われる。例えば，アメリカン・エクスプレスのチャージ・カードやGMクレジットカードの広告がそうである。それらのカードを保有することで，その人は上流階級や特権階級に相当するメンバーシップを得られることが暗示され惹きつけられていく。

テレビCMの例もある。最初に60秒のCMを流す。その後30秒にカットし，15秒や7秒という瞬間的な露出にしていくやり方である。このやり方の目的は2つある。コストを下げることとターゲット・オーディエンスに内容の再生を維持させることだ。この再生プロセスはオーディエンス自身の助けを借りて実現される。たとえCMの初めの部分しか流されなかったとしても，人はCMを認識し最後まで連想することでメッセージを心理的に完成させるのである。

輪郭（contour）

輪郭は対象に形を与え，通常，色や明るさにはっきりと違いをつけることで形成される。このことはパッケージ・デザインで重要な要素である。なぜなら，小売店では陳列棚のスペース争いが激化しており，パッケージ・デザ

第7章　消費者の情報処理　125

インは個人の注意を引きつけるためにますます重要になっているからである。コカ・コーラのボトルやトブラローネ・チョコバーのパッケージはパッケージによって消費者にブランドを伝えてきたよく知られる例である。

この手法は，刺激を編成し意味を単純化しようとする目的を持って活用されてきた。この手法は刺激に対してパターンをもたらし，刺激を組み合わせることで大きな全体が1つの単位として知覚されるように作用している。これは**ゲシュタルト心理学**（gestalt psychology）と呼ばれるものである。

知覚の解釈

解釈（interpretation）とは，いったん編成された刺激に個人が意味を与えるプロセスである。Cohen and Basu（1987）によると既存のカテゴリーを活用することで刺激に対して意味が与えられるという。ここでいうカテゴリーは個人の過去の経験に基づいて規定されるものであり，このカテゴリーこそが人が見たいと思うものを形作る。こうした期待が刺激の強さや明確さ，知覚が起こる時の動機と一体となり，知覚された刺激がパターン化される。

解釈のプロセスで個人が意味を見い出す程度が現実にどの程度沿うものなのかは解釈の歪みがどのくらい発生するかによって左右される。解釈の歪みは**ステレオタイプ化**（stereotyping）によって起こる。ステレオタイプ化とは，出来事や人々，状況を予測する際に使われる，事前に形成された一連のイメージのことである。歪みのもう1つの要因はハロー効果である。**ハロー効果**（halo effect）とは刺激自体は多数の特性や次元を伴っているにも関わらず，たった1つの特性や次元が評価を決定づけてしまうことである。ブランド拡張やファミリー・ブランド戦略の活用はこのような理解をベースにしている。すなわち，過去に使用した経験が満足できたものならば，そのブランドの購入リスクが減少するため，人は「ファミリー」の中から新しい提供物を買おうとするのである。

マーケティングと知覚

ここまで，人が特定の刺激を選択し解釈する様子を見てきた。それは，全体的な状況を分類して生じる期待という文脈の中で行われる。個人が刺激を知覚し編成し解釈する方法には，それぞれの過去の経験や毎日行っている状

況理解によって出来上がっている分類のあり方が反映される。

人は自分の役割が明確になるような文脈の提供を求めている。買い物客は，スーパーの列や棚，陳列箱に同じような食料品が並んでいる中で自分の期待する製品を見つけようとする。その場合，パッケージから食料品の意味やその連想が展開されるだろう。パッケージからその便利さや信用的・情緒的満足感が想起されるからである。購買が行われる文脈が，買い物客の期待に沿ったものであれば，売上向上が見込まれるだろう。

マーケティング・コミュニケーションは，「心理的存在」（Moran, 1990）の枠組みから，製品（対象物）を照らし出す試みであり，それは購買者が消費する状況や購買する状況の認識に基づくものである。製品が提示される状況が消費者にとって馴染みがあり好都合な状況であれば，製品が消費者の想起集合に加わるチャンスは格段に大きくなる。しかし，状況がそうでない場合，例えば新しいパッケージの場合は従来とは差別化をもたらすことでその製品カテゴリーの中で自分にとって価値のある製品はどれなのかを消費者に再評価させることになる。

Javalgi et al.（1992）は，製品評価や製品選択には知覚が重要なことを指摘した。消費者は，味，匂い，大きさ，形といった物理的手がかりで製品特性を評価しようとする。しかし，ほとんどの場合，そこでの差異は見られず，そうなると消費者は製品の物理的特性以外の要素から判断を下さなければならない。ブランディング活動の根底にはこのことがあり，競合製品と異なるように知覚されるために製品のパーソナリティを強化しようとする。消費者は，新しい刺激や満足できる経験に意味を見い出すためにカテゴリーを考え直したり，異なる想起集合を形成したりする。

消費者一人ひとりの心に製品をポジショニングするというコンセプトは，マーケティング戦略の基礎である。人には長く持続する知覚やイメージが存在する。例えば，自分自身や製品，サービス，組織に関するものである。ブランドのポジショニングは，ブランドをどのように知覚するかによって支えられている。例えば，多くの消費者は金融サービス業にネガティブな知覚を持っている。もともとは金融サービス業の価値提案が複雑で分かりにくかったことがその理由であったが，一連の銀行スキャンダルや異常と思えるボーナスのシステム，不景気の元凶となる銀行業界の動きによって，銀行に対す

第7章 消費者の情報処理 127

ビュー・ポイント3.2　時間が経つと…知覚の変化

　今日，多くのキャンペーンが人々のブランドへの見方や知覚を変えようと企画されている。例えば，ナショナル・トラストはマーケティング・コミュニケーションを展開することで，堅苦しい中高年向けで時代遅れのブランドというイメージを払拭しようとした。この戦略によって，ナショナル・トラストの提供する商品や体験の領域は様々な広がりを持つことになった。

　キャンペーンは今では数年間続けられ，「有意義に過ごす」というストラップラインが用いられている。キャンペーンの原則はナショナル・トラストが「純粋に楽しく，上質で思い出に残る経験を手頃な価格で」提供することを知ってもらえるように促していくことであった。このことは一連の屋外広告にも反映され，人々が様々な体験を楽しんでいるような広告が数多くのタイプで表現された。例えば，カップルが装飾された垣根の迷路を楽しんでいる様子や，家族が美しい川べりに座っている様子のようなものであった。ラジオ広告は鳥たちのさえずりや子供たちが楽しそうに遊ぶ声を表現した。オンライン広告では人々が自分の住むところに一番近いナショナル・トラストの公園を見つけられるようにインタラクティブな仕組みが採用された。どの広告も「〇〇への時間」というメッセージで統一され，「一緒に過ごす」とか「何かを目にする」とか「くつろげる」「探検する」といった言葉が使われている。

　こうした展開の後にナショナル・トラストは，園芸愛好家や日帰り客が150ものナショナル・トラストの公園から行きたい場所を検索できるiPhoneアプリを始めた。そのおかげで2010年の訪問客は16％増え，会員数も18％増えた。

　そこで戦略は一転し，2013年にはナショナル・トラストは「11歳9か月になる前にしたい50のこと」と呼ばれる全国キャンペーンを始めた。このキャンペーンは，子供たちと自然との関わりが長期的に希薄になってきていることを強調したレポートに対応して計画された。象徴的だったのは，レポートによれば，ふだんから野山で遊ぶ子供たちは10％もおらず，33％の子供が木登りをしたことがなく，自転車に乗れない子が10％もいたことである。ベッドから落ちて病院にかつぎこまれる子が木から落ちて病院に運ばれる子の3倍にものぼるようになったというのである。そこで，キャンペーンは室内のソファで跳ねてばかりいたり電子的なおもちゃで遊んでばかりいたりする子を，外に連れ出し自然環境を探検するように企画されたのである。

出典：Anon（2011）；Eleftheriou-Smith（2011）；McMeeken（2012）；Staff（2013）

> 問い：ナショナル・トラストはソーシャル・メディアをどう使うのがベストだろうか。
> 課題：健康問題についての知覚を変えることを主要な課題とするキャンペーンを探してみよう。

128　第3部　オーディエンス・インサイト：情報処理と消費者行動

る知覚は一層悪いものになっている。こうした状況では，倫理的な銀行というポジショニングは慎重に行うべきであり，仮に共同組合のような支え合う銀行というポジティブな知覚を慎重に作り出そうとしても，非倫理的な行為は罪に値するということをアピールすること自体でネガティブな疑問を持たれてしまう。

　したがって組織は，様々なネットワークにおいて他の組織が抱く知覚や期待を常にモニターし自社のアイデンティティを最適化していく必要がある。例えば，チャネルのレベルを調整したりコントロールしたりすることで，チャネル・メンバーの知覚を変える役割を果たすこともある。このことは，チャネルの深さ，コントロールのプロセス，メンバーそれぞれが果たそうと思っている役割を知覚することと関連する。さらには，組織の製品品質や連想されるイメージ（評判）を知覚することも重要性を高めている。購買者であるエンドユーザーとチャネル・メンバーは両者とも，製品から連想される内的外的な手がかりが製品品質を的確に表すシグナルになっていることを確認したいと思っているからである（Moran, 1990）。

学習

　学習（learning）には，2つの主流となるアプローチがある。行動的学習と認知的学習である。これらの主要な特徴を表3.1に示す。

表3.1　学習のタイプ

学習のタイプ		解説
行動的 (behavioral)	古典的 (classical)	人は刺激と反応との間の連合やつながりを学習する。刺激への反応（行動）が反復されることを通じて学習が起こる。
	オペラント (operant)	個人が環境に働きかけ相互作用を行うことで学習が起こる。個人の反応はポジティブな強化（報酬）またはネガティブな強化（罰）を得ることで形成される。報酬が与えられたり罰せられたりすると行動が継続し，報酬がなくなると行動は中止される。
認知的 (cognitive)		人は環境にしたがうというよりも積極的に直接環境にはたらきかけようとすると仮定される。判断に基づいた合理的意思決定を行うために，人は過去の経験（記憶）から得られる情報を処理し問題を解決しようとする。

第7章　消費者の情報処理　129

行動的学習

　行動主義的なアプローチによると，学習とは個人が反応を獲得するプロセスと見なされている。行動的学習には重要な要素が3つあり，それは**連合**（association），**強化**（reinforcement），**動機づけ**（motivation）である。刺激‐反応の基本概念をさらに詳しく見ていこう。

　学習には刺激と反応の間に「時空間の近接」（time-space proximity）が必要なことが広く認められている。学習は刺激と反応の間に一定のつながりが確立されることで起こる。マーケティング・コミュニケーションは，メッセージが目に触れ，それに刺激されたり動機づけられたりした結果，情報が求められたり広告された製品が購入されたりするような反応を起こすプロセスであると考えられる。行動は刺激と反応による条件づけを経験することで学習される。条件づけには古典的条件づけとオペラント条件づけの2つの形がある。

古典的条件づけ

　古典的条件づけ（classical conditioning）は，学習を関係が存在する限り刺激と反応の間に起こる連合のプロセスと考えている。この種の学習の最も有名な例はロシアの心理学者Ivan Pavlovが行った実験である。パヴロフは犬が食べ物を見ると唾液を分泌することに着目した。この現象は教えられたものではなく反射反応であるとPavlovは述べている。この場合，ある関係が実験や学習に先立って存在している。食べ物は無条件刺激であり，引き起こされる犬の反応（唾液の分泌）は無条件反応である。

　次にPavlovは犬に食べ物を見せながらベルの音を聞かせた。犬はベルの音を聞くと唾液を分泌するようになった。ベルの音は条件刺激であり，唾液の分泌は条件反応である（無条件反応と同じ反応）。

　この実験からは学習が起こるために重要な2つの要素が明らかになっている。

- 無条件刺激と条件刺激との連合は比較的短期間で形成される。
- 条件づけのプロセスには，比較的高い頻度で連合が反復されることが必要である。無条件刺激と条件刺激が同時に起こる回数が増えるほど連合は強化される。

古典的条件づけは個人の日常生活でも認められる。セールス・プロモーションにより新製品を購入する消費者は，購入のきっかけとなったプロモーションが終わっても，その製品を購入し続けるだろう。これはプロモーション活動（無条件刺激）と製品（条件刺激）の連合が確立したからだといえる。製品の品質や満足度が許容範囲であればプロモーションがなくても長期にわたってその製品は購入されるだろう。言い換えると，長い目で見た場合にはセールス・プロモーションは購入の鍵となる要因にはならない。

広告主は製品やサービスを認知してもらうために，消費者の好意的な連想や反応が起きるイメージや情緒の認知的枠組みを使おうとする。イメージ広告は消費者がブランドや組織を思い浮かべた時の連想を創り出し，その結果評判につながる。この種のメッセージには楽しく好ましい感情を喚起する無条件刺激が表現される。だから，アレクサンダー・オーロウという人形キャラクターはコンペア・ザ・マーケット・ドット・コムの顔であるし，ゲイリー・リネカーはウォーカーズ・チップスと関連づけられ，ジゼルはパンテーン，ジェニファー・ロペスはロレアル，ジェレミー・リンはボルボを象徴する。製品は好意的な反応を引き起こす条件刺激となる。

オペラント条件づけ

オペラント条件づけ（operant conditioning）は，道具的条件づけ（instrumental conditioning）という言い方でも知られており，環境の一部に対する動作や行動の結果として学習が起こる。個人の反応はポジティブな強化（報酬）やネガティブな強化（罰）を反映する。報酬が与えられたり強化されたりする行動は持続するのに対し，報酬が伴わない行動は中止される。

B.F. Skinnerはオペラント条件づけ研究の先駆者である。彼の研究は，ネズミが学習の結果として餌を得るためにレバーを押すようになることを明らかにした。さらに，学習によってライトが点灯するとレバーを押すようになることを証明した（弁別刺激）。これは，特定の反応に付随して強化が起こるというオペラント条件づけの本質的な特徴を表している。

コミュニケーションにおいて，製品やブランドを使用することで消費者が得られる利便性や報酬を強調する組織は多い。例えば，航空会社が提供するマイレージ・プログラム，テスコが提供する「リワード・ポイント（ポイン

トシステム）」，ネクターの割引による報酬「メイクス・ザ・ディファレンス」などがある。強化の理論は外的要因の役割を強調し，個人の内的な情報処理能力を考慮していない。ここでは，学習は特定の反応による直接強化か連合による条件づけのプロセスを通じて行われるとされている。しかし，このようなオペラント条件づけは現実的には奇妙と思える機械的な反応プロセスであり，非常に複雑なプロセスを単純化してしまっている。

認知的学習

　認知的学習のアプローチは，人には環境を直接コントロールできる能力があると仮定し，それに基づいて学習を理解しようとするものである。人は，それぞれの状況に適した情報処理をすることで問題を解決しようとする能動的な当事者と見なされる。このプロセスの中核をなすのは記憶である。お金の投資分けが短期，中期，長期の口座へと振り分けられるように，情報も異なる期間に応じてそれぞれ記憶されていく。図3.3に示すとおり，**記憶**には感覚記憶，短期記憶，長期記憶がある。

　感覚記憶（sensory storage）とは，情報が感知された一瞬のものを指す。情報が印象づけられるとその情報は短期記憶に送られ，短期記憶ではリハーサルが行われた後に長期記憶に移される。**短期記憶**は約8秒以上は長続きせ

図3.3　記憶と情報の貯蔵

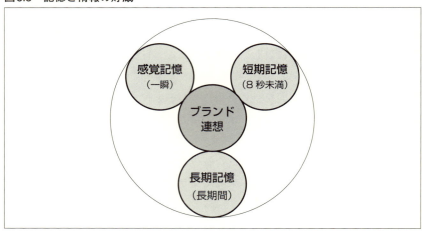

ず，一度に保持できる内容も最大4，5件である。読者はあるイベントで誰か
を紹介されてももう一度その場で顔を合わせた時に名前を覚えていなかった
という経験をしたことがあるだろう。これは，名前が長期記憶に入っていな
かったために起こったのである。情報は**長期記憶**に一定期間保持される。長
期記憶に入った情報は休眠状態というわけではなく，新しい情報を受け容れ
ると常に再編成や再分類が行われる。

　記憶には4つの基本機能がある。1つ目はリハーサル（rehearsal）である。
リハーサルでは情報の反復や既存カテゴリーへの関連づけが行われる。リハー
サルは続く機能である符号化（encoding）が起こるために必要である。符号
化とは認識した対象を表現するイメージを選択することである。一度長期記
憶に入ると，第3の機能であるカテゴリー化と保存（categorised and stored）
が行われる。そして最後の機能である想起（retrieval）とは，記憶領域から
情報を呼び出すプロセスである。

　認知的学習は問題を解決するために情報を処理する。この情報取扱プロセ
スは，単純なものから複雑なものまで様々である。主な機能には，象徴化
（iconic），モデリング（modelling），推論（reasoning）の3つがある。

　象徴的暗記学習（iconic rote learning）とは，特に刺激がない場合に2つ
以上の概念を連合させて理解することである。この学習は単純なメッセージ
の繰り返しによる弱いレベルに留まる。情報源を深く理解せずに提供物の属
性に基づいて思い込みが形成される。低価格で頻繁に購入される製品の広告
主は，消費者の学習を手助けするために，ターゲット・オーディエンスにブ
ランド・ネームを繰り返し思い出させようとする。このような繰り返しは製
品の主要なベネフィットに関する連想を創り出すが，それはスポークスパー
ソンによって記憶再生が途切れることなく続けられる場合にのみ実現される。

　モデリング（modelling）による学習とは，他者を観察し模倣することで
他者の行動の成果を記憶に結びつけるアプローチである。幼児期の学習の大
部分は本質的にモデリングによる。それと同じように，マーケティング・コ
ミュニケーションは何らかの報酬を約束してオーディエンスに特定の行動を
とることを納得させていく。報酬があるかもしれないという前向きなイメー
ジによって，その製品を使用すればそのイメージと同じような成果がもたら

第7章　消費者の情報処理　133

されると購買者が信じるように促していく。例えば，ファッションの広告では，モデルがすれ違う人から称讃の眼差しを向けられる様子を描くことが多い。広告される服を着る人々にはこれと同じような称讃がもたらされることが「約束」されるというわけである。同様のアプローチをケロッグは朝食シリアル製品スペシャルKの販売促進で用いた。コマーシャルではビーチで遊ぶ（スリムな）母親と子供を描いた。このコマーシャルのメッセージは，母親は自分自身をケアしながら，健康的な食事を摂り屋外で遊んだり運動したりして家族を育むことが重要であるというものである。

　推論（reasoning）は認知的学習の中でおそらく最も複雑な形態である。このプロセスでは，長期記憶で情報の再構築や再編成が行われ，新しいインプットと組み合わせられることで新しいアウトプットが生み出されていく。金融サービス業は，法律と金融監視機構の厳しい規制の中で複雑多岐にわたるメッセージを伝えなければならない。したがって，ネーションワイドやヒスコックスといったブランドは，他のブランドと差別化を図ろうとして手続きは簡単であるが専門性の高いサービスであるというポイントを伝えている。そうすることで，既存顧客や見込顧客をブランドの詳細な情報に触れさせ，ブランドを受け容れられるかどうかを判断する推論を行わせるのである。

　学習を理解するすべてのアプローチのうちで，認知的学習は最も柔軟に解釈できるものである。確かに，行動的学習は合理的で厳格なアプローチとして人間の外面に着目し，学習に関する知識に多大な貢献をしてきた。しかし，このアプローチは様々な刺激を受けた際に人が活用する複雑な内面的思考プロセスを考慮していない。

　人が学習したり忘却したりする方法を詳しく検討することは有用である。そこには，特にメディアプランナーにとって役立つ論点が見受けられるからである。認知理論はマーケティングやコミュニケーションがどのように機能するかを説明しようとしてきた多くの研究を支える柱となっている。

減衰（decay）

　人が物事を忘却する割合には図3.4に示したようなパターンが想定される。多くの研究者により，情報の減衰（decay）には負の減速率があることが分かっている。広告情報の減衰率は通常6週間以内に60％にもなる。減衰や摩

図3.4 減衰曲線

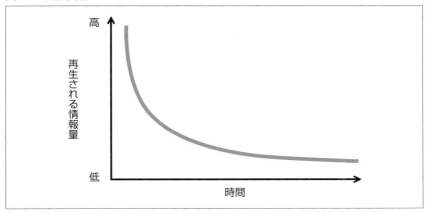

耗は放射性物質の半減と似ている。減衰は目に見えないままに常に続いており、広告効果は時間が経つにつれて失われていく。McGuire（1978）が唱えた効果階層モデルの保持段階では，情報は将来のために蓄えられることが重要であるという指摘がある。しかし，情報の影響力は時間が経った場合にどのくらい残存するのだろうか。また，情報の再生を促すためにはどのようなきっかけが必要とされるのだろうか。

広告効果の**摩耗**（wear-out）は2つの要因によって起こると考えられている。第1は，人が選択的認知を行うため，一定量以上の情報に触れると心理的に情報が遮断されるという考えである。第2は，メッセージや広告を継続的に見せられることによって退屈さや苛立ちが生じて抵抗感が現れる（Petty and Cacioppo, 1979）という考えである。カールスバーグやステラ・アルトワのようなアルコール飲料の広告は摩耗を避けようとして，中心的なテーマに変化を持たせることで，一貫性を持ちながらも異なる興味やエンターテイメントを提供することでオーディエンスと関わりを持ち続けるようにしている。

認知的反応（cognitive response）

学習は図3.5に示した2つの曲線のように図式化できる。情報の反復回数がある水準に達すると学習される量は摩耗する。Grass and Wallace（1969）は，学習量が飽和点に達すると情報の摩耗はすぐに始まることを示唆してい

図3.5　学習曲線

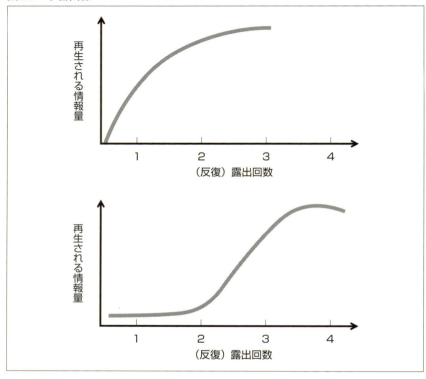

る。多くの研究者（Zielske, 1959; Strong, 1977）が，メッセージを毎日集中して送ったり1か月おきに分散して送ったりするよりも，1週間単位で定期的に送ることで再生されやすくなることを明らかにしている。

　消費者が製品やサービスへの認知や理解を保持し続ける能力は，メッセージの質だけでなく露出の回数とその質にも左右される。メディアプランナーにとって有用な，どのようなメッセージをどこでいつ伝えるべきかを検討しうる項目は数多く存在する。リーチ，カバレッジ，フリークエンシー，延べ到達率（GRP），有効フリークエンシー，エフィシェンシー，メディアの情報源効果，といったものである。

態度

態度は通常，知覚と学習のプロセスを経て形成される。**態度（attitude）**とは，経験を通じて形成され，特定の物事や状況に対して先を見越して反応を定めるような事前の心の構えである。態度は過去の経験を通じて習得されるものであり，思考と行動を結びつける役割を果たす。これらの経験は製品自体やメッセージ，情報などと深く関わっており，メッセージはチャネル・ネットワーク（通常はマスメディア・コミュニケーション）の構成メンバーによってもたらされ，情報は，オピニオン・リーダーやオピニオン・フォーマー，オピニオン・フォロワーからもたらされる。

態度は個人の内で一貫性を保つ。態度は細かく分化されたうえで頻繁に相互に関連しあう。これら一群の態度がまとまることによって情報はステレオタイプなものとなるが，このことはメッセージを計画するのに非常に有用なことでもある。なぜなら，ステレオタイプ化されることによって，多くの情報が短い時間（30秒）で送信でき，学習がスムーズに起こりメッセージの要点が伝わるからである。

態度の構成要素

態度は仮説的構成概念であり，古典的な心理学理論では３つの要素によって構成されると考えられている。

1．**認知的要素（学習する：learn）**

この要素は，製品や提供物の特定の属性に対する個人の知識や信念の程度に関係する。これは態度形成の学習的側面も表している。マーケティング・コミュニケーションは，オーディエンスの注意と認知を獲得し，消費者が特定の製品やサービスの特徴やベネフィットについて学習し理解することを手助けする。

2．**感情的要素（感じる：feel）**

よい，悪い，快，不快といった，特定製品に対する感情であり，対象への評価である。この要素は特定の対象についての感情，心情，気分，情緒といった多様な要素からなる。マーケティング・コミュニケーショ

ンは，製品やサービスに対する感情を高めてお気に入りのブランドを作り出すことができる。このようにして生じる選好は，ブランドへの愛着，所有していることで得られるステイタス，過去の経験，長年にわたるブランド使用といった様々な形でブランドとの情緒的つながりをベースに形成される。

3．行動的要素（行う：do）

態度概念のうちの行動的要素であり，個人が特定の行動をすることへの事前の構えや特定の振る舞いに及ぶ意図である。この要素に限っては観察可能であると主張する研究者もいる。マーケティング・コミュニケーションは，オーディエンスに何か行動を起こさせるように支援することが求められる。例えば，ウェブサイトを訪れる，電話をかける，クーポンを入手する，訪問予約をする，デジタルテレビで双方向通信をするためにリモコンの赤いボタンを押す，といった行動である。

図3.6のような態度の3要素モデルは，物や人，組織に向けられる態度をベースにしている。一般に，態度形成は，学習する，感じる，行うという順を追った流れだと考えられている。しかしながらこの考え方は，各要素が同等の強さを持っているという仮定が成り立つ場合に限られる。態度が特定対

図3.6　態度の3要素モデル

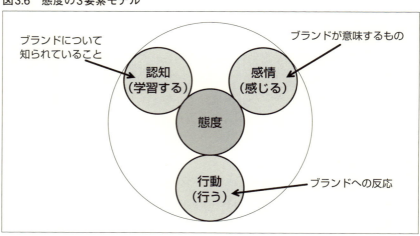

象への個人の全体的感情によって構成されるという見方では，態度は1要素だけから成り立つとする単一要素モデルの考えが展開されてきた。言い換えれば，感情的要素だけが意味あるものとされている。

　態度は消費者の意思決定を左右し，マーケティング・コミュニケーションではしばしば，消費者の前向きな態度を創造すること，あるいは今までの態度を強化したり変えたりすることが目的とされてきた。ブリティッシュ・エアウェイズの機内サービスはフレンドリーで親しみやすく，ルフトハンザは冷たく堅苦しいとある人が思い込んでいたとしても，実際のところはどちらの航空会社にも様々な属性が知覚されているはずであり，ある態度がどのように形成されたかを理解するためにはその人が様々な属性の中でどの属性を評価したのかを知らなければならない。したがって，異なる製品の間で鍵となる属性についてどれほど強い信念を持たれているかを測定することが欠かせない。信念を情報処理し評価するプロセスは主に2つある。それは代償モデルと非代償モデルである。

　態度の構成要素や関連して見られる属性を理解することによって，組織は自社や競合に対する消費者の態度を明らかにできるだけではなく，必要に応じて，様々なステークホルダーに態度変容を働きかけることもできる。

第**8**章

消費者と組織の意思決定

　マーケティング・コミュニケーション活動の多くは，顧客の意思決定プロセスに影響を与えることに向けられてきた。そこでは，情報のタイプ，タイミング，アプローチ方法を適切に定めることがターゲット・オーディエンスとエンゲージメントを結ぶために必要である。

　顧客には大きく消費者と組織購買者の2つのタイプが存在している。そして，購入意思決定においては，それぞれに特有の合理的で順序に従った論理的な経路をたどると考えられている。消費者の意思決定プロセスについては図3.7に，組織の意思決定プロセスについては図3.8に示した。消費者がたどる道筋は5つの段階から構成される。マーケティング・コミュニケーションはいずれの段階にも影響し，様々な効果をもたらす。

消費者の意思決定プロセス

　意思決定に影響を与える要因は多数ある。購買者の使える持ち時間，知覚リスクのレベル，製品タイプに抱く関与の程度，過去の経験などである。これらのうち，知覚リスクと関与については後に考察する。問題解決行動には3つのタイプ（**包括的問題解決**，**限定的問題解決**，**日常的反応**）があることが明らかにされている。ただし，購買者は実際にはこれを順を追って段階的に進めているわけではないことに注意しておく必要がある。

包括的問題解決（EPS: extended problem solvings）

　自動車や家の購入を考えている消費者は外部情報探索を積極的に行い，あ

図3.7 消費者意思決定プロセスのフレームワーク

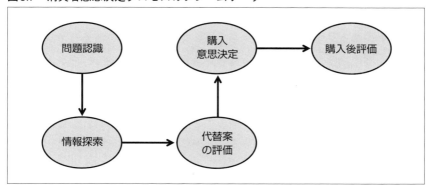

らかじめ設定した評価基準を満たす解決策にたどり着くのに多くの時間を費やす。この行動は通常，不慣れな製品，つまり今まで直に体験したことがなく知識の乏しい製品領域，また金銭的にもリスクの大きい製品領域の場合に当てはまる。

　この領域でマーケティング・コミュニケーションが目標にするべきことは，意思決定プロセスを手助けする多くの情報を提供することである。情報提供の仕方としては，消費者の購入経験が乏しくてもその製品カテゴリーの購入や購入条件に決定を下せるようにするため，カタログやリーフレット，ウェブサイトのようなセールス資料を用意し，販売員やデモンストレーション，広告物にアクセスできるようにすることである。

限定的問題解決（LPS: limited problem solvings）

　ある製品を購入した経験がある消費者ならば，購入の際に記憶に基づいて内部情報探索の手順を取ることが多くなる。そのため，外部情報探索は最新の情報を得たり，意思決定の細かな点を検討したりするためだけに行われる。

　この場合にマーケティング・コミュニケーションがするべきことは，製品の改良点や新しい特性について情報を提供し，購買者に重要で知ってほしい，鍵となる特性を強調したメッセージを伝えることである。マーケティング・コミュニケーションは製品を差別化することによって，購買者にその製品を選ぶ理由を提供する。

日常的反応行動（RRB: routinised response behavior）

　この場合，意思決定プロセスの多くは内部情報探索だけで済まされる。これは購買者が製品を何度も購入して多くの経験を蓄積しているからである。つまり，内部情報探索だけが求められ外部情報探索には時間や労力がほとんど費やされない。頻繁に購入される低価格の製品，例えばハミガキ粉，石けん，缶詰，菓子類はこの括りに入る。

　この場合のマーケティング・コミュニケーションでは，自社の対象製品が想起集合に含まれるように注力することが望ましい。学習はメッセージの反復によって強化されるが，反復は製品への注意と認知を維持するためにも用いられる。

組織の意思決定プロセス

　組織の購入意思決定は，消費者の意思決定プロセスとほぼ同様に考察できる。組織はその機能を果たすために，様々な他の組織から原料，部品，一般供給品，サービスを買う必要がある。BtoB（business-to-business）マーケティングとも呼ばれるが，ここでは「組織マーケティング」という用語を用いて，このような活動に携わる組織を広く考察していく。

　Robinson et al.（1967）は**購買フェイズ（buyphase）**という用語を用いた。そこでは組織の購入意思決定プロセスは図3.8のように段階的に表されている。

図3.8　組織購入意思決定の購買段階

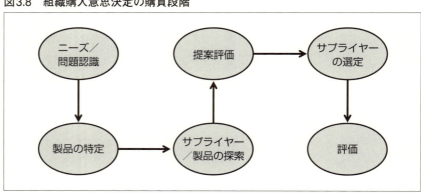

しかし，組織には様々な力が働くことを考えると購買プロセスをこのような整然とした段階に当てはめて考えることには読者の誤解を招く懸念もある。

　消費者と同様に，組織の購買者は購買状況や購買分類によって多様な意思決定を行う。Robinson et al.（1967）は，組織購買を文脈によって３つのタイプに分類している。その３つとは，**新規購買**，**修正再購買**，**単純再購買**である（表3.2参照）。

　これらが消費者市場の包括的問題解決，限定的問題解決，日常的反応行動とよく似ていることに気づいた読者もいるだろう。

　Webster and Wind（1972）によれば，**組織購買行動**とは「フォーマルな組織が，購入対象となる製品やサービスに対してニーズを確立し，そのうえで複数のブランドやサプライヤーを特定し，それらを評価し，その中から選択する意思決定プロセス」である。特に重要なのは，市場交換取引を行う組織の間の関係性である。先述のように，組織が属する様々なネットワークのあり方は相手組織の展開次第で購入意思決定に影響をもたらす。だが，これらの問題を考察する前に，組織意思決定が行われる文脈を再確認する必要がある。

　文脈を検討する方法の１つに，組織の意思決定を消費者市場の意思決定と比較する方法がある。組織購買の文脈では購買者の数は消費者市場と比べてはるかに少ないが，購買意思決定に携わる者の数は組織の内部でかなりの数にのぼるだろう。発注規模は消費者市場よりも大きいことが常だが発注頻度は非常に低い。組織間で交わされる原料素材供給の契約は長年にわたることが一般的である。同様に，製品の複雑性（例えば，コピー用紙のような規格品

表3.2　組織購買分類の主な特徴

購買分類 (buyclass)	問題の身近さ	情報の要件	代替的解決策
新規購買 (new buy)	問題は，意思決定者にとって新しい	非常に多くの情報が必要とされる	不明。すべてのことが新たに考慮される
修正再購買 (modified rebuy)	新しいことは必要とされていないが，状況は以前とは異なる	さらなる情報が必要とされるが，過去の経験は有用である	新しい解決策が必要となる
単純再購買 (rebuy)	問題は過去の経験により特定されている	情報はほとんどもしくはまったく必要ない	必要なく探索されない

第8章　消費者と組織の意思決定　143

なのか通信衛星のような一点物なのか）次第で交渉プロセスも長引く。

　組織購買の文脈においても，消費者の意思決定プロセスと関連した特徴が多く見られる。しかし，組織購買者は最終的には組織目標の達成に貢献するための意思決定を行う。そこでは，必要な意思決定を行うために大量の関連情報が求められることが多い。この情報には通常は具体的で詳細な内容が記され，合理的かつ論理的なものが求められる。購買担当者のニーズは多く複雑で，中には個人的なものもある。組織内での昇進やキャリアアップといった目標が個人にとっての目標となる一方，組織の視点からは従業員を満足させることが組織購買において重要なタスクとなる。したがって，購買担当者がその役割を適切に果たすためには，専門的なトレーニングや専門知識の習得が欠かせない。

　組織購買機会の多くでは，特定の購買者たちだけが組織の唯一の代表者であるかのようにそのプロセスの意思決定を委ねられていると想定されている。しかし，実情は異なっている。購入意思決定には様々な人が携わることがとても多い。このような集団は**意思決定単位（DMU：decision-making unit）**とか**購買センター（buying center）**と呼ばれる。購買センターの大きさや構成はタスクの性質に応じて様々である。Webster and Wind（1972）は，購買センターを構成する人々を以下のように分類した。

　使用者（users）は購入プロセスのきっかけとなるばかりではなく，導入された製品を使用しその性能を評価する者である。**影響者（influencers）**は，多くの場合，提案された購入に対する技術仕様を定める手助けをし，いくつかのサプライヤー候補から提案された代替製品を評価することを支援する。**決定責任者（deciders）**は購入決定を行う者である。繰り返し行われる購買活動では，次に触れる購買担当者は決定責任者にもなる。しかし，一定の財務規模を超える支出を決定する際には通常，自分以外の誰か，多くの場合は役員や管理職の承認が必要とされる。**購買担当者（buyers）**はサプライヤーを選定し，必要な製品を調達するプロセスの管理を行う。先に述べたように，購買担当者は，どの製品を購入するかの意志決定は行わないが，意思決定が行われるフレームワークに影響を及ぼすのである。

　窓口（gatekeepers）は，組織や購買センターのメンバーに，どのような種類の情報をどのように伝えるかをコントロールする可能性を持つ。技術者

や秘書，電話を取り次ぐ事務員が該当する。

　購買センターの規模や形態は定まったものではない。検討中の製品の複雑さや，それぞれの意思決定によって組織にもたらされるリスクの程度によって様々に異なる。購入状況が変われば購買タスクの性質も変わり，それに対応するため購買センターには異なる役割が必要とされる（Bonoma，1982）。そのため，製品を販売する側は購買センターのメンバーを特定し，メンバーそれぞれのニーズを満たすようにメッセージを洗練させることが求められる。

　マーケティング・コミュニケーションのマネジャーや販売チームのタスクは，接触すべきキー・パーソンは誰か，どのようなタイプのメッセージをどのくらいの頻度で伝えるか，どの程度深い接触をするかを決定することである。購買センターのメンバーは個人消費者と同様に，積極的な問題解決者として個人や組織の目的を達成するように情報処理を行うといえる。

購買センターへの影響

　組織購買行動への影響には，主に，ステークホルダー，組織環境，その状況をもたらした個人による局面の3つがある。表3.3に示す通りである。

　ステークホルダーはネットワークの中で，ある組織と他のステークホルダーとの間に関係性を築く。そこでは交換関係の性質やコミュニケーションのスタイルが購買意思決定に影響を及ぼす。組織同士が信頼し合い互いに支援し

表3.3　組織購買行動への主な影響

ステークホルダーの影響	組織の影響	個人の影響
経済状況	企業戦略	パーソナリティ
法規制	組織の文化や価値観	年齢
競合の戦略	資源とコスト	地位
産業の自主規制	購入方針と手続き	報酬の構造とシステム
技術開発	対人関係	
社会的文化的価値観		
組織間の関係性		

出所：Webster and Wind（1972）より。

第8章　消費者と組織の意思決定　145

合う長期的視点（関係的構造）に基づいた関係性ができているならば，購買センターは協働的で建設的な行動をとるだろう。フォーマルで規則遵守的で支え合いが乏しい短期的視点に基づいた関係性（その市場の，構造性に基づく関係）であれば，購買行動は礼儀正しくとも他人行儀になるだろう。

組織環境を大きく左右する要因には，サプライヤーを別のサプライヤーに替えることのスイッチング・コストがある（Bowersox and Cooper, 1992）。ある組織が他の組織と新たに購買関係を結ぶ場合には，時間，人材，資産，システムの投資が行われる。もしも新しいサプライヤーとの関係性に満足できなければ，他のサプライヤーに切り替えるためさらなるコストが発生する。こうしたスイッチング・コストは購買意思決定に重くのしかかる。予想されるスイッチング・コストが高くなるほど意思決定の柔軟性が損なわれることになるため，組織購買では関係性をあらかじめ適切なものにしておく必要が高まる。

購買センターの内部の行動も，購買センターのメンバー間の人間関係によっておおよそ決まる。実際，購買センターにどのような人が参加するかは，その人がプロセスの各段階にどれほど貢献できると思われるかに左右される。信賞必罰が強く認識されるほどに，個人の購買センターへの関わりは深まり活動は目に見えて高まる（McQuiston and Dickinson, 1991）。意思決定単位内での権力の性質や波及力は意思決定に多大な影響を及ぼす。そこでの権力は個人の能力という観点よりも，情報の流れや資源配分のコントロールという観点でとらえるほうが重要であると考えられるようになってきた（Stone and Gronhaug, 1986）。こうしたアプローチは，ネットワーク・アプローチに基づいており，特にこの場合，組織内コミュニケーションを反映する。

恐れと知覚リスク

人が体験する情緒は数多くあるが，**恐れ（fear）**は消費者行動の最も根底をなす原動力である。何らかの危険や脅威が目の前にあることや危険や脅威を予感することが，恐れを喚起する。そしてまた，恐れへの脅威（threat of fear）は恐れそのものよりも複雑な心理的高ぶりを喚起する（LaTour and Rotfeld, 1997）。

研究によると，不安や恐れがある場合，消費者にはリスクを嫌う傾向が
あるため希少性をいくらアピールしても成功する見通しは低い。Dunn and
Hoegg（2014）によると，恐れを感じると人は他者とつながろうとする動機
が高まり，それは戦場における軍隊の例（Marshall, 1947）や天災被害者の
例（Fried, 1963）で示されている。人は体験を共有し他者と結びつくことで，
知覚した恐れをどうにかマネジメントしようとする。DunnとHoeggは，この
ような他者との結びつきは恐れへの脅威が露わになることで起こり，ブラン
ドへの情緒的な愛着を高めることも明らかにした。例えば，Birkner（2014）
はドリトスがポテトチップスの復刻フレーバーを「死地からの蘇り」として
ホラー系オンラインゲーム（Hotel 626）によってプロモーションしたことを
報告している。そこでは，ドリトスと分かるものはスクリーン隅の小さなロ
ゴだけだった。1か月経たずして復刻フレーバーはすべて売り切れとなり次
のゲーム（Asylum 626）が登場した。

　恐れへの脅威はリスクや不安の感覚を引き起こす。Bauer（1960）が提唱
した**知覚リスク（perceived risk）**という概念は，買うか買わないかといった
購入意思決定で生じる知覚がもたらす否定的な結果に対して感じるものであ
る。

　リスクが知覚されるのは，購買者が製品の性能や購入意思決定プロセスを
ほとんどあるいはまったく経験したことがないためである。Chang and Hsiao
（2008）が述べているように，知覚リスクには2つの要因がある。1つは購入
前のものであり，もう1つは購入後に好ましくない結果を経験したことに起
因するものである（Cox and Rich, 1967）。

　リスクはブランドに関わる意思決定のみならず，製品カテゴリーに関わる意
思決定にも関係する。とりわけ，新技術を用いた製品を上市する際には重要と
なる。人が経験するリスクのレベルは時間とともに変化し，製品によっても
異なるし，リスクに対処するその人の性向も反映される。Settle and Alreck
（1989）はリスクを大きく5つの形態に分類できるとし，Stone and Gronhaug
（1993）はさらに時間の要因を加えた。表3.4に，ノートパソコンの購入を例
に各要因を説明する。

　リスクを構成する要因は，それぞれの状況や関わる人，検討中の製品の文
脈的特性によって異なる。センソダイン・プロナメル（第1部のケース），レ

表3.4　知覚リスクのタイプ

知覚リスクのタイプ	説明
性能的	このノートパソコンは思い通りに動くだろうか？
経済的	自分にはこの代金を払えるだろうか？もっと安いものを買うべきだろうか？
物理的	このノートパソコンは安全性基準を満たしているだろうか？発火したりしないだろうか？
社会的	友人や同僚はこの買い物に賛成してくれるだろうか？
自我的	このノートパソコンを使ってクールな気分になれるだろうか？
時間的	よいノートパソコンを探すのに十分に時間をかけられるだろうか？

ディ・ベイクド・ジャケット（第4部のケース）の例からも明らかなように，実際に新製品を売り出す場合，文脈におけるリスクを読み解いてマーケティング・コミュニケーションの方向性が検討されていく。

　この場合，マーケティング・コミュニケーションを活用する主な理由の1つは，知覚リスクのレベルを低減することである。関連性のある情報を幅広く提供することで購買者のリスクは大幅に低減するだろう。マスメディア，クチコミ，ウェブサイト，販売員などが購買した後に起こりそうな出来事を説明することでリスクのレベルを引き下げる手段がよくとられる。ブランド・ロイヤルティも新製品を上市する際のリスクを減らす手助けとなる。製品保証や第三者による保証，返金受付（自動車メーカーには，30日以内の返品や他モデルへの交換を提示するものがある），試供サンプル（ヘアケア製品に多く使われる）はリスクを低減させるためによく用いられる手段である。

　多くのウェブサイトや通販雑誌の広告は，様々な種類のリスク低減を図っている。例えば，ワインの直接宅配を行う会社は，届けるワインに個別の情報を付けることでワインの出来栄えに関するリスクを低減させようとする。大手企業の価格と「特価」を比較させることで金銭的リスクを，ブランド名から連想させて信頼性を向上させることで社会的リスクを，宅配の利便性によって時間的リスクを，それぞれ低減させている。

148　第3部　オーディエンス・インサイト：情報処理と消費者行動

関与理論

　ブランド選択に関する意思決定の鍵と考えられる要因の1つに，製品ないし購入プロセスに対して消費者が持つ関与のレベルがある。**関与**（involvement）とは，購入意思決定の際に，消費者が感じる自分にとってぴったり合うような関連性や知覚リスクの程度のことである（Rossiter et al., 1991）。このことは，ターゲットとなる人々にとって，購入や関連コミュニケーションに慣れ親しむ程度によって，関与レベルが時間とともに変化することを意味する。しかし，意思決定をする時には，関与は高いか低いかのどちらかであり，それらの間を揺れ動いたり高低の中間であったりすることはない。

高関与

　高関与とは，購入しようと考えているものが自分にとって欠かせない関連性がありかつ知覚リスクも高いと感じる場合である。自動車，洗濯機，住宅，保険は「高額商品」と見なされ，購入する機会も度々ではないためにかなり高い関与をもたらす。よく取り上げられるのは経済的リスクだが，先述したようにリスクにはそれ以外のものもある。例えば，香水，スーツ，ドレス，ジュエリーを選ぶ場合に高関与となるのは，購入意思決定において社会的リスクの影響が大きくなるからである。消費者は，購入したい製品について多くの時間を費やし可能な限り情報を集めることで知覚リスクのレベルをできる限り低減しようとする。

低関与

　低関与とは，購入しようと考えているものに脅威やリスクがほとんどない場合のことである。粉末洗剤，ベイクド・ビーンズ，朝食用シリアルといった低価格商品は頻繁に購入される。製品クラスやブランドの購入経験や消費経験が手がかりとなるため，それ以外の情報や支援はほとんど必要とされない。酒，ソフトドリンク，タバコ，チョコレートなどといった製品は一般的に低関与と見られる。ただしそれらは，製品を消費することに伴って自己満足が得られるかどうかという強い自我的リスクの感覚を引き起こす。

第8章　消費者と組織の意思決定　149

意思決定に対する2つのアプローチ

これまで理解を深めてきた，意思決定プロセス，知覚リスク，関与理論をもとにすると，消費者の意思決定プロセスは2つのアプローチに整理することができる。

高関与下での意思決定

消費者が高関与である製品を初めて購入する場合，意思決定プロセスには包括的問題解決が用いられる。なぜなら，情報は合理的で論理的な手順で処理されると考えられるからである。購入について高関与な消費者は，図3.9に示したプロセスをたどるだろう。高関与下で意思決定が行われる場合，消費者は高いリスクを知覚し，これから行おうとしている購入を心配事としてとらえる。そのため，一連のプロセスで不可欠な要素となるのは，大量の情報を探索させ態度を決めさせ，そのうえで使ってみようという思いやコミットメントをもたらすことである。

高関与下の意思決定プロセスにおいて情報探索は重要である。なぜなら，消費者は高い動機づけがなされており積極的に情報を探索処理し評価するからである。ウェブサイト，マスメディア，クチコミ，購買接点でのコミュニケーションなど，多くのメディア情報源が探索の対象となる。消費者は多くの情報を求めるため，高関与な消費者に応えられる媒体は，かつては印刷媒体が主であった。今日では，詳細な情報を大量に保有するウェブサイトが主

図3.9　高関与下での意思決定プロセス

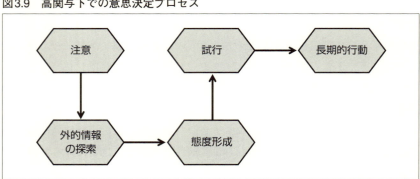

出所：Fill（2011）より。

となっている。ウェブサイトは印刷媒体とは異なり，素早い更新が可能であり，印刷媒体もウェブサイトも消費者が自分のペースで情報の探索処理を行うことができる媒体である。

ビュー・ポイント3.3 「ライブ・チャット」でエクソダスの予約の不安を低減する

エクソダスは，ウォーキングやサイクリング，トレッキング，クロスカントリー・スキー，ワイルドライフ，極地の犬ぞり探検，といった通常では味わえない経験を休暇のアドベンチャーとして提供する会社である。エクソダスは，40歳の都市生活者で可処分所得の高い人を典型的なターゲット顧客としている。彼らはコンピューター・リテラシーが高く，オンライン予約も使い慣れているものの，休暇でのアドベンチャー体験は人生に1度のものと考えているため，金銭面や安全性，社会性，自尊心などから現実的に多くのリスクが発生すると感じている。また，そのための意思決定や予約のプロセスにかかる時間も煩わしく感じている。このようなリスクから高関与となっているため，彼らはそれに注ぎ込む費用や時間，エネルギーに釣り合うだけのアドバイスやガイダンスを納得できるまで吟味するのである。

エクソダスは，顧客を惹きつけるとともに関係を深めるため，サイト訪問者の予約を後押しするようにウェブサイトでの予約の仕方を工夫しようとした。そのため，ユーザーが専門の相談員を呼び出し，休暇体験のことを相談できる「ライブ・チャット」機能を週7日24時間体制で稼働させたのである。これによってエンゲージメント率は改善され，同時に関連する顧客データの蓄積をプロモーション活動に活用することができるようになった。

しかしながら，こうした意図にも関わらず「ライブ・チャット」機能はウェブページの下のほうに置かれていた。そのため，サイト訪問者に「ライブ・チャット」機能に気づいてもらうデザインが必要になり，チャットやコールバックのため，ポップアップがサイト訪問者の目を引くように作られた。このポップアップはサイト訪問者がページに1分留まると作動するように設定された。ポップアップはタイミングや頻度やページ閲覧の平均時間に合わせて変化した。1か月間におよそ1,500人の訪問者がライブ・チャットで専門アドバイザーとつながり，そのうち半数は申込みの見込みが高いと考えられた。

エクソダスはプロモーションとして特定ページへのサイト誘引を図るためにターゲットに合わせてコンテンツを変える仕組みを導入し，個別ガイドを行った。新規顧客には特別なオファーを提供し，既存顧客には次の旅行予約にインセンティブを提供するといったコミュニケーション活動がターゲットに合わせて展開された。また，価格を提示する必要がないタイミングではセールス・メッセージは割愛された。これによってエクソダスのオンライン・コミュニティは活性化され，ユーザー参加型コンテンツが生まれ，それによりユーザーからのフィードバックも活

第8章 消費者と組織の意思決定　151

気づいた。

　こうした変化はビジネス成果にも大きな影響を与えた。オンライン販売は14%増加した。オンライン販売の25%はライブ・チャットから生まれ，見込顧客の75%が予約に至っている。

出典：Bolger（2014）；www.exodus.co.uk

> **問い：**ライブ・チャットにどのような特徴があれば，ウェブサイト技術の人間味のなさを克服できるだろうか。
> **課題：**このような機能が不適切と思われる製品カテゴリーのリストを作ってみよう。

低関与下での意思決定

　ある製品を初めて購入する際に消費者の関与が低い場合には，意思決定プロセスに限定的問題解決が用いられる。情報は認知的には処理されるものの，受身的で自分の意志なく処理される。情報処理は右脳思考によって行われ，情報は受容されたまま断片的に蓄積される。これは，情報がブランド連想として蓄積されることを意味する（Heath, 2000）。子犬をメインに押し出したアンドレックス・トイレット・ティシューの広告は，「アンドレックスの子犬」として情報が蓄積され，そこには明確な思考や論理づけは存在しない。このような情報処理では自分との関連性や知覚リスクは低いため，ブランドを際立たせ意味あるブランド連想を創り出すためには，メッセージを反復して伝えることが必要である。購入意思決定に低関与な消費者は，情報探索を行わず図3.10に示すプロセスをたどると考えられる。

　コミュニケーションは低関与型意思決定プロセスにおいて認知を喚起する手助けとなる。しかし，消費者は問題解決に受動的であるため，高関与型意思決定プロセスの場合と比べてメッセージを短く，情報量も少なくする必要がある。放送媒体は，消費者の受動的な学習姿勢と相性がよいためによく活用される。メッセージの反復が重要なのは，受け手に情報を記憶に留めようとする動機がほとんどなく，知覚の選択プロセスにおいて最も重要な情報しか残らないためである。学習はメッセージに反復的に接触することで深まる

図3.10 低関与下での意思決定プロセス

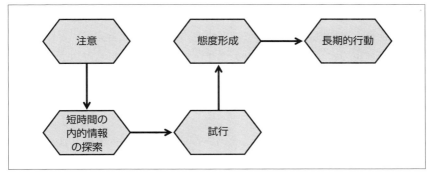

出所：Fill（2011）より。

が，この情報処理を介しても態度は形成されない（Harris, 1987）。

　低関与下では，消費者は外部への情報探索メカニズムよりも，内部での探索メカニズムにのみ頼ってしまうため，ほとんどは店頭ディスプレイに引きつけられてしまう結果になるのである。

コミュニケーションへの影響

　関与理論は，情報処理プロセスや製品購入意思決定プロセスを理解するうえで中心的な概念となる。私たちはこれまでに，関与には高関与と低関与の2つの種類があることを明らかにした。低関与には低関与の，高関与には高関与のマーケティング・コミュニケーションがある。高関与下の意思決定ではトライアル行動に先立つ態度形成がある。低関与ではこの順序が逆になる。

　高関与下では，意思決定プロセスから成果を得られるかどうかが不安になるため，消費者は情報を検索する。この不安とは，例えば使い勝手が支払う価格に見合っているのか，頻繁に購入するわけではないためにその製品（またはカテゴリー）の使用経験が乏しいが大丈夫だろうか，その製品が複雑で自分に使いこなせるかどうか疑問である，といったことである。消費者はこうした不安を持つために行動に先立って態度を決める。そのため，認知的情報処理を求める情報型の広告が推奨されるのである。

　低関与下では消費者は入手可能な製品のグループの中からどれか1つを選

ぶことで満足するため，自分の想起集合の中にある製品に依存することになる。低関与は居心地のいい状態であると考えられる。なぜなら消費者はそれぞれの生活の中で他に意思決定を必要とすることを山ほど抱えているため，わざわざ情報を検索せずに済み，別の意思決定に労力を向けられることをありがたいと思うのである。図3.11に高関与，低関与それぞれの各段階で最適なマーケティング・コミュニケーション戦略をまとめた。低関与では情緒型および変容型の広告が推奨される。

関与に基づいてコミュニケーションを計画することは，実際には，一筋縄

図3.11　関与の2つのレベルに対応するマーケティング・コミュニケーションのアプローチ

出所：Fill（2011）より。

ではいかない。様々な要因が影響するからである。例えば，認知的な情報処理能力に優れた人だとしても，情報を詰め込みすぎた広告をいつも送り手の意図通りに情報処理できるわけではない。**情報過負荷（overloaded）**ということがあるからだ。こうした状況では，彼らは情緒型あるいは変容型の広告のほうに好意的な態度を抱きやすくなるだろう。Ranjbariyan and Mahmoodi（2009）も，時間の制約によるプレッシャーの下にある場合，消費者は購入意思決定に視覚的な手がかりを活用できるために変容型の広告を好むことを明らかにしている。

　ここまで，古典的な研究成果や理論的展開をもとに実証研究によって裏づけられた事柄を述べてきた。しかしながらこれらの知見の多くはデジタル化以前に発展してきたもので，現代社会における妥当性が十分なのかは疑問である。Foley et al.（2009）は消費者がどのように製品カテゴリーを構成するのかという研究を行い，ブランドの選択意思決定におけるリスク，報酬のレベル，意思決定を通じて得られる楽しさに応じて形成される製品カテゴリーを明らかにした。またそこでは消費者が構成した製品カテゴリーのタイプが異なると，意思決定にも異なるパターンがもたらされることが明らかにされた。以下に4つの分類を示す。

1．ルーチン（routine）
　対象をリスクは低いけれども見返りも少ないと消費者が知覚している場合である。したがって，ブランド選択における意思決定は慣性的に流され自動的に行われていく。

2．重荷（burden）
　対象をリスクが高い割には得られる見返りが少ないと消費者が知覚している場合である。情報探索が幅広く行われ，誰かの支援によって意思決定は左右される。

3．情熱（passion）
　消費者が製品やサービスと情緒的なエンゲージメントを持つため，対象がリスクも高いが得られる見返りも高いと考えられる場合である。このカテゴ

リーでは，象徴や意味がブランドと密接に結びつくため，高いレベルで自我や社会的リスクが反映される。

4．エンタテインメント（entertainment）
　対象がローリスクでありながら高い見返りが得られると消費者が考えている場合である。そのためここでの意思決定は，仮にそれが短い瞬間であっても，楽しい経験を伴うものとなる。

　以上の4つの分類は，消費者にリーチし有効な影響を与えるために必要なコミュニケーション戦略に示唆を与えている。例えば，それぞれのカテゴリーに合わせた最適なウェブサイトのタイプを検討することは，ターゲット・オーディエンスの理解やインサイトに直結し，マーケティング・コミュニケーションの策定につながるだろう。

第**9**章

消費者理解のその他のアプローチ

　これまで，いわゆる「合理的・認知的アプローチ」と呼ばれる考え方で，情報処理と意思決定について考えてきた。これらからは得るものも多く体系的な理解を築くのに有用であった。実際，多くの組織が調達プロセスをコントロールしマネジメントする際には論理的な購買手続きにしたがっている。

　しかし，消費者の意思決定がもはや直線的で論理的なジャーニーをたどっていないことは多くの組織が認識している。組織は今や顧客経験に関する論点を考察して，エンゲージメントを最大に高める機会となるカスタマー・ジャーニー上の特定の「タッチポイント」に焦点を合わせている。しかし，このようなアプローチも消費者の意思決定ジャーニーの全体像を見落としているという見方もある（Rawson et al., 2013）。この先に見ていくように，意思決定は消費者が意思決定に直面する際の様々な選択肢と結びついた情緒的価値と関わっている。Damasio（1996）は，人は時間的プレッシャーの下に置かれたりあまりに多すぎる選択肢に直面したりする時には，前向きな情緒的連想を最も多く喚起する選択肢を選ぶことで複雑な意思決定を解決するという（Kent-Lemon, 2013）。このような潜在的なヒューリスティクス（heuristics）は私たちが日常的に用いている情緒的な近道といわれており，意思決定に求められる時間や労力に制約があって合理的分析ができない時に用いられるという。

　消費者意思決定と消費者行動については様々な視点から展開が遂げられてきた。ここでは3つの考え方を紹介しよう。1つ目は快楽消費と呼ばれるもの，2つ目はトライバル消費と呼ばれるもの，そして最後は，決して新しいわけではないが近年注目を集めている行動経済学である。いずれもマーケティン

グ・コミュニケーションの活用に示唆を与える。

快楽消費

　購買者にとって，消費すること自体が高水準の関与を喚起させて情緒的なインパクトを与える製品やサービスがある。このことは**快楽消費**（hedonic consumption）と呼ばれる。Hirschmann and Holbrook（1982）はこのアプローチを「製品がもたらす多重的な感覚であり，空想的，情緒的な経験と結びつく消費者行動の局面」と述べている。この考え方のルーツはある部分はモチベーション・リサーチに，ある部分は認知的情報処理学派にあり，消費者が特定の製品の購買や消費でどのように情緒的反応を経験し，またなぜそれを求めるか，を説明しようとしている。

　経験的心象（historical imagery）は，例えばドレスの色，香水やコロンの香り，レストランや料理の匂いがきっかけとなって個人の記憶にある出来事を呼び起こし生じる。対照的に，空想的心象（fantasy imagery）は，購買者がとりどりの色合いや音，形といった事象を思い描き過去になかったような心理的経験を構成することで生じる。消費者は感覚的な快楽を作り出す中でリアリティをイメージするのである。例えば喫煙者であれば，自分自身をありふれた男らしさではなく，理想的なカウボーイ「マルボロ・マン」のようにイメージすることで勇気づけられる（Hirschmann and Holbrook, 1982）。

　フレグランスやラグジュアリー・ブランドの広告はしばしば，人が魅力と喜びに溢れた環境や状況に自分自身を投影させるような，例えばロマンチックな連想を育むようなイメージに基づいている。特定のフレグランスに強い連想を抱いている消費者は，何らかの特別なイメージを持ちながらそのフレグランスを使っているのである。広告はこうしたイメージを創造するのに活用されてきたし，そうすることでフレグランスのブランド連想から引き出される情緒的ベネフィットを強調している。Retiveau（2007）によると，快楽は香りの知覚と密接に結びついているという。

　このアプローチには多くの課題が残されている。主には測定の信頼性や妥当性をめぐる課題である。とはいえ，ターゲット・オーディエンスの夢や理想，欲望を正しく察知することは，プロモーション上のメッセージを創り出

すのに重要な貢献を果たすだろう。

トライバル消費

　消費を理解する次の新たなアプローチは，個人主義とトライブ（部族／仲間）に関する概念である。Cova（1997）は消費とアイデンティティに関わる考え方には2つの学派があるとした。北方学派は，消費は社会における個人のアイデンティティを明らかにすると考えている。人々は消費そのものを目的とし，何を消費するかを通じて人生における意味を選択する，という考えである。ここでは消費は個人にとって他者との差別化の手段である（Cooper et al, 2005）。

　一方南方学派は，個人よりも文化的社会的枠組みの維持を重視する。Maffesoli（1996）によれば，社会は人々の集団に影響を与え，集団の中に社会自体を繰り返し再編成していく。そのため，消費の役割は人々を多層なコミュニティや仲間たちと結びつける手段として進化していく。ここでは消費は仲間たちへの価値提供の手段である（Cooper et al., 2005）。

　Maffesoli（1996）は，現代文化は個人主義に基づくものではなく，「流動的で，状況に応じて集合したり離散したりする」ことで規定されると考察している。このことは，集団の多くは一過的なものであるとする社会集団の断片化（Hamilton and Hewer, 2010）になぞらえることができる。Jenkins（2006）によれば，トライブは参加型の文化を表現しており，そこではビジネスや社会的な関心とメンバー間での互いの連携とが一体となっている。

　トライブ（tribe）という用語は，「情緒，経験，ライフスタイル，消費パターンをシェアするメンバーによるコミュニティ」という特徴を持つ。仲間同士の交流を盛り上げるために（Cova et al., 2007），メンバーには自分たちのアイデンティティを再確認できる仕組みがあり，エンブレム，ウェブサイト，メンバー承認やサポートが交わされる。製品やサービスは実用的価値や個人のアイデンティティの感覚として消費されるのではない。彼らにとって消費はトライブのネットワークの中で提供されるつながり価値（linking value）のために重要であると考えられている。トライブは熱い思いや関心をシェアする者につながりを提供する。例えば，Hamilton and Hewer（2010）によれ

ば，ハーレーダビッドソンやサーブ，スター・トレックやX-ファイルといったブランド，スカイダイビングやダンス，ラフティングといったアドレナリンを沸き立たせる各種スポーツ，さらには，スポーツスター選手やセレブリティのファンになることが挙げられている。トライブは緩やかに相互が結びついたコミュニティで（Cova and Cova, 2001），そこでは，絆づくりやつながりづくりがトライブのメンバーシップを維持する鍵となる活動として展開されている。

　類似する関心を互いにシェアすることでコミュニティを結合させるインターネットの力によって，トライブはインターネット上に急速に増殖している。このようなe-トライブは伝統的なコミュニティとも同様の特徴を持っている。すなわち，儀式や伝統をシェアし，互いに同類意識を持ち，コミュニティとそのメンバーに対する責任感ないし義務の感覚を負う（Muniz and O'Guinn, 2001）。Kozinets（2008）はe-トライブを表現する8つの「E」を定めた。表3.5にまとめる。

表3.5　e-トライブの8つのE

Eの一覧	解説
Electronic（電子的）	インターネット・メディアを通じてコミュニケーションを図る
Enculturating（涵養する）	コミュニティの言語，行動，儀式，価値を学び適応する
Emotive（情緒的）	メンバーに高い水準の情緒的関与を抱く
Expressive（表現的）	クリエイティブで生産的な仕事に関わる
Empowered（力づけられる）	メンバーは活動から大きな満足を得る
Evangelical（布教熱心な）	メンバーシップは疑似宗教的なスピリチュアルな体験になぞらえられる
Emergent（突出した）	自発的に生み出され，企業のコントロール下ではなく自ら現れる
Entangled（巻き込まれた）	ネットワークの境界が重なったり，融合したりする

出所：Hamilton and Hewer（2010）によるKozinets（2008）の引用より。

160　第3部　オーディエンス・インサイト：情報処理と消費者行動

HamiltonとHewerによれば，この表はバーチャル世界のトライブを取り巻く環境の広がりや複雑さを表しており，開放的で機会が多いゆえに関心にしたがって人々が探求し，動き，遊び，熱くなってのめり込むさまを表している。Kozinets et al.（2008）によれば，その様子は誰もが子供時代に体験した心の内の懐かしい感情に通じるものだという。

マーケティング・コミュニケーションの実務家にとって，e-トライブやトライバル消費はそのことを認識することで初めて消費が受け容れられる傾向があり，明確に切り分けられるものではない。トライブが無遠慮に侵食してくることに警鐘を鳴らし，トライブの社会的なつながり行動を促す活動はメンバーにとって重要である場合にしか推奨できないという者もいる。企業や組織は聞き役を目指すべきであり，会話を育み「豊かな空間での活動」を提供することでトライブ「と一緒に」協働していくべきである（Hamilton and Hewer, 2010）。

行動経済学

トライバル消費が「合理的経済人」という見方を否定したように，行動経済学も人は「意思決定において基本的に非合理的で無意識の認知バイアスに動機づけられる」（Ariely, 2009）という考え方をとる。消費者行動を理解するこのようなアプローチは，近年人気を集めている**行動経済学（behavioral economics）**と呼ばれる考え方である。行動経済学の興味深い点の1つは確立された既存の考え方に挑戦的であるものの，実は低関与下の情報処理に関する考えとさほどかけ離れていない点である。

行動経済学は，古典的経済学理論に対する長年のフラストレーションから生まれてきた。従来型の経済学理論では，消費者は意思決定において合理的な選択をするばかりか，最小限の支出で最大の機会を得ることを求めるとされる。「合理的経済人」はこのコストの最小化と利益の最大化という考えに基づき，最も有利で効率的な経済的成果を得るために，考えられるベストな意思決定を行うとされる。経済学の古典的視点は広告にも反映されており，情報型の特性を持つUSPをいかに伝えるかということに集約されている。パーシル（洗濯洗剤のブランド）の「もっと白く洗おう」というスローガンが広告の伝統的視点の典型であるように，コア・メッセージは1つであり，パー

第9章 消費者理解のその他のアプローチ　161

シルは他の製品よりも，よりよく，より早く，より安全で，より清潔になる，ということを伝えている。一方，行動経済学の視点を活用した広告は情緒的コンテンツを用いて消費者を巻き込んだブランド連想を築こうとする。

古典的経済学は合理的な意思決定を仮定して，一般にメーカーや市場制度は，合理的にコントロールできるものと見なしている。しかし，2008年の銀行や多くの金融セクターのリーマンショックによって，この見方の有効性に深刻な疑問が投げかけられている。だからこそ行動経済学は，人々や組織の行動についての従来的な見方に挑戦しているのだ。実際，行動経済学が拠って立つ中心的基盤は行動である。この影響を受けて広告やマーケティング・

表3.6　行動経済学の要素

行動経済学の要素	解説
どのように （How）	手軽にできる方法を示して人々の意思決定を支援することで，今，行動することを促す。例えば，オンラインでフェスティバルのチケットを買うことは，電話で順番待ちをするよりも手軽である。「オプトアウト」を求める一連のスキーマは，人々に「オプトイン」を求める場合よりも望ましい行動を生みやすい。
いつ （When）	何か不承不承のことをさせられる時には，人は意思決定や行動を遅らせる傾向がある。例えば，禁煙，税金還付の書類を仕上げること，エッセイを書き始めるといったことである。
どこで （Where）	価格と知覚価値は重要ではあるが，意思決定を形成するのは場所と利便性である。「これをするためにあそこまでいかなければいけないのだろうか，ここでできたら便利なのに」という疑問はしばしば行動に影響を与える。
入手可能性 （Availability）	レア（希少）に見えるものは豊富に存在するものよりも高い価値をもつ。例えば，録音された音楽はあちこちにありネット上で無料でも手に入るが，ライブ音楽は希少であるがゆえに比較的高値がつく。
価格 （Price）	商品の価格は価値判断に影響を与える。したがって，製品やサービスに多くの金額を支払う人はベネフィットや利得を多く得られると知覚している。ただし，価格は文脈によって規定されるため，他の価値指標によって支えられる必要がある。
タスクの持続性 （Task Duration）	人は新しい行動を試してみることよりもすでにあるタスクを完了させることを好む。つまり，タスク表示のされ方は，人々の行動やタスクを完了する人数に影響を与える。フォームを埋めることには時間の節約といった報酬があるため気持ちを萎えさせにくい。抗生物質剤が色分けされれば，病気の治療を最後まで続ける人は増えるだろう。

162　第3部　オーディエンス・インサイト：情報処理と消費者行動

コミュニケーションに変化がもたらされている。なぜなら，その焦点は態度や信念や意見，USPや人々の行動意図にはなく，消費者がどのように行動するのか，実際何をするのか，という行動そのものに合わせられているからである。

消費者にそれまでの購買行動を変えさせ新しい行動をするように促すためには，意思決定に際して多大な骨折りは要らないと感じられるような選択肢を消費者に示すことが必要である。消費者からは自動的にすら感じられたり，Gordon（2011）がいうように「何も考えなくていい」と思えることが必要である。Thaler and Sunstein（2008）はこのことを**選択アーキテクチャ（choice architecture）**と表現した。この考え方は，バイアスのかからない中立的な選択などないとするものである。人は自分が欲しいものを絶対的な評価から選択するのではなく，入手可能なものから選択する。それとともに重要なのは，消費者は選択のために労力を費やしたり頭を悩ませたりするわけではなく，選択の手助けとなるヒューリスティクスや経験則を用いるということである。先述したように，ヒューリスティクスは情緒的動因に根差している。ビュー・ポイント3.4に行動経済学の活用事例があるので参照されたい。

人が一連の意思決定プロセスを順を追って進めていくという考え方は，現実とは乖離している。Kooreman and Prast（2010）やGrapentine and Weaver（2009）は，消費者の行動には自らの意図と合致しないことも多いこと，人は選択肢の提示のされ方に敏感であること，人の認知的能力には限界があることで一致した見解を示している。しかしながら，誰もが皆行動経済学によって物事がうまく運ぶと思っているわけではない。例えばMitchell（2010）はその概念の妥当性にいくつもの疑問を唱えている。

購入意思決定はすべての選択肢やその結果を評価するほど入念に意識的に行われているわけではない。意思決定は，絶対的な選択というよりも手近な選択肢の中で他との比較に基づいて行われる。意思決定は市場全体や数々の選択肢をくまなく見てなされるわけではなく，入手可能なものの中から行われる。Gordonがいうように「これはどんな気持ちにさせてくれるのだろう」といった情緒的，直感的なものであり，決して合理的なものではない。

行動経済学が広告やブランド・コミュニケーションに影響を与える主な領域の1つは，選択アーキテクチャである。実際にイギリス広告業協会（IPA, 2010）は行動経済学を取り入れ，キャンペーンの企画立案，購入意思決定，ブ

第9章 消費者理解のその他のアプローチ　163

ランド経験，行動変容，複雑な状況での選択のされ方においてその妥当性を明らかにしている。いずれこれらの研究成果が広告活動やブランド・コミュニケーションに反映されるかもしれない。

ビュー・ポイント3.4　行動経済学が行動を引き起こす

　様々な組織が行動経済学を活用しており，IPA（イギリス広告業協会）が支援した結果の一部は公開され情報やインサイトとして提供されている。いくつか例を挙げよう。

火災予防

　日常生活では，態度や意図が実際の生活行動とのつながりが非常に弱いことがしばしばある。例えば，火災警報器の点検は重要であるとは知ってはいるものの実際は十分実施されていない。その結果，イングランドでは住居の火災警報器が作動しなかったために毎年100人以上の人が自宅火災で亡くなっている。

　人々が火災警報器のテストをするように態度の形成を訴えかけるキャンペーンは以前から多数あったが，あるキャンペーンでは行動経済学のアイデアを活用し，点検にかかる手間の負担を少なく感じさせ，行動を促そうとした。そのキャンペーンでは火災警報器の点検を年に2回時計の時刻を合わせるのと同時に実施させ，今ある行動に便乗することで手軽にできるようにしたのである。

　家の中で時計が燃え尽きている，という単純で強烈なイメージが印刷物によるキャンペーンで展開された。この広告は法廷での自宅火災の事例を引用して作られており，そのねらいは時計の時刻を（年に2回）正確に合わせることと火災警報器を点検することとを重ねて映像化し行動を促すことであった。

ヒュンダイ

　消費者は新車を買おうとする時，その新車の価値が大きく下がることを心配している。ヒュンダイはこの問題への見方を構成し直すことで新車をプロモートしようとした。ヒュンダイは中古車になる時の価格の低下をためらいがちに語るのではなく，新車の購入者には購入後4年間価格を保証すると提案した。このことはテレビ広告によってコミュニケーションされ，人々の新車への知覚リスクを軽減したのである。

ロンドン交通局

　ロンドン交通局は何年にもわたって自転車通勤の利点を訴求してきたが，そのコミュニケーション活動はあまりうまくいかなかった。そこでロンドン交通局は，人々に訴え続けることをやめ，バークレイズの協賛を得て貸自転車の仕組みを導

164　第3部　オーディエンス・インサイト：情報処理と消費者行動

入したことで，以下の2つの行動が促された。1つは人々が自転車を借り，ロンドン市内の決まった場所に乗り捨てできるようにし，自転車を買う出費やメンテナンスや保管のコストがなくなったことである。もう1つは，自転車が手軽に乗れるようになったためバークレイズの目立ったロゴや自転車置き場がロンドン中で目に留まるようになり，人々の行動が変化したことである。

キャドベリーズ

　キャドベリーズは2003年に販売中止にしたウィスパ・バーを2007年に再発売し，そのキャンペーンとしてベボやマイスペース，フェイスブックといった様々なSNS上で情報を公開し，グラストンベリーでの屋外ロックフェスティバルにウィスパ・ファンを集めた。キャドベリーズはウィスパを単に再発売したのではなく期間限定の復刻版として復活させた。売上高は天井知らずの勢いで，ウィスパ・バーは定番製品として販売されるまでに至った。しかし，商品ではなく期間限定の復刻版ということが人々の購買への気持ちを後押ししていたために，顧客はまた離れてしまった。つまり，復刻の機会を逃したくないという気持ちが需要を刺激していたのである。

出典：Huntley and Hoad（2014）；McCormick（2011）；Panlogic（2011）

> 問い：あるブランドについて行動経済学の原理がどう使われているか考えてみよう。
> 課題：製品カテゴリーを3つ取り上げ，コミュニケーションの促進に行動経済学が応用されている点を書き留めてみよう。

第3部のキー・ポイント

1) 情報が処理され購入行動が期待されるに先立って，製品やサービス，組織の存在やそれに接触できることが認知されていなければならない。マーケティング・コミュニケーション活動の多くは，ターゲット・オーディエンスの注目を獲得することに向けられている。

2) 消費者からの**注意**は市場の特性に準じ，組織（ないしオーディエンス）が直面しているその時点の特定の文脈に合うように，創られ，展開され，洗練され，継続されなければならない。

3) **知覚**とは，個人が環境をどのようにとらえ理解するかということである。

個人が刺激を知覚，編成，解釈する方法には，その人の過去の経験や日常生活において日々様々な状況を理解する枠組みが反映される。

4) マーケティング・コミュニケーションは様々な刺激を用いてブランドを**ポジショニング**するために活用され，消費者がそれを認識してくれることを目指す。

5) **行動的学習**には3つの重要な要素がある。それは連合（association），強化（reinforcement），動機づけ（motivation）である。行動は，特定の刺激と反応とが条件づけの体験を経て学習される。

6) **認知的学習**では，学習を個人が直接に環境をコントロールしようとする機能ととらえる。認知的学習は問題解決のための情報処理であり，このプロセスの中心は記憶である。

7) 情報を取り扱うプロセスは単純なものから複雑なものまで多岐にわたる。主なプロセスに，**象徴化（iconic），モデリング（modelling），推論（reasoning）**の3つがある。

8) **態度**は経験を通して形成された先有傾向を持ち，それはある対象や状況への反応が予期されるものである。態度は過去の経験を通じて学習され，思考と行動とをつなぐ。態度は個人の中で一貫性を保つ傾向を持ち，細分化されるが相互に関わり合うことが多い。態度は**認知的，感情的，行動的な3つの要素**が相互に関わり合って構成される。それらは，学習（learn），感情（feel），行動（do）とも言い換えられる。

9) マーケティング・コミュニケーションは，ターゲットの態度に影響を与えるために活用される。キャンペーンが展開される際には，ターゲット・オーディエンスが現有する態度と望ましい態度とを考慮する必要がある。コミュニケーション活動は，オーディエンスが情報（学習）や情緒的性質（感情）を求めているのかどうか，あるいは特定の振る舞い（行動）を促すことが必要かどうか，に焦点が当てられる。

10) 古典的な理論では，購買者が購入意思決定を下しそれを実行するのに一般に5つの段階があることが示唆されている。つまり，**問題認識，情報探索，選択肢評価，購入意思決定，購入後評価**である。組織はマーケティング・コミュニケーションを様々に活用してこれら各段階に影響を与えようとする。

11) 購買者は常に一般的な購入意思決定の流れを順に追うわけではなく，**問題解決行動**として３つのタイプに分けられる。それは，**包括的問題解決（EPS），限定的問題解決（LPS），日常的反応行動（RRB）**である。これらは時間的制約，知覚リスクのレベル，購買者の製品タイプへの関与の程度によって異なる。

12) 組織の購入意思決定プロセスは６つの主要な段階から構成される。それらは，**ニーズ／問題認識，製品の特定，サプライヤー／製品の探索，提案評価，サプライヤーの選定，評価**である。

13) 組織の購入意思決定には様々な人が関わってくる。使用者（user），影響者（influencer），決定責任者（decider），購買担当者（buyer），窓口（gatekeeper）である。それぞれが異なる機能を果たし，様々な程度で購入意思決定に影響を与える。また，それぞれの意思決定に影響を与えるべく，それぞれに合わせて異なる種類のマーケティング・コミュニケーションを必要とする。

14) 消費者も組織購買者も，購入意思決定に際して**リスク**を経験する。このリスクとは，提案された購入の不確実性や購入を決めた結果に不安を覚えることである。この知覚リスクには，**自我的リスク，社会的リスク，物理的リスク，金銭的リスク，性能的リスク**，の５つのタイプがある。

15) 組織のための購入決定は，個人またはグループによって行われるが，組織の問題や文脈上の問題の範囲に応じて経験されるリスクのタイプは異なる。そのため，マーケティング・コミュニケーションには，消費者および組織購買者のリスクを低減することが重要なタスクとなる。

16) **関与**とは特定の購入状況における自分との関連性や知覚リスクの程度である。個人は製品やサービスを購入しようとする際には何らかの関与を経験することになる。

17) 関与のレベルは，ターゲット市場のメンバーそれぞれが製品購入や関連コミュニケーションに馴染みがあるかどうかによって，時間とともに変化する。購入意思決定の時点で関与は高いか低いかのどちらかである。

18) 製品やサービスの中には消費すること自体が購買者に情緒的インパクトをもたらすために高いレベルの関与を呼び起こすものがある。このことを**快楽消費（hedonic consumption）**といい，消費者それぞれの多感

覚的，空想的，情緒的な側面から経験と製品とが結びついた行動である。快楽消費には経験的心象（historical imagery）と空想的心象（fantasy imagery）の2つの側面がある。

19）**トライブ（部族／仲間）**とは緩やかにつながったコミュニティであり，絆やつながりがトライブのメンバーシップを維持する鍵となる行動として表れる。トライブは情熱や関心をシェアする人々につながりを提供し，**トライバル消費**とは，実用的価値や個人のアイデンティティの感覚のためではない消費をいう。そのような消費はトライブのネットワークに提供される「つながり価値」にとって重要だと考えられている。

20）トライブは，類似した関心をシェアしコミュニティとしてまとめる力を持つインターネットの力によって，インターネット上に増殖している。このような**e-トライブ**は，伝統的なコミュニティとも同様の特徴を持つ。すなわち，儀式や伝統，同類意識を持ち，コミュニティとそのメンバーに対し責任感ないし義務感をシェアしている。

21）**行動経済学**は，人は合理的というよりもむしろ非合理的な意思決定をするという考えに基づいている。その中心的基盤は，態度や意見ではなく実際の行動である。人は絶対的に欲しいものではなく，手に入るものに基づいて選択をする。

第3部のレビュー・クエスチョン

1．購買分類，購買センター，EPS，LPS，RRBについて，それぞれ簡単にまとめてみよう。

2．高関与下の意思決定プロセス，低関与下の意思決定プロセスについて説明してみよう。これらを理解することでマーケティング・コミュニケーションの実践にはどのように役立つであろうか。

3．態度の構成要素について特徴を簡単にまとめ，マーケティング・コミュニケーションが態度変容にどのように活用されているか説明してみよう。

4．トライバル消費と快楽消費の例を挙げてみよう。

5．行動経済学とはどのようなものだろうか。また，マーケティング・コミュニケーションにとってどのような意味を持つだろうか。

第3部　さらなる考察のための学術論文

Guthrie, M. F. and Kim, H. S. (2009) The relationship between consumer involvement and brand perceptions of female cosmetic consumers, *Journal of Brand Management*, 17(2), 114-33.

　本論文には消費者知覚に基づくセグメンテーションがどのように行われるか，そして，これによってブランド・コミュニケーションがどのようにして適切なイメージを構築してきたか，が示されている。

Heath, R. (2001) Low involvement processing - a new model of brand communication, *Journal of Marketing Communication*, 7, 27-33.

　本論文は低関与下の情報処理とコミュニケーションを通じたブランドの学習がどのようになされるかを検討し，低注意下／高注意下における理論を提唱している。

Stone, R. N. and Grouhaug, K. (1993) Perceived risk: further considerations for the marketing discipline, *European Journal of Marketing*, 27(3), 39-50.

　知覚リスクの概念はBauerによってずいぶん前に導入されたが，本論文は知覚リスクに関わるインサイトを提供し，購入意思決定の際に消費者が経験する不確実性にも言及している。

Hamilton, K. and Hewer, P. (2010) Tribal matterning spaces: social-networking sites, celebrity affiliations, and tribal innovations, *Journal of Marketing Management*, 26(3-4), 271-89.

　本論文は有名人に焦点を当てたソーシャル・ネットワークを取り扱い，その有名人の人気を高めるような，ファンたちの相互作用，つながり，創造性について考察している。

■参考文献

Anon (2011) Voluntary sector: the week in charities, *PR Week UK*, 4 November, retrieved 21 March 2012 from www.brandrepublic.com/features/1102013/ Voluntary-Sector-Week-Charities/?DCMP=ILC-SEARCH.

Ariely, D. (2009) The end of rational economics, *Harvard Business Review*, July–August, 78–84.

Bauer, R.A. (1960) Consumer behaviour as risk taking, in *Dynamic Marketing in the Changing World*, (ed. R.S. Hancock) Chicago, IL: American Marketing Association,

389–98.

Birkner, C. (2014) Fear factor: scary situations can result in greater brand attachment, research shows, *Marketing News*, June, 98–112.

Bolger, M. (2014) Exodus's digital strategy, The *Marketer*, March, retrieved 8 June 2015 from www.themarketer.co.uk/how-to/case-studies/ exodus-digital-strategy/.

Bommel van, E., Edelman, D. and Ungerman, K. (2014) Digitising the consumer decision journey, *McKinsey*, June, retrieved 14 January 2015 from www.mckinsey. com/insights/marketing_sales/digitising_the_consumer_ decision_journey?cid=other-eml-nsl-mip-mck-oth-1406.

Bonoma, T.V. (1982) Major sales: who really does the buying? *Harvard Business Review*, May/June, 113.

Bowersox, D. and Cooper, M. (1992) *Strategic Marketing Channel Management*, New York: McGraw-Hill.

Chang, H.-S. and Hsiao, H.-L. (2008) Examining the casual relationship among service recovery, perceived justice, perceived risk, and customer value in the hotel industry, *The Service Industries Journal*, 28 (4), May, 513–28.

Cohen, J. and Basu, K. (1987) Alternative models of categorisation, *Journal of Consumer Research*, March, 455–72.

Cooper, S., McLoughlin, D. and Keating, A. (2005) Individual and neo-tribal consumption: tales from the Simpsons of Springfield, *Journal of Consumer Behaviour*, 330–44.

Court, D., Elzinga, D., Mulder, S. and Vetvik, O.J. (2009) The consumer decision journey, *McKinsey Quarterly*, June, retrieved 15 January 2015 from www.mckinsey.com/insights/marketing_sales/ the_consumer_decision_journey.

Cova, B. (1997) Community and consumption: towards a definition of the 'linking value' of product or services, *European Journal of Marketing*, 31 (May), 297–316.

Cova, B. and Cova, V. (2001) Tribal aspects of postmodern consumption research: the case of French in-line roller skaters, *Journal of Consumer Behaviour*, 1 (1), 61–76.

Cova, B., Kozinets, R.V. and Shankar C.A. (2007) *Consumer Tribes*, Oxford: Butterworth-Heinemann.

Cox, D.F. and Rich, S.U. (1967) Perceived risk and consumer decision making – the case of telephone shopping, in *Consumer Behaviour*, (ed. D.F. Cox) Boston, MA: Harvard University Press.

Damasio, A.R. (1996) The somatic marker hypothesis and the possible functions of the prefrontal cortex, *Transactions of the Royal Society (London)*, 351 (1346), 1413–20.

Dunn, L. and Hoegg, J. (2014) The impact of fear on emotional brand attachment, *Journal of Consumer Research*, 41 (June), 152–68.

Eleftheriou-Smith, L.-M. (2011) Clare Mullin on cleaning out the cobwebs at the National Trust, *Marketing*, 24 August, retrieved 21 March from www.brandrepublic. com/features/1085979/Clare-Mullin-cleaning-cobwebs- National-Trust/?DCMP=ILC-SEARCH.

Fill, C. (2015) In with the new: what can we learn from the newcomer story? In *Advertising*

Works 22 (ed. L. Hawtin), IPA Effectiveness Awards 2014, London: WARC, 239–43.

Foley, C., Greene, J. and Cultra, M. (2009) Effective ads in a digital age, *Admap*, 503 (March), retrieved 2 June 2010 from www.warc.com/articlecentre.

Fried, M. (1963) 'Grieving for a Lost Home', in *The Urban Condition: People and Policy in the Metropolis* (ed. Leonard J. Duhl) New York: Basic Books, 151–71.

Gordon, W. (2011) Behavioural economics and qualitative research – a marriage made in heaven? International *Journal of Market Research*, 53 (2), 171–85.

Grapentine, T.H. and Altman Weaver, D. (2009) What really affects behaviour? *Marketing Research*, 21 (4), Winter, 12–17.

Grass, R.C. and Wallace, H.W. (1969) Satiation effects of TV commercials, *Journal of Advertising Research*, 9 (3), 3–9.

Hamilton, K. and Hewer, P. (2010) Tribal mattering spaces: social-networking sites, celebrity affiliations, and tribal innovations, *Journal of Marketing Management*, 26 (3–4), 271–89.

Harris, G. (1987) The implications of low involvement theory for advertising effectiveness, *International Journal of Advertising*, 6, 207–21.

Hawkins, D., Best, R. and Coney, K. (1989) *Consumer Behaviour*, Homewood, IL: Richard D. Irwin.

Heath, R. (2000) Low-involvement processing, Admap, March, 14–16.

Heath, R. (2001) Low involvement processing – a new model of brand communication, *Journal of Marketing Communications*, 7, 27–33.

Hirschmann, E.C. and Holbrook, M.B. (1982) Hedonic consumption: emerging concepts, methods and propositions, *Journal of Marketing*, 46 (Summer), 92–101.

Huntley, A. and Hoad, A. (2014) Fire safety – IPA effectiveness awards 2014, retrieved 15 January 2015 from www.ipa.co.uk/page/fire-safety-2014-ipaeffectiveness- awards-shortlist-interviewÄ#.VLffpUesUh8.

IPA (2010) Behaviour Economics: *Red Hot or Red herring?* London: IPA.

Javalgi, R., Thomas, E. and Rao, S. (1992) US travellers' perception of selected European destinations, *European Journal of Marketing*, 26 (7), 45–64.

Jenkins, H. (2006) *Fans, Bloggers and Gamers: Essays on Participatory Culture*, New York: New York University Press.

Kent-Lemon, N. (2013) Researching implicit memory: get to the truth, *Admap*, May, retrieved 16 January 215 from www.warc.com/Content/ContentViewer. aspx?ID=dd4efd93-d775-42b3-bcdb-569f914b74a 7&MasterContentRef=dd4efd93-d775-42b3-bcdb- 569f914b74a7&Campaign=admap_may13.

Kooreman, P. and Prast, H. (2010) What does behavioural economics mean for policy? Challenges to savings and health policies in the Netherlands, *De Economist*, 158 (2), June, 101–22.

Kozinets, R.V. (2008) e-Tribes and marketing: the revolutionary implications of online communities, Seminar presented at Edinburgh University Business School, 24

November 2008.

Kozinets, R.V., Hemetsberger, A. and Schau, H.J. (2008) The wisdom of crowds: collective innovation in the age of networked marketing, *Journal of Macromarketing*, 28 (4), 339–54.

LaTour, M.S.C. and Rotfeld, H.J. (1997) There are threats and (maybe) fear-caused arousal: theory and confusions of appeals to fear and fear arousal itself, *Journal of Advertising*, 26 (Autumn), 45–59.

Maffesoli, M. (1996) *The Time of Tribes*, London: Sage.

Marshall, S.L.A. (1947) *Men Against Fire*, New York: Morrow.

McCormick, A. (2011) Behavioural economics: when push comes to nudge, *Marketing*, 19 May 2011, retrieved 27 April 2012 from www.brandrepublic.com/features/1070184/Behavioural-economics-When-pushcomes- nudge/?DCMP=ILC-SEARCH.

McGuire, W. (1978) An information processing model of advertising effectiveness, in *Behavioural and Management Science in Marketing* (eds H.J. Davis and A.J. Silk), New York: Ronald Press, 156–80.

McMeeken, R. (2012) A fresh start, *The Marketer*, March/ April, 22–4.

McNeal, M. (2013) A never-ending journey, *Marketing Insights*, Fall, retrieved 21 August 2014 from https:// www.ama.org/publications/MarketingInsights/Pages/ trader-joes-retail-customer-experience-consumerbehaviour- marketing-metrics-big-data.aspx.

McQuiston, D.H. and Dickson, P.R. (1991) The effect of perceived personal consequences on participation and influence in organisational buying, *Journal of Business*, 23, 159–77.

Mitchell, A. (2010) Behavioural economics has yet to deliver on its promise, *Marketing*, 15 September, 28–9.

Moran, W. (1990) Brand preference and the perceptual frame, *Journal of Advertising Research*, October/ November, 9–16.

Muniz, A.M. and O'Guinn, T.C. (2001) Brand community, *Journal of Consumer Research*, 27 (4), 412–23.

Panlogic (2011) Getting people to do what you want, retrieved 4 September 2011 from www.panlogic.co.uk/ downloads/Behavioural-Economics-Getting-people-to-dowhat-you-want.pdf.

Petty, R.E. and Cacioppo, J.T. (1979) Effects of message repetition and position on cognitive responses, recall and persuasion, *Journal of Personality and Social Psychology*, 37 (January), 97–109.

Ranjbariyan, B. and Mahmoodi, S. (2009) The influencing factors in ad processing: cognitive vs. affective appeals, *Journal of International Marketing and Marketing Research*, 34 (3), 129–40.

Rawson, A., Duncan, E. and Jones, C. (2013) The truth about customer experience, *Harvard Business Review*, September, 90–98, retrieved 21 August 2014 from http://hbr.org/2013/09/ the-truth-about-customer-experience/.

Retiveau, A. (2007) The role of fragrance in personal care products, retrieved 26 October 2008 from www. sensoryspectrum.com/presentations/Fragrances.

Reynolds, J. (2012) KFC rolls out 'his and hers' ads, *Marketing*, 15 February, p. 4.

Robinson, P.J., Faris, C.W. and Wind, Y. (1967) *Industrial Buying and Creative Marketing*, Boston, MA: Allyn & Bacon.

Rossiter, J.R., Percy, L. and Donovan, R.J. (1991) A better advertising planning grid, *Journal of Advertising Research*, October/November, 11–21.

Settle, R.B. and Alreck, P. (1989) Reducing buyers' sense of risk, Marketing *Communications*, January, 34–40.

Staff (2013) National Trust: 50 things to do before you're 11., PR Week, 15 July, retrieved 19 February 2015 from www.prweek.com/article/1191017/ national-trust-50-things-youre-11-3-4.

Stone, R.N. and Gronhaug, K. (1993) Perceived risk: further considerations for the marketing discipline, *European Journal of Marketing*, 27 (3), 39–50.

Strong, E.C. (1977) The spacing and timing of advertising, *Journal of Advertising Research*, 17 (December), 25–31.

Thaler, R. and Sunstein, C. (2008) *Nudge: Improving Decisions About Health, Wealth and Happiness*, New York: Yale University Press.

Webster, F.E. and Wind, Y. (1972) *Organisational Buying Behaviour*, Englewood Cliffs, NJ: Prentice Hall.

Williams, K.C. (1981) *Behavioural Aspects of Marketing*, London: Heinemann.

Zielske, H.A. (1959) The remembering and forgetting of advertising, *Journal of Marketing*, 23 (January), 239–43.

第**4**部
マーケティング・コミュニケーションはどのように機能するのか

マーケティング・コミュニケーションにとって知覚，情緒，態度，情報，行動パターンといった様々な要因が複雑に絡み合いながら機能するさまを理解しようというのは，それ自体が挑戦的なテーマである。マーケティング・コミュニケーションがどのように機能するのかを理解するには，この込み入った商業活動の複雑さや矛盾を認識し，そこに注意を払う必要がある。

目的とねらい

第4部では，マーケティング・コミュニケーションの機能に関わる理論的なコンセプトを検討し，事業主はどのようにすればマーケティング・コミュニケーションを最大限活用できるのか理解し，その複雑さについて考察する。

第4部のねらい：
1 マーケティング・コミュニケーションの戦略，エンゲージメント，役割に対する考え方を明らかにする。
2 マーケティング・コミュニケーションが一連の段階的なプロセスをどのように経るかを説明する。
3 消費者の態度に影響をもたらすために，マーケティング・コミュニケーションをどのように活用できるかを理解する。
4 マーケティング・コミュニケーションを活用して形成される関係性のあり方を評価する。
5 マーケティング・コミュニケーションが意義深い価値をどのように生み出すかを考察する。
6 マーケティング・コミュニケーションが人々の情報処理を手助けするのに果たす役割を検討する。

事例▶マッケイン―レディ・ベイクド・ジャケット（RBJs）

　ジャケット・ポテト（ベイクド・ポテトの別の呼び方）は，伝統的にはオーブンで1時間以上もかけて調理されるものである。その味わいや香り，食感は人々をとても満足させるが，調理にかかる時間の長さが困りものであった。そのため，多くの消費者がジャケット・ポテトを電子レンジで手早く調理しようとすることは驚くことではない。ただ，電子レンジで調理すると水っぽく味気ないものとなり，空腹を満たすだけのものにしかならない。そこで消費者は，オーブンで焼く時間をかけるか，電子レンジを使い，味には妥協するかを迫られることになる。

　この話は，ポテトで有名なマッケインがチャレンジした価値あるコマーシャル展開である。マッケインの有名な「オーブン・チップス」は，極めて高品質な冷凍ポテトとしてブランドへの信用が築かれた。マッケインは12か月の製品開発期間を経て，たった5分で調理でき，しかもオーブンで焼いたのと同じような味わいを持つベイクド・ポテトを開発し，この妥協をなくしたのである。

　レディ・ベイクド・ジャケット（RBJs）はマッケインによってじっくり調理されたふかふかのジャケット・ポテトで，消費者が電子レンジでわずか5分で調理できるように冷凍されたものである。

　この製品の新発売コミュニケーションでは，新規顧客を獲得し，冷凍ポテトを買う気のない消費者に冷凍食品売場へ足を運んでもらう必要があった。さらには，自分でジャケット・ポテトを作る消費者すらもマッケインのRBJsを食べるよう心変わりさせたいという思惑もあった。

　調査で明らかになったのは，消費者には，レンジでたった5分で調理できる冷凍ジャケット・ポテトがオーブンで焼いたように美味しいとはにわかには信じられなかったということである。そのため，マッケインはコミュニケーションによって消費者の食欲をそそり，調理プロセスの簡単さよりも出来上がった美味しさに焦点を当て，食品ブランドとしての信用を高めようと

した。そこで，一連のコミュニケーションでは極めてシンプルなメッセージを伝えるように展開された。新製品はまさにオーブンで焼いたような美味しさで，それは口先だけでなく実際にそうなのだと伝えた。そのことを信じるには3つの重要な鍵となる根拠が必要だった。匂い，味，ふかふかの食感である。

調査からはまた，電子レンジ食品にネガティブな連想を持っていた消費者でもその多くが，RBJsの匂いをかぎ，その味を知ることで態度を変えることが分かった。「本当に美味しい」とか「オーブンで調理されたジャケット・ポテトと同じ味」というコメントが寄せられたことで，マッケインのコミュニケーションは消費者に確信を持たせブランドへのトライアルへと駆り立てたのである。

この製品を疑わしく思うオーディエンスに対してマッケインは，広告だけに頼ってRBJsがどれほど美味しいのかを伝えるのではなく，むしろ，RBJsを試してみた人々のポジティブな発言やコメントを通じて，疑いを持つ人々の気持ちを揺さぶり，広告メッセージ以上の効果をもたらしたのであった。すなわち，RBJsの新発売は強力なクチコミ要素も取り込んだのである。

コミュニケーション戦略は，ペイドメディア，オウンドメディア，アーンドメディアに合わせて3つのポイントの訴求が展開され，それぞれコミュニケーション上のタスクを担っていた。認知向上や食べたい気持ちの喚起と食欲への訴求はペイドメディアに重点が置かれ，トライアルにはオウンドメディア，アドボカシーと会話にはアーンドメディアが活用された。

認知向上と食欲への訴求

2012年2月に大量のTVキャンペーンが新製品の広範な認知獲得を目指して展開された。マッケインは，懐疑的なオーディエンスでも「5分でできるジャケット・ポテト」というコンセプトに心が動かされるタイミングを突き止めた。それはオーブンで1時間かけて始めから料理するにはもう遅すぎるというタイミングである。マッケインは「午後9時がジャケット・ポテトの分岐点」というコンセプトを立て，この時間帯に十分なテレビ投下量を確保した。

キャンペーンは新聞や屋外広告でも拡張され，食欲をそそる製品ビジュア

ルがあちこちに展開され，食べたくなるようなアピールを最大化した。さらに，人々が夕食に何を食べようか考えながら帰宅するタイミングでも食欲を刺激した。マッケインは20か所以上の大型デジタルスクリーンを活用して，毎日夕方午後4時にキャンペーンを開始したのであった。

マッケインはフランスの広告会社ジェー・シー・ドゥコーと協働して10か所のバス停をオリジナルデザインで作り，英国中にマッケインのジャケット・ポテトのユニークな経験を伝達した。バス・シェルターに組み込まれたファイバーグラス製のまるで本物のようなポテトからジャケット・ポテトの心地よい温かさが伝わり，底冷えする2月にかじかんだ手を温められるというものであった。ジャケット・ポテトの匂いほど食欲をそそるものはないというインサイトから，消費者がバス停を通りすぎるまさにその時のタイミングで出来立てのベイクド・ポテトの匂いが吹き出したのである。

最後に，実際に味わうことを促すために，このバス・シェルターには6枚組のクーポンが設置された。ボタンを押すと消費者は50％オフのクーポンがもらえ，それによってマッケインのジャケット・ポテトを自分自身で試してみたくなるという仕掛けである。英国ではこの種のキャンペーンは初めてである。

写真4.1　RBJsのデザインしたバス停

トライアルの促進

　製品認知の高まりを受けて，オウンドメディアではトライアル促進が図られた。すべての製品パッケージに「返金保証」と書かれ，もしお客様が製品に満足しなかったらお金を払わなくても構わないと伝えることで，購入に迷っている顧客を安心させたのである。

　さらにトライアルを促すため，広範なクーポンキャンペーンが並行して実施された。新発売時期には300万枚の割引クーポンが様々なチャネルを通じて配布された。これらのクーポンが功を奏し，30万人の新規顧客が生み出された。

　MSNやAOLのオンライン・ディスプレイ広告は，ショッピングサイトMySupermarket.co.ukのスポンサード・セクションに消費者の直接トラフィックを誘導した。このサイトでは行動ターゲティングによる広告露出も行われ，粉チーズやベイクド・ビーンズのようなジャケット・ポテトのトッピングに使われる製品を閲覧した消費者も行動を促された。ベイクド・ポテトを一から調理する消費者に向けては，サイト内の生鮮じゃがいもコーナーにもWeb広告が配置された。

　店舗内での販売を最大化するための購買前最後の呼びかけとして，地理的ターゲティングによるテキスト・メッセージを用いたキャンペーンが展開され，スーパーに入店した買い物客の行動を促した。ここでは30万件以上のテキスト・メッセージが国内大手小売業者の買い物客に送信されることとなった。

アドボカシー（推奨）と会話

　食通でグルメな人や簡便な食品を怪訝に思っていた人たちもいた。しかし，トム・パーカーボウルズ（デイリー・メイル紙のフードライター）やアレックス・ジェイムズ（ザ・サン紙のフードライター）は，一度このポテトを賞味した途端，最も影響力のある推奨者に変わってしまった。マッケインは全国紙に加えTV番組制作にも働きかけて，英国で最も人気のある有名人たちからの推奨を得ることができた。チャンネル5の『ザ・ライト・スタッフ』に出演しているマシュー・ライトや，ITVの『ディス・モーニング』に出演しているホリー・ウイルビー，フィリップ・スコフィールドなどである。

　RBJsは，グッド・ハウスキーピング協会（GHI）の審査を通過したことで，

すべてのコミュニケーションやパッケージでGHIによる認証表示が使われるようになり，製品にさらなる信憑性が添えられた。フェイスブックのブランドページは認知を引き上げ，10万件以上の「いいね」が寄せられた。さらに最も重要なことは消費者の間でRBJsについての会話が起こり盛り上がり増殖されたことであった。新製品に対するポジティブなレビューが寄せられ，それはページを訪れた人が最初に目にする場所に掲載されていった。

結果

ペイドメディアは非常に有効に機能した。ターゲットの知名度を劇的に押し上げ（たった6週間で56％の再認認知率），インプレッション効率は1人あたり1.25ポンドを記録した。ペイドメディアはRBJsの全売上を19％高め，推計メディア効果は平均の倍ともなったのである。

マッケインのRBJsは2012年のFMCGにおける最も成功した新発売事例（Kantar Worldpanel）に挙げられ，2012年12月にはその累計浸透度は15.6％に達し，約410万世帯で購入された。これは初年度の目標を50％上回るものであった。

（このケースは，PHDのメディア・ディレクター，レベッカ・クレイによる。）

■ クエスチョン ■

1．マッケインは，RBJsへの態度変容を果たすためにマーケティング・コミュニケーションをどのように活用したのだろうか。

2．マッケインのマーケティング・コミュニケーションは，取引的交換に基づく関係性，協働的交換に基づく関係性の影響をどのように受けていただろうか。

3．意義深い価値というコンセプトからは，RBJsの導入はどのように解釈できるだろうか。

4．マッケインがオーディエンスとエンゲージメントを結ぼうとしたやり方について話し合ってみよう。

5．マッケインのメディア活用の仕方を態度の構築を補いあうという観点から説明してみよう。

第10章

マーケティング・コミュニケーションを
説明する

はじめに

　マッケインのケースからは，マーケティング・コミュニケーションが新製品の市場導入に活用された際の事情が分かる。様々な手法，メディア，メッセージが，ある共通のテーマのもと一定期間内に，策定されたブランド・メッセージを強化するべく用いられた。しかし，これらの要素がどのように組み合わされ，マーケティング・コミュニケーションが実際にどのように機能させられていくのかは必ずしも明確ではない。第4部ではこの点を明らかにし，我々の理解の助けとなるいくつかの概念やフレームワークを紹介していく。広告がどのように機能するのかについては多くの考えが広く知られているのに，マーケティング・コミュニケーションがどのように機能するのかという考察は後回しになっているようである。統合型マーケティング・コミュニケーション（IMC）の考察に大変多くの労力が注がれていることを思うと妙な話に思えてくる。ただし，マーケティング・コミュニケーションがどのように機能するのかについては，幅広いコンセンサスを得た統一された説明はなされていない。そこで第4部では，マーケティング・コミュニケーションがどのように機能するのかについて様々な説明と解釈を見ていくことにしよう。

戦略―マーケティング・コミュニケーションでの事業命題

　マーケティング・コミュニケーションは長きにわたって，単に戦術的な作戦の遂行の問題として考察されてきた。製品メッセージをどのオーディエン

スに伝達するかが論点であり，その視点ではコミュニケーションが効果的ならばオーディエンスは製品を購入すると考えられてきた。その考えの下では，様々な手法を組み合わせ同期化すること，メッセージを強化すること，ターゲット・オーディエンスを理解すること，コミュニケーション諸活動を全体戦略に適合させることなどには真剣な考察が払われてこなかった。しかし，このようなタコツボ（縦割り）的な考え方は今やまったく変わってしまっている。幅広いステークホルダーに焦点が合わせられるようになり，関係性マーケティングが熱心な注目を集め，デジタルテクノロジーによるメディアへの適用は急速に進み，その結果，様々な問いかけが生まれ，それを介して統合型マーケティング・コミュニケーションへと志向が高まった。これらの動きはマーケティング・コミュニケーションの戦略的方向づけという論点を浮かび上がらせ，その重要性を高めることになった。

　マーケティング・コミュニケーションは，企業レベルの戦略を反映しマーケティング・プランや関連活動をサポートできるように妥当性を持って機能させていくべく議論されるようになってきた。しかし，マーケティング・コミュニケーションは単に戦略を補完するものではない。組織のマーケティングや事業の命題そのものを取り込んだものでなければ，それは機能しないのである。

エンゲージメントとマーケティング・コミュニケーションの役割

　第1部では「エンゲージメント」という用語を紹介して，マーケティング・コミュニケーションの役割を説明した。「エンゲージメント」も統合型マーケティング・コミュニケーションと同様に広く使われているものの，評論家やジャーナリスト，学者たちの間で定見が一致しない言葉ではある。

　しかし，確実にいえるのは，エンゲージメントが起こるには，それがどのようなレベルであれ，はじめに注意ないし認知を獲得することが不可欠であるということだ。エンゲージメントには主に2つの要素があると考えられている。認知的な要素と情緒的な要素である（Thomson and Hecker, 2000）。認知的な要素とは，合理的で機能的な情報処理に基づいてオーディエンスがブランドと関わりを持つことをいう。一方，情緒的な要素とは，情緒的で表現に富む情報に基づいてオーディエンスがブランド価値と関わり，強い結び

つきを持つことである。

したがって，マーケティング・コミュニケーションはオーディエンスの情報処理のスタイルやニーズ，メディアへの接触傾向をベースとすべきである。コミュニケーションは認知的なニーズに見合う合理的情報と，情緒的なニーズに見合う表現豊かなコミュニケーションとのバランスを適切にとるべきである。この考えはとても重要であるため，あらためて後述する。

Brakus et al.（2009）はエンゲージメントを（ブランド）経験の一形態だという。彼らによるとエンゲージメントには2つの次元があり，そのどちらもデザイン，パッケージ，アイデンティティ，コミュニケーションや周囲の環境といった，ブランド関連の刺激によって喚起されるという。1つ目の次元は心の中からの反応として個人レベルで主体的に経験される感覚，感情や認識から起きる反応であり，2つ目の次元は外からの刺激が誘発する行動的反応である。このことからマーケティング・コミュニケーションの主要な役割は，以下の2つのいずれかをもって顧客とエンゲージメントを結ぶことと結論づけられる。

- メッセージそのものへの反応を引き出し，それを認知の向上やブランド連想に反映させ，ブランド価値を育むとともに市場およびターゲット・オーディエンスの心の中にブランド・ポジショニングの確立を図る。
- ブランドそのものへの反応を引き出す。これによって，特定の番号への電話，ウェブサイトへの訪問，店舗やショールームへの来店，ゲームや特売などのエンタテインメントへの参加を促す。メッセージに込められたこのような行動促進要素のことを，**コール・トゥ・アクション**（call-to-action：**行動のきっかけ**）という。

エンゲージメントが発生すると，オーディエンスは好意的に魅了されてしまい，その結果さらなるコミュニケーション活動の機会が高まる。エンゲージメントには注意喚起や認知が含まれているだけではなく，情報のデコーディングや意識／無意識のレベルを問わない情報処理も取り含んでいるために，メッセージを通じて意味づけが適宜形成されていく。エンゲージメントがどのように起こるか，その例をビュー・ポイント 4.1 に示す。

ビュー・ポイント4.1　珍しい動物を起用してエンゲージメントを獲得する

　1989年に創業したファースト・ダイレクトは，店舗を持たない24時間年中無休でハイレベルな顧客対応をするテレフォン・バンキング会社である。同社は既成の銀行ビジネスに挑戦し，その創業時のビジネスモデルは競合他社やインターネット・バンキングに代替されつつあるものの，社会から求められているスタンスや自らの信念に寄り添う企業価値を提供しながらチャレンジを続けている。

　銀行は顧客の多くを他の顧客からの紹介で獲得しているが，ファースト・ダイレクトは，その効率の悪さを問題視して，25-34歳の顧客の獲得に向けて「予想を超える銀行」キャンペーンを始めた。

　このキャンペーンの本質は，同社のブランド価値の核心として「一貫した独立心と個人主義の精神」をコミュニケーションすることであった。ファースト・ダイレクトのブランド・チャレンジャーとしての志向を活かし，既成概念にとらわれないアイデアからキャンペーンを展開した。それは，ファースト・ダイレクトは従来の銀行にはない既存の常識を打ち破る銀行である，と人々に認められることを求めたのである。つまり，キャンペーンの目的は人々にファースト・ダイレクトは銀行が一般に期待されるものとはかけ離れた予想もつかないパーソナリティを持った銀行であると思ってもらうことであった。キャンペーンの最初の段階ではブランド名の出ない9秒間のティーザー広告として「ダブステップを演奏する3羽の鳥たち」が登場し，消費者に「予期せぬ期待」をもたらした。この広告はツイッターで6,000件以上のつぶやきを呼び，ユーチューブではおよそ15万回閲覧された。

　次の段階では屋外広告にテレビを組み込んだATL（above the line）広告が行われ，ファースト・ダイレクトが何を伝えようとしているかに注目してもらい，それを消費者に考えてもらうことで，オーディエンスとのエンゲージメントづくりが促された。広告では，動物王国の様々な見たこともない動物たちが「スポークス・クリーチャー」として登場した。これらの動物はコミュニケーション活動のメインとして登場した。例えば，コロンビア通りのビニールを集める，半分鳥で半分哺乳類のカモノハシ，バリーは「予想を超える銀行」という核心を踏まえたものだった。

　さらに，10秒のダイレクト・レスポンス広告のシリーズ展開によって行動面からのエンゲージメントの喚起が図られた。これらはファースト・ダイレクトに乗り換えた新規顧客には100ポンドのインセンティブを提供するものであった。このキャンペーンは大変な好評を博したため，6週間を待たずして切り上げられた。ターゲットとされた新規顧客獲得が達成されたうえに，さらにファースト・ダイレクトへの乗り換え客が増え続けてしまうと，十分な水準の顧客サービスが維持できなくなってしまう懸念が生じたからであった。

　この「予想を超える銀行」のプラットフォームは2014年9月に「小さなエリ

マキ」と名づけられて復活した。このキャンペーンは，不満足な顧客サービス体験に不満を募らせたエリマキトカゲを中心に物語が展開され，ファースト・ダイレクトによってその不満が解消されるというものだった。「小さなエリマキ」は独自のツイッター・アカウントを持っており，プロフィールには「ピッツアが大好きで，熱心なマラソン愛好家である爬虫類セレブ。偽物のサービスが嫌い」と書かれている。

出典： Brownsell（2013）; Jack（2014）; Roderick（2014）

> **問い**：違いを伝えることに加え，ファースト・ダイレクトは「既成にとらわれない」というポジショニングを表現するために，どのような行動をとったのだろうか。
> **課題**：2つの銀行の広告を比べてみよう。そこに違いがあるならば，両行のアプローチの根本的な違いは何だろうか。

　エンゲージメントがうまく結ばれるということは，メッセージの理解と意味づけが効果的になされていることを意味する。あるレベルでは，例えば製品やサービスのオファーのような一方向的なコミュニケーションによるエンゲージメントはターゲット・オーディエンスの製品やサービスに関する理解を促し，それが蓄積されるとオーディエンスからさらにコミュニケーションを求めるような関係が生まれてくる。こうしたことは広告活動が得意とするところである。別のレベルでは，エンゲージメントが双方向的あるいは相互作用的なコミュニケーションを通じて，情報を関係性を帯びた特別な情報（Ballantyne, 2004）へと進化させ，特別なやりとりが交わされるようになる。広告活動ではこういった頻繁なやりとりや情報交換を常時維持創出することはできないため，このような関係性ニーズをサポートするには広告以外のコミュニケーション手法がしばしば活用される。

　コミュニケーション・ミックスは拡大し，マネジメントも複雑になっているが，行動へのきっかけを提供することでブランド価値を高めたり行動を変容させたりする力をもたらすことがその本質といえる。戦略的観点からはブランドの価値形成は長期志向であるが行動変容は短期志向となる。一見，今日ではコミュニケーション・ミックスにおいてBTLツールの重要性が高まっ

ているように見受けられるのは，USP訴求が有効ではなくなったことを反映
しているともいえるが，短期間のうちに業績や投資利益率の改善を迫られる
組織での財務的プレッシャーの高まりを反映しているともいえる。

第11章

マーケティング・コミュニケーションの解釈（解釈1〜3）

マーケティング・コミュニケーションはどのように機能するのか

　本章では，実りあるエンゲージメントを達成するためにはマーケティング・コミュニケーションをどのように機能させていくのかを考察する。長年多くの人々によって研究や考察が重ねられてきたにも関わらず，マーケティング・コミュニケーションが成功する方法を十分に説明できるモデルはいまだに示されていない。しかし，この領域の研究からは，特に広告活動についてはいくつもの知見が明らかになっている。それらの主要な知見を順次紹介し，広告がどのように機能するのかを解釈していこう。まずマーケティング・コ

図4.1　マーケティング・コミュニケーションの機能についての5つの解釈

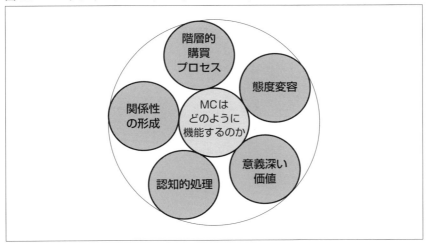

ミュニケーションがどのように機能すると考えられているのか，その解釈を
5つ示しておく（図4.1参照）。

　メッセージが効果的に伝えられるためには，メッセージがコミュニケーショ
ン・プロセスの当事者にとって意味のあるものでなければならない。メッ
セージは適切なオーディエンスをターゲットとし，注意を引き，理解されや
すく，さらにターゲットから自分との関連性があると思われるように受容さ
れていく。効果的なコミュニケーションが起こるには，メッセージはそれが
「情報処理される」文脈にふさわしいようにデザインされる必要がある。マー
ケティング・コミュニケーションの効果がそれぞれの文脈でどのように解釈
されているかを見ていこう。

マーケティング・コミュニケーション機能の解釈1：階層モデル

　コミュニケーションのタスクが順序づけられ効果的に構造化されるさまを
理解するモデルはこれまで様々に展開されてきた。表4.1にいくつかのよく知
られているモデルを表す。これらのモデルは広告がどのように機能を果たす
のかを説明する目的で展開されてきた。このような**階層モデル**（hierarchical-
sequential model）の原理はマーケティング・コミュニケーションにも適用
可能である。ここにまとめた階層モデルはすべて一般的な購買プロセスを想
定している。

AIDAモデル

　Strong（1925）により展開された**AIDAモデル**は，当初は，セールスパー
ソンが人的販売のプロセスで想定するべき段階を表すことがねらいであった。
このモデルは，注意，興味，欲望，行為といった一連の段階を経過していく
ことを想定している。このプロセスは後に修正され，大雑把ではあるが，説
得的コミュニケーション，特に広告活動がどのように機能するかを説明する
基本的フレームワークとなった。

効果のヒエラルキー・モデル

　Strongが提唱した段階的アプローチは60年代初期に拡張進化した。特に注

188　第4部　マーケティング・コミュニケーションはどのように機能するのか

表4.1 マーケティング・コミュニケーションの階層モデル

段階	AIDAモデル[a]	効果のヒエラルキー・モデル[b]	情報処理モデル[c]
		認知（awareness）	接触（presentation）
			↓
認知的（cognitive）			注意（attention）
		↓	↓
	注意（attention）	知識（knowledge）	理解（comprehension）
	↓	↓	↓
	興味（interest）	好意（liking）	受容（yielding）
		↓	
情緒的（affective）		選好（preference）	
	↓	↓	↓
	欲望（desire）	確信（conviction）	保持（retention）
	↓	↓	↓
行動的（conative）	行為（action）	購入（purchase）	行動（behaviour）

注：[a] Strong（1925），[b] Lavidge and Steiner（1961），[c] McGuire（1978）。

目されるのはLavidge and Steiner（1961）が展開したもので，彼らによる**効果のヒエラルキー・モデル**は，広告活動が機能すると考えられるプロセスを表しており，見込顧客の未認知の段階から実際に購入するまでの一連の段階を連続的に導いていくことを仮定している。そこでは，広告はすぐさま行動反応を引き起こすのではなく，順次，心理的効果を引き起こし，それぞれの段階の要件を十分に満たしたうえで次の段階に進むという仮定がなされている。

情報処理モデル

McGuire（1978）の**情報処理モデル**は，説得的広告を受け取る人を情報処理者，すなわち認知的問題解決者と見なすべきであることを強く主張した。このような認知的視点には他の階層モデルと類似する段階も含まれているものの，McGuireは保持（retention）の段階を加えた点が異なっている。保持の段階が加えられていることは，受け手は妥当な範囲で自分に関係のある情報

第11章 マーケティング・コミュニケーションの解釈（解釈1〜3） 189

を理解し，記憶に留めておく能力を持つということを意味している。これは重要な考え方である。なぜならマーケティング・コミュニケーションは見込客が将来いつか購入意思決定をする時にこそその情報が活用されるようにデザインされるという認識に立つからである。

階層的アプローチの難しさ

階層的アプローチは，長い間，広告が展開される根拠となるモデルとして受け容れられてきた。しかしながら，認知や理解，確信の十分なレベルとは実際にはどのようなものなのか，ある時点においてターゲット・オーディエンスの大多数がある段階に達しているということをどのように判断できるのか，という疑問が浮かび上がる。

モデルは，消費者の動きが特定の段階を経て購入に至るまで論理的な流れをもって順次推移するという考えに基づいている。批判されるのは，こういったモデルが，消費者が論理的で合理的な法則に基づいて段階を経る中で，学習し，感情を抱き，そのうえで行動する，と考えている点である。この考え方が現実と明らかに異なるのは，子供をお菓子屋に連れて行ったことのある人なら誰でも分かるはずだ。階層モデルに経験的妥当性を与えようとする研究が数多くなされてきたが，その結果は十分な結論に至っておらず曖昧なままである（Barry and Howard, 1990）。このような研究者の中でも Palda（1966）は，学習─感情─行動（learn-feel-do）の階層は一般的な購買行動を反映していないことを明らかにし，経験的データを示して階層モデルでは広告の機能の仕方を解釈できないと主張した。

階層的アプローチでは製品への態度形成を購入の必要条件と見ているが，前向きな態度が形成されたとしてもそれが必ずしも購入行動に確実につながるとは限らない。Ajzen and Fishbein（1980）は，特定状況で行動しようとする時の態度変容は個人の行動意図と強い関連性があることを明らかにした。したがって，購買に対する態度とともに特定の製品を買おうとする意図を同時に測定することがより大きな説明力を持つであろうという推測は理に適っている。この測定そのものは難しいが，特に高関与な状況においては態度変容がコミュニケーションの目標として妥当であると考えられる。

階層モデルはいずれも，購入意思決定プロセスは個人が一連の継続的な段

階を経て動くという同じような視点を持っている。モデルとしては異なるが，それぞれに見られる段階は態度の3つの構成要素，認知（learn），感情（feel），行動（do）としてまとめられる。この3つは購買プロセスにおける様々な段階を反映していると見られ，とりわけ，意思決定に高関与な場合には顕著にこの3つが見出される。しかし，低関与下の意思決定ではこの反応は明確に見られない。

マーケティング・コミュニケーション機能の解釈2：態度変容

　態度変容は，多くの実務家からは，マーケティング・コミュニケーションを通じてオーディエンスに影響を与える最も重要な方法として考えられている。製品やサービスの要素，価格や流通に関する意思決定が態度形成に重要な役割を担うことは知られているが，マーケティング・コミュニケーションはそれらの局面をターゲット・オーディエンスに伝えたり傾聴を図ったりして変容させていく役割を担っていく。ブランディングとは態度を確立し，それを一貫して維持する手法であり，その方法としてコミュニケーション・ミックスが活用されることでブランドのポジショニングが維持される。また，その結果として最後に形成されなければならないのは，ブランド特性と態度，ポジショニングを共通して縫い上げる筋糸のような共通性である。ブランド特性が差別化を生み，関連するマーケティング・コミュニケーションを顧客が理解した結果，態度が形成され，形成された態度がポジショニングを形作るからである。

　人々の製品やサービスへの態度は，様々に環境の影響を受ける。まず，環境の影響は人々を取り巻くマーケティング・コミュニケーションの解釈の仕方に反映される。第2は，環境の影響はマーケティング・コミュニケーションを活用したことで生じる直の経験にも表れてくる。そして第3は，家族や友人，他の信憑性の高い情報源からのインフォーマルなメッセージや間接的な情報にも影響を与えていく。これらすべての影響を受けて，人々は製品やサービスを知覚し（ポジショニングを認識し），それらの製品・サービスや競合製品への感情を持つことになる。環境の影響を受けてブランド態度をマネジメントすることは非常に重要だと考えられているため，マーケティング・

コミュニケーションによってターゲット・オーディエンスの態度を変容した
り維持したりすることは，重要な役割を果たすことになるのである。このよ
うにマーケティング・コミュニケーションを通じて様々なやり方で態度変容
が実行されていく。以下，順に解説する。

態度を構成する要素への影響

第3部で概観したように態度は3つの要素から構成される。それは認知的
要素，感情的要素，行動的要素である。マーケティング・コミュニケーショ
ンはこれら3要素，すなわち，人々があるブランドについて考え，感じ，行
動するやり方に影響を与えるために活用される。

認知的要素

オーディエンスにとってブランドの情報が乏しかったり，ブランドの特性
を誤解していたり，ブランドの知覚が適切でなかったりする場合，マーケ
ティング・コミュニケーションでは，オーディエンスに正しい情報を提供し，
最新のものにアップデートすることが欠かせない。知覚や学習，態度形成を
確かな事実をもとにアップデートするのである。このやり方は合理的，情報
的アプローチで，人が論理的な方法を用いて合理的に情報を処理する能力に
訴えかけるものである。したがって，提供される情報のレベルと質とがター
ゲット・オーディエンスの知的能力に見合っていることが重要となる。それ
以外にもマーケティング・コミュニケーションのタスクには，ターゲット・
オーディエンスにとってそのブランドが競合とどう違うかを表現したり，付
加価値を確立したり，メッセージの中にターゲット・オーディエンスのメン
バーを具体的に描写することでターゲットが誰なのかを示唆することが含ま
れる。

広告もパブリック・リレーションズも重要な手法であり，また，インター
ネットやテレビ，印刷物は情報を伝達し，ブランドに対する知覚に影響を
与える鍵となるメディアである。製品やサービスの核心としてよく知られる
ような特性を伝達するだけではなく，それとは異なる側面にオーディエンス
の注意を向けさせたり競合との差別化を果たすためにブランド信念を形成し
たりする。例えば，ポテトチップスなどのスナック菓子メーカーは，これま

では味を重視したコミュニケーションを展開してきた。しかし肥満が社会問題となっている今日では，多くの菓子メーカーが塩分や脂質の含有量を変え，オーディエンスに成分や健康面についてアピールするようになった。つまり注意の焦点をある特性から別の特性へと変えているのである。

　この点で，情緒も情報提供に活用できるが，何よりも最優先されるべきアプローチは情報提供的なものである。

感情的要素

　しかし今まで述べてきた合理的で論理的な情報だけでは行動を刺激するために十分ではない。その場合，マーケティング・コミュニケーションでは一連の情緒的価値を伝達し，ターゲット・オーディエンスにアピールすることで，可能な限りのエンゲージメントを結ぶことが求められる。

　あるブランドや製品カテゴリーへの消費者の態度が中立的または否定的だと分かっている時には，ブランドは合理的な情報に基づくアプローチよりも情緒的なアプローチを採用することが一般的となる。このアプローチは通常用いられないようなスタイル，色，トーンのメッセージを活用する。なぜなら，通常とは違うことで目立って注目を集め，人々の感じ方や，ブランドや製品カテゴリーに関わる欲求のあり方を変えられるからである。この場合，ビジュアル・イメージが用いられることがとても多く，個人の感性，感覚，情緒に働きかけることが多い。コミュニケーションされるものが何であれ，人々に「自分（たち）は，それが好きで，望み（熱望し），欲求し，それとつながりたい」と思わせることが目的だからである。さらにブランドへの前向きな感情を構築し維持するには，強化，すなわちメッセージを適切な間隔で繰り返すことが必要となる。

　前向きな態度を創造することは，かつては広告だけの領分であったが今日では様々なツールやメディアがこれを果たしうる。例えば，映画やミュージック・ビデオなどで行われるプロダクト・プレイスメントは，ブランドにとって望ましい価値観や特定のライフスタイルにぴったり溶け込んでいる様子を表現できる。既存のターゲット・オーディエンスや今後獲得したいオーディエンスの価値観が反映された音楽やキャラクター，トーン・オブ・ボイス，色合い，イメージ，さらにはブランド経験さえも活用することによって，

第11章　マーケティング・コミュニケーションの解釈（解釈1〜3）　193

独自の情緒を生み出し，ブランドが表現し支援するコトの理解を促していくのである。

とりわけよく活用されるのは，有名人をエンドーサーとして起用し態度を形成させることである。ここでのマーケティング・コミュニケーションの役割は，有名人への情緒的関わりをもとに（有名人とブランドとの）連想を重ね合わせ，対象への欲求を刺激することである。このアプローチは，提供物よりもコミュニケーションへの態度（特定広告への態度）を変えることに焦点を合わせている。ファッションブランドにはセレブモデルを起用するだけで文字のほとんどない表現がよく見られる。その視覚的なインパクトによって読者をポジティブな態度やブランドとエンドーサーが重なるような連想に誘（いざな）うのである。

マーマイトは，その独特な味わいが好きか嫌いかをオーディエンスに問いかけるような情緒的アプローチを用いている。行政は様々なアプローチを用いて，人々の飲酒運転や喫煙，予防接種，税，年金，後部座席のシートベルト着用についての態度変容を試みている。行政が多く用いるのは情報提供型アプローチだが，中には情緒的アプローチを用いる場合もあり，そこではある行動の顛末をドラマ化して人々の態度や行動を変えようとしている。最優先されている戦略が情緒的アプローチとなっているのである。

行動的要素

いくつかの製品カテゴリーでは，不活発な消費者が存在する。なぜなら，今使っているブランドが心地よかったり，そのカテゴリーを買う理由がなかったり，まったくどのブランドも買わなかったり，ブランドを代えることに気が進まなかったりするからである。このような状況では態度変容は行動喚起をベースにするべきである。オンラインやモバイルを使ったコミュニケーションを通じてダイレクト・マーケティングが成長しているのは，無理に態度を変えさせても行動や売上につながらないという事態を避け，人々に何らかの行動を促していくことに基盤を置いているからである。したがって，行動的アプローチは人々がブランドを試用したり，何かをテストしたり，（ショールームやサイトを）訪れたりするように刺激するが，行動に対する人々の負担が重くなりすぎないように無料化することが通例である。

行動を変化させるために用いられる手法には，販売促進活動，人的販売，ダイレクト・マーケティングがある。例えば，販売促進活動は人々にブランドを試してもらうことで行動を促そうとし，ダイレクト・マーケティングはレスポンスを促し，それを通じて相互作用へのエンゲージメントの構築を進めていく。販売員は売上のためにまずは顧客と親密になろうとするし，広告活動も認知を高め人々を店舗やウェブサイトに導くために用いられる。

　このようなアプローチに加えて，経験マーケティングが次第によく活用されるようになってきた。なぜなら，製品に触れたり感じたり使ったりする直接的な経験は前向きな価値を確立しコミットメントを生むと考えられているからである。例えば多くの自動車メーカーでは，試乗体験の機会は，数時間といわず数日間にわたって提供されるようになっている。メーカーは様々な地形にわたって異なるタイプの車を何台も試乗できるテスト・サーキットさえ持っている。

　この文脈で最優先される戦略は顧客の行動を喚起することである。ビュー・ポイント4.2を参照されたい。

ビュー・ポイント4.2　チポトレが価値を通じて態度を変容させる

　1993年，スティーブ・エリスはチポトレ第1号店を開いた。このメキシカンフードのブランドは，マクドナルドに買収され後に売却されたが，それ以来，新鮮な食材にもかかわらずサービスも早いというポジションは，競合大手とは正反対の価値として確立されていた。この成功は2014年の業績に反映されていた。マクドナルドの売上高が減少していたのに対しチポトレの売上や利益は大きく上がっていた。このことは，最新の業界トレンドとして，昔からあるファーストフードよりもチポトレなどのオルタナティブな業態のほうが好まれているというメッセージとして受け取る顧客が増えていることを示している。

　競合他社は平均して収益の5％を広告に費やしていたが，チポトレはそれを1.75％に留め，予算を地域に均等に割り振り，地域に根差したブランドづくりを行っていた。チポトレのコミュニケーション活動で他とはまったく異なるのは，ストーリー・テリングに根差した展開である。取引や製品特徴，コーポレート・ブランドに焦点を合わせている競合他社とは違い，チポトレのコミュニケーション活動は価値とミッションをベースに展開され，ファーストフードへの考え方や食べ方を変えることを目指したものであった。

　チポトレは『バック・トゥ・ザ・スタート』と名づけられたアニメストーリーを2011年に開始した。その動画では食品システムが商業的にも政策的にも利益志

向に支配されてしまっていることが語られていた。そこでは，情緒溢れるジャーニーとしておそらくマクドナルドを象徴する農夫が描かれ，かつては人間的であった彼の家族農場が工場スタイルの恐ろしい農場に替わってしまったことが描かれていた。最終的に彼は自分の間違いに気づき，昔ながらの持続可能な農業に戻っていくのであった。この動画は，カントリー歌手ウィリー・ネルソンが歌うコールドプレイの『ザ・サイエンティスト』の曲とともに心に印象深く残っていく。動画の終わりには，人々がこの曲をiTunesでダウンロードすることができ，そうすることでチポトレの農業基金に寄付される仕組みになっている。この活動は，持続可能で，健康志向で，フェアを尊ぶ食品の未来を創造することへの貢献となっている。

　2013年にチポトレは『かかし』という動画を公開した。広告賞の受賞作となったこの動画もまたアニメーションであったが，これは食料生産の産業化の世界を題材にしている。この動画ではかかしが従業員として働くクロウ・フーズ・ファクトリーが描かれ，かかしは農場の仕事を失い加工食品工場で働くことを余儀なくされたという設定である。この動画は工場で育ったチキンや添加物で太らされた牛の恐ろしさを描いた。アニメーションは，かかしが新鮮な食材によるレストランを開き自由を勝ち取るところで終わっており，視聴者は農作業を題材とした無料ゲームをダウンロードできるようになっている。ゲームではある程度の成績を収めるとチポトレの無料クーポンがもらえる仕組みにもなっている。

出典：Champagne（2013）；Johnson（2014）；McGrath（2014）；Nudd（2013）；Solomon（2014）

> **問い**：このキャンペーンはマーケティング・コミュニケーションがどのような態度変容を起こさせることを示唆していたのだろうか。
> **課題**：ファーストフード・レストランに対する態度はどのように変化しているだろうか，アウトラインを書き出してみよう。

マーケティング・コミュニケーション機能の解釈3：関係性の形成

　これまで，マーケティング・コミュニケーションを，購買プロセスの視点から，また態度変容やその影響の視点から考察してきた。次に，関係性がマーケティング・コミュニケーションにどのように影響をもたらすのかを明らかにする。そのためにはまず関係性のライフサイクルに関わる考え方をたどり，マーケティング・コミュニケーションがオーディエンスの好む交換様式をどのように支援するのかを考察する。また，このアプローチの背景にある買い手と売り手の関係性に着目していきたい。

図4.2　顧客関係性のライフサイクル

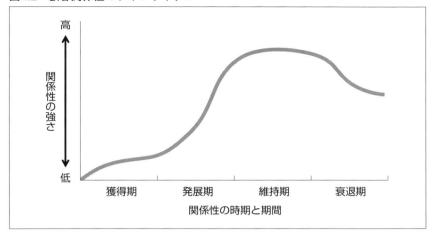

顧客関係性のライフサイクル

　顧客関係性には，一連の段階的発展があると考えられる。そこには，顧客獲得期，発展期，維持期，衰退期の4段階がある。それを図4.2に示す。これらは全体として，**顧客関係性のライフサイクル**といわれる。段階のそれぞれの期間の長さや強さはもちろん場合によって異なり，この図はあくまでも概念図であると理解しておいてほしい。

　マーケティング・コミュニケーションは，顧客関係性のライフサイクルのいずれの段階でも重要な役割を果たす。マーケティング・コミュニケーションは，取引的でよそよそしい場合であろうと協働的で親密な場合であろうと，オーディエンスの関係性へのニーズに合わせて，オーディエンスとエンゲージメントを結ぶように活用されるからである。

顧客獲得期

　顧客獲得期には3つの主な特徴がある。探索（search），関係開始（initiation），親密化（familialisation）である（表4.2 参照）。

　顧客の獲得活動を論理的にたどるならば，その順序は顧客を探索し見定め，信用を作り上げることから始まる。このような始まりの期間の長さは，購入意思決定の重要性や製品の複雑さや導入のされ方によっても異なるだろう。確

表4.2　顧客獲得期の事柄

顧客獲得期の事柄	解説
探索 （search）	買い手と売り手が互いに適切な相手を探す
関係開始 （initiation）	取引に先立って，両者ともに相手についての情報を探す
親密化 （familiarisation）	最初の取引が成功すると，両者は自分たちの情報をより一層開示するようになる

かで信頼のおける情報源が導入されるのであれば，関係開始の段階は短くなるだろう。

　いったん取引が始まると買い手と売り手は互いに親密になって次第に互いの情報をより多く開示し始める。売り手は，買い手の支払いや配送，取扱いに関する情報を受け取り，その結果買い手に合わせカスタマイズしたアウトプットを用意できる。買い手は売り手の製品を評価しサービスの品質を体験できる。

　顧客獲得の段階では，マーケティング・コミュニケーションにはブランド認知の獲得とブランドへのアクセス情報の提供とを合わせて展開することが求められる。この時期には，潜在顧客がブランドに親しみ，主な特性や使用して得られるベネフィットに理解を深めるような手助けが必要である。競合との違いを知ってもらい，競合より価値が優れていることを表現する必要もある。マーケティング・コミュニケーションはこの段階にこそ機能しなければならない。なぜなら，この段階こそ多くの異なる役割を遂行しオーディエンスを適切にとらえる必要があるからである。ここで最優先されるべきタスクはおそらく，ターゲット・オーディエンスにとって自分との関連性を深め，意義深い一連のブランド価値を創造することである。DRIPの視点からは差別化と情報伝達が重要となり，コミュニケーション・ミックスの視点からは消費者市場には広告活動とダイレクト・マーケティングが，ビジネス市場には人的販売とダイレクト・マーケティングが重要になるだろう。

顧客発展期

　次に発展期には，売り手が買い手のリスクを低減しようと努め信憑性を高

めていくという特徴がある。このことはクロス・セリングを促すことで達成される。この段階では，買い手が他の製品を消費し，その購入量が増え，また他の付加価値サービスとも関係を持ったりするため，こちらが提供するもののタイミングや量が変わることもある。買い手がクロス・セリングに応じるかどうかは，買い手が持つニーズや買い手がサプライヤーとより親密に関わりたいと思う程度によって異なる。実際，売り手との関係性を深める価値があるかどうかを買い手が見極めるのはこの段階である。

　発展期に売り手にとって外せない目標は，買い手の知覚リスクを低減し，売り手自身の信憑性を高めることである。そのためにはマーケティング・コミュニケーションを通じて多くのメッセージを伝えなければならない。ここでのマーケティング・コミュニケーションの要素をどう選択するかは，相手が抱えるリスクのタイプによって異なる。そのため，マーケティング・コミュニケーションでは，メッセージを通じて顧客とのエンゲージメントを深めることが必要である。そのメッセージには，補償や保証，財務的スキーム，第三者による保証，満足した顧客，独立機関による検査，好ましい製品性能レポート，受賞実績，品質規格の取得，事業者団体への参加，顧客の喜びの声，成長と市場シェア，新製品，提携やパートナーシップ，といったものが挙げられる。これらのメッセージはすべてリスクを低減し信憑性を高めるために実行される。

　DRIPの視点からは情報と説得が重要となり，コミュニケーション・ミックスの視点からは，消費者市場ではパブリック・リレーションズ，販売促進活動，ダイレクト・マーケティング，ビジネス市場では人的販売，パブリック・リレーションズ，ダイレクト・マーケティングが重要になる。

顧客維持期

　維持期は顧客との関係性の価値が最高レベルで経験されるため最も利益が得られる時期である。この維持期を長く継続できるかどうかは買い手と売り手の双方が共通の目的を一致させられるかどうかにかかっている。関係性が一層親密になれば，パートナー同士の信用とコミットメントのレベルもさらに高くなりクロス・バイイングや製品の改善機会が増え，ビジネス市場では共同プロジェクトや製品の共同開発にもつながるだろう。ただし関係性マー

ケティングの本質は，組織が関係を築きたいと望む顧客層をそれぞれ識別し
ポートフォリオに位置づけることにある。そのためには顧客維持のレベルを
測定する能力が必要とされ，獲得から維持へ，そしてまた獲得へ，と自らの
資源を適切に振り向ける判断力がなければならない。

　顧客維持期がどれくらい続くのかは，マーケティング・コミュニケーショ
ンが実際に相互作用を起こし，どの程度対話をベースに展開されていくのか
が反映される。メッセージには関係性を持たせ強化を図るようなものが求め
られる。消費者市場では顧客をつなぎとめ，顧客の減少（解約，客離れ，自
然減）を最小限にする方法としてインセンティブを用いた対策が広く講じら
れる。インセンティブは製品やサービスをクロス・セリングし，顧客のブラ
ンドへのコミットメントや関与を高めるためにも活用される。すなわち，コ
ミュニケーションの統合的プログラムを活用し，売り手と買い手双方にとっ
ての価値を高め，関係的交換が維持されやすくするのである。ビジネス市場
では，個人的なつき合いや重要得意先へのマネジメントとして互いのやりと
りや理解が相互支援のために欠かせない。電子的コミュニケーションを活用
すれば，多くの定型的取引業務は自動化でき，それによって１対１のコミュ
ニケーションに一層集中できるようになるだろう。

　DRIPの視点では強化と情報が重要となり，コミュニケーション・ミック
スの視点では消費者市場では販売促進とダイレクト・マーケティング，ビジ
ネス市場では人的販売（および重要得意先対応）とパブリック・リレーショ
ンズ，ダイレクト・マーケティングが重要となる。

顧客衰退期

　衰退は顧客との関係性の終了に関わることである。関係性の終了は両者に
とって深刻な問題や出来事の結果として突発的に訪れる。よくあるケースは，
買い手組織が売り手への依存を減らす決定を下す場合である。組織のニーズ
が変化したり，より優れた価値を提供する別のサプライヤーが見つかったり
したことが理由になる。買い手はこれまでのサプライヤーに正式に通知して
次第に接触の頻度や契約期間を減らし始め，そして他の競合組織にビジネス
を移していく。

　したがって，終了の段階は不意に訪れることもあればゆっくり長期的に進

むこともある。前者の場合にマーケティング・コミュニケーションの果たす役割は小さいが，後者の場合では重要な役割を担う。終了に向けた時期が長引く間には，マーケティング・コミュニケーション，とりわけテレマーケティングや電子メールによるダイレクト・マーケティングが注文や決済に活用されるからだ。この場合，ダイレクト・マーケティングの手法が有効となる。フィールド・セリング（ビジネス市場）や広告活動（消費者市場）のように巨額の出費をかけなくても個人宛のメッセージを送り続けることができるからである。

DRIPの視点では強化と説得が重要となり，コミュニケーション・ミックスの視点では，ビジネス市場，消費者市場のどちらにおいてもダイレクト・マーケティングが，そして消費者市場に限っては販売促進活動が重要となる。

このような，顧客獲得期，発展期，維持期，衰退期というサイクルでは，製品志向のアプローチよりもむしろ顧客志向のアプローチのほうがマーケティング・コミュニケーションの機能を十分に説明しやすい。自動車メーカーのアウディは独自のアウディ・カスタマー・ジャーニーを考案した。これは，オーナーシップのライフサイクルをチャート化したもので，オーナーそれぞれに向けて最適化されたブランド・コミュニケーションと合わせて用いられる。アウディのロイヤルティ率は「ジャーニー」が導入されて以来ずっと高まり続けているという。

価値交換への影響
第1章では「取引的交換」と「協働的交換」という概念を示した。このフレームワークの中でエンゲージメントがどのように確立されていくのか，関係性マーケティングの視点から考察していく。

これら2つの交換を考察するには，図4.3に示したようにスペクトラム（連続体）の両極にあるものとしてとらえると分かりやすい。一方の極は「取引的交換」である。この交換の特徴は，短期的でコモディティ志向すなわち価格が重視される交換で，買い手と売り手がその場で一度きりの交換を行い，その後の交換には関与しない。買い手と売り手はどちらも自己利益によって動機づけられている。スペクトラムのもう一方の極に動いていくと，価値をも

第11章　マーケティング・コミュニケーションの解釈（解釈1～3）　201

図4.3　価値志向的交換の連続体

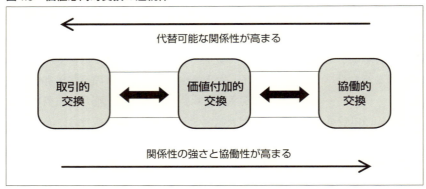

出所：Day（2000）を修正。

たらす関係性はより高まってくる。買い手と売り手の間の相互作用は親密となり頻度も高まり強くなる。その焦点は，初めて出会った時の魅力から関係維持，そして互いが求めていることの相互理解へと移っていく。

　Day（2000）にしたがえば，スペクトラムのもう一方の極にあるのは「協働的交換」である。この交換は長期志向でシステムとプロセスが完全に統合しており，パートナーシップと相互支援によって関係性が動機づけられる点が特徴である。関係性は信用とコミットメントに支えられており，この2つは協働的交換が確立すればするほどますます重要になってくる。

　取引的交換と協働的交換の位置づけは両極にあるが，その両極の間には知覚された価値をめぐって供給と消費に関わる顧客と販売者の相互作用が起こり，様々な交換が存在している。買い手と売り手の関係性の質，関係の長さ，相互依存性のレベルは実に多様である。このような多様性が生まれる理由も多岐にわたるが，その核心では，関係性が存在する時にはどのような場合であろうと，シェアされた価値観や強さ，永続性が共に認識されている。

　知覚価値には多様な形態があり多様な特性に根差しているが，それらは異なるニーズを満たすために様々に組み合わされる。しかしながら，買い手と売り手の間に起こる交換の文脈には両者の関係性の性質が強く反映される。もしもある交換が製品（と価格）に焦点を合わせている交換なら，それは本質的に取引的交換であると考えられる。また，顧客や売り手のニーズに着目している交換なら，それは協働的交換である。この取引的交換と協働的交換の

表4.3　取引的交換と協働的交換の特徴

特性	取引的交換	協働的交換
関係性の長さ	短期的―突発的終了	長期的―持続的プロセス
関係への期待	目標の対立 即時支払い 将来を対象としない（将来志向が ない）	利益の対立 支払いの延期 共同的コミットメントにより将来 の問題を克服する
コミュニケー ション	低頻度コミュニケーション フォーマル マスメディア・コミュニケーション	高頻度コミュニケーション インフォーマル 対人的相互的コミュニケーション
協働	協力活動なし	協力活動あり
責任	それぞれの責任 規定された義務	シェアされた責任 シェアされた義務

違いを表4.3に示した。この表は関係性マーケティングの本質を理解する出発点として重要な意味を持つ。

　関係性マーケティングは買い手と売り手の間に起こる交換の頻度や結びつきの強さによって特徴づけられる。交換の頻度や結びつきの強さが高まるほど買い手と売り手の関係性は強くなる。ここでは関係性に基づくマーケティングの視点に基盤を提供しているのは，製品・サービスといった取引対象よりも関係性そのものとなる（Rowe and Barnes, 1998）。この関係性のフレームワークを用いることで，マーケティング・コミュニケーションがどのように機能するのか考察することができる。

　「取引的交換」は，関係性が買い手，そしておそらくは売り手にも価値をほとんど持たないため，関係性の構築を目指さないコミュニケーションに支えられるが，それでも一般的に製品供給と価格による（特性ベースの）情報に基づいたエンゲージメントが志向されている。そこでのコミュニケーションは本質的には買い手の反応を求めないモノローグ的なもので，一方向的なコミュニケーションの線形モデルが主流となっている。この場合のコミュニケーションは購買サイクルに合わせて展開されるが，一般的に頻度が低く，時期も固定化されている。また，一方向的なコミュニケーションであるため，売り手主導による非対称的なコミュニケーションのパターンとして現れる。多くの場合，買い手が誰かが明らかになっていないため，メッセージやメディ

図4.4 関係性を通じたエンゲージメントの達成

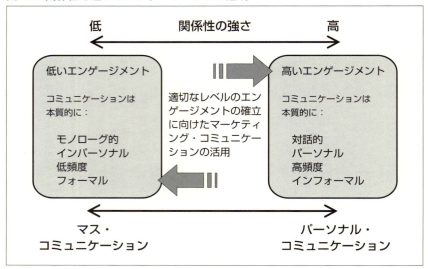

ア・チャネルを買い手それぞれに合わせることは難しく，マス・コミュニケーション・メディアを通じてメッセージは情報として広く伝えられることが多い。このようなコミュニケーションはフォーマルで直接的となる。

それに対し，協働的交換には買い手と売り手の間に強い絆（strong bond）が存在する。したがって，マーケティング・コミュニケーションは関係性を維持強化することで買い手とのエンゲージメントを模索していく。そのため，コミュニケーションのパターンは一様でなく，インフォーマルで頻度が高く間接的にもなる。なぜなら，買い手と売り手は協働することで互いに価値を提供し合おうとするからだ。このことは，議論や問題解決に取り組む時には，一方が他方に反応するため対話を通じた頻繁な相互作用が生まれることを意味する。コミュニケーションの流れは対称的で，お互いが誰なのかが明らかであるため，メッセージは間接的でその個人に合わせたものになる。図4.4でこのスペクトラムを図解し，表4.4に解説を加えたので参照してほしい。

このような考えの鍵となるのは対話（dialogue）という概念である。コミュニケーションのベースに対話の概念を援用することで，組織のオーディエンスに対する見方も変わり，取引的関係性から変わっていく兆しも見えてくる。対話を歓迎し，対話に関わっていくことで組織とステークホルダーとの関係

表4.4　関係的マーケティング・コミュニケーションの要素

要素	解説	取引的交換	協働的交換
コンテンツ (content)	メッセージのコンテンツが行動や態度，信念を変容させる程度	直接的	間接的
形式 (formality)	コミュニケーションが構造化されルーチン化(形式化)されている程度，または自然発生的で不規則的である程度	フォーマル	インフォーマル
個人性 (individuality)	受け手が名前によって特定される程度	インパーソナル	パーソナル
頻度 (frequency)	コミュニケーション・イベントの起きる頻度	低頻度	高頻度
オーディエンス (audience)	コミュニケーション・イベントに対するターゲット・オーディエンスの大きさ	マス	パーソナル
相互作用 (interaction)	フィードバックが得られる程度	モノローグ的	ダイアローグ的

表4.5　対話志向の5つの特徴

役割	解説
相互性 (mutuality)	組織ステークホルダーとの関係性の存在が認識されている
近接性 (propinquity)	組織とステークホルダーによる相互作用の一時性と自発性
共感性 (empathy)	ステークホルダーの利益と目標への支援
リスク (risk)	関係性における他者との相互作用への意向
コミットメント (commitment)	組織が実際に解釈し傾聴し，対話的コミュニケーションを実践する程度

性がさらに強調されていくことになる。Kent and Taylor（2002）は対話志向には5つの主要な特徴があると論じている。これらを表4.5に整理した。

　表4.5に見られるように，対話にはそれに先立つ相互作用性が必要となる。言い換えれば，対話が起こるにはまず相互作用が必要となり，この相互作用

第11章　マーケティング・コミュニケーションの解釈（解釈1〜3）　205

の展開と深まりが有意義な対話をもたらすのである。

　しかしここで注意しておく必要があるのは，関係性マーケティングがいつも必ず成功をもたらすと考えられているわけではないことだ。例えば，Rapacz et al.（2008）は，関係性マーケティングの理論は「行き詰まって」しまっていると示唆する。彼らは，多くの有力ブランドが関係性マーケティングを展開しているが，それらを会計レベルで検討してみると関係性マーケティングは必ずしも良好な結果を残しているとは言い難いと論じている。Rapaczらは，関係性マーケティングの目標は関係性そのものよりもむしろブランドへのコミットメントに置かれるべきだと示唆する。彼らはワン・トゥ・ワン・マーケティングでの行き過ぎた約束に言及し，データベースやCRMの技術の難しさや非効率性がロイヤルティ・プログラムに問題をもたらしているという。そうした批判を踏まえた上で彼らは，様々なマーケティング・コミュニケーション技術を用いることが高いブランド・コミットメントを生み出すと提唱している。彼らは，優れた実践例としてジャック・ダニエルのコミュニケーションを挙げている。ジャック・ダニエルの例のように，よく練られエンタテインメント性が豊かでベネフィット志向で多面的であるならば，顧客がブランドに多大なコミットメントをもたらすと強調されている。

ビュー・ポイント4.3　有名人を通じて関係性を構築する

　カナダのNPO法人フ〇ック・キャンサーは，Y世代市場をターゲットに米国やカナダでナイトクラブ・イベントを行っている。彼らは癌にかかった人々のコミュニティを直接的にも間接的にも支援する活動を目指している。そのイベント会場に入るには，組織名がプリントされたTシャツを着用する。そのTシャツには8色あるがそれぞれが癌のリボン運動と同じ色になっている。

　フ〇ック・キャンサーはY世代の間ではイベントそのものも有名だが，多くの有名人がそれを支援していることでもよく知られている。支援者にはCWテレビのドラマ・シリーズのスターであるスティーブン・アメル，コミックのスーパーヒーローであるグリーン・アローらもいる。

　今までは，こうした支援へのエンドースメントは，有名DJが音楽をかける無料イベントに有名人が登場するという形態であった。しかし，このデジタルキャンペーンではスティーブン・アメルが新たな関わり方を創り，そこから基金づくりを展開していくという特徴を持って展開された。

　フ〇ック・キャンサーのマーケティング・コミュニケーションで注目したいの

206　第4部　マーケティング・コミュニケーションはどのように機能するのか

は，この関わり方であろう。例えば，フ〇ック・キャンサーが自分たちの主張にスティーブン・アメルの支援を依頼した際に，アメルは母親の癌が寛解したというニュースを流した直後に，彼と彼の母親の写真をツイッターにアップロードした。

　2014年の９月９日には，アメルはフェイスブックページで自撮り動画を投稿し，その写真をプリントしたＴシャツをクラウドソーシングで製作することを呼びかけ，チャリティとしてフ〇ック・キャンサーがそれをネット販売することになった。視聴者は，アメルの動画展開を通じてフェイスブック上でプリントするＴシャツのアイデアを提案するように呼びかけられ，そこでの一番人気のＴシャツプリントが採用されてフ〇ック・キャンサーのチャリティとして資金を集めるのに一役買ったのである。目標は３週間でＴシャツ500枚，売上１万ドルであったが，やってみるとたった３か月も経たないうちにＴシャツは再販することになり，62,000枚以上が売れ，売上は100万ドル以上になった。

　このキャンペーンの後，フ〇ック・キャンサーはスティーブン・アメルの支援と貢献に感謝して，彼の提案から始まったこの活動を動画にまとめた。その中で世界中からＴシャツを買った何人かにも出演してもらい，アメルの支援に感謝の言葉やコメントを述べてもらう特集を組んだ。

　メディアは，アメルがこのキャンペーンに関わった現実のヒーローとして称讃した。その後，ドラマ『スーパーナチュラル』のジェアード・パダレッキやミカ・コリンズといった有名人もアメルの活動の影響を語り，社会貢献活動への支援意志を表明した。

　このキャンペーンは，人々が互いに経験や理解をシェアし合い，そうすることによってコミュニティの関係づくりを目指したものといえる。有名人のパワーを借りて，フ〇ック・キャンサーは共感と支え合いに溢れたメッセージを届け，オーディエンスたちとエンゲージメントを結ぶことで，癌が年齢や社会的地位や職業に関わらず誰にでも起こりうる病気であることを実感させていったのである。

出典：Amell（2014a, 2014b, 2015）；F*ck Cancer（2015）；Dixon（2014）；Greenbaum et al.（2015）；Prudom（2015）

　このビュー・ポイントはTarek Temrawiによって書かれた。彼はノーザンプトン大学で広告を学んだ。

> **問い：フ〇ック・キャンサーのキャンペーンが関係づくりをどのように進めたのか議論してみよう。**
>
> **課題：営利団体のキャンペーンを２つ取り上げ，関係づくりに求められる３つの要素を挙げてみよう。**

第11章　マーケティング・コミュニケーションの解釈（解釈1〜3）　207

関係性は連続的に進化しよりよいものになっていくという考えは必ずしもすべての人に受け容れられているわけではない。マーケティング・プログラムを適用したとしても、関係性は実際には必ずしも期待通りに高められるものではない。例えばPalmer（2007）はこのような連続的な関係性という見方は単純化されすぎていて非現実的だと考えている。時とともに満ち欠けするように、時々の文脈的状況が関係性形成の重要な変動要因として鍵を握ると考えるほうが望ましいという。

　Palmerに引用されたRao and Perry（2002）では、関係性の展開は段階的理論（stage theory）の視点と状態的理論（state theory）の視点で考えることができるという。段階的理論は（一連の動きにそって）徐々に発展するという考えを反映しており、状態的理論は関係性の変動は複雑でまったく予測できないためプロセスとして解釈しきれないという考えを表している。

　そこでPalmerは折衷案として特定状況下での段階（stages-within-a-state）説を提案した。彼は、Anderson and Narus（1999）やCanning and Hammer-Lloyd（2002）を引用して持論を主張している。この提案には一定の妥当性があると思われるが、すべての交換は、関係性にコミットメントする程度を反映しているにすぎない（Macneil, 1983）という見解も無視できない。

　マーケティング・コミュニケーションがどのように機能するのかという問いへの答えは、組織やステークホルダーが望む相互作用や対話のレベルを取り込んだ考え方やその重要性に基づく必要がある。今までのような、計画されたマスメディア・ベースのコミュニケーションに見られる一方向的コミュニケーションは、取引的交換を好むオーディエンスにはなお重要な役割を果たしている。しかし、双方向的コミュニケーションは、継続的に接触を求めるオーディエンスとの相互作用や深い意義のある関係性を望むオーディエンスとの対話に基づくものであり、今後のマーケティング・コミュニケーション戦略においてますます重要なものになっていくだろう。

第**12**章

マーケティング・コミュニケーションの解釈（解釈4〜5）

マーケティング・コミュニケーション機能の解釈4：意義深い価値を作る

　マーケティング・コミュニケーションは，一連の手法やメディアを用いてオーディエンスにメッセージを伝えるとともに，メッセージを共有し広げていく。そこでは，メッセージが創られ，届けられ，解釈される文脈に応じて，ブランドと個人とが相互作用に至る機会を持つようになる。マーケティング・コミュニケーションのメッセージは，通常であれば個々の消費者からは見過ごされてしまう。しかし，記憶に残るメッセージには際立った特徴がある（Brown, 1991; Fletcher, 1994）。その特徴とは，製品やサービスがそれまでのものとは異なって目新しく，コンテンツ（やメッセージ）が伝えられる方法それ自体が新しかったり，受け手の興味を引くものであったりして，消費者それぞれの文脈で個人的に意義深い何かがはっきりしていることである。

　意義深い（significant）という言葉は，内容が意味を持つこととともに自分との関連性があること（例えば，消費者が新車や明日の朝食のシリアルを探しているとか，新しいプロジェクトのための情報を集めているとか），さらに内容に信憑性があると知覚されることを意味する。このような3つの特徴は，好ましさ（likability）という概念で測ることができ，広告効果の唯一の意味ある指標と考える研究者も少なくはない。

　つまり，マーケティング・コミュニケーションのメッセージが成功するためには，次の3つの特徴が必要である。

- 受け手にとって新しいこと
- 興味深く刺激的であること
- その人個人にとって意義深いこと

　第1の特徴は，製品やサービス，またはその両方でカテゴリー内の他のものとは明らかに違いがあるものとして提供されていることである。このことはブランドとしての組織そのものにも範囲が及ぶ。これらのすべてで特徴に違いがあれば，ほんの短いワン・メッセージでも個人にとって意義深い価値をもたらすだろう。

　新しいブランドや新しい特性をアナウンスするコンテンツでは，既存のものと明らかに違うことを知覚してもらうための情報が伝えられる。その結果，人々は興味をそそられ次の購入機会にそのブランドを試してみたいと望むようになる。このような消費者は，自分との関連性が高いことをメッセージから見い出し，態度変容を起こし，購入することが正しいと確信するようになる。メッセージが彼らにとって意義深い価値を持った結果として，購買への意思決定が生じるのであり，このことが売上増を加速させることになる。

　しかし，膨大なマーケティング・コミュニケーションの大半は，新しくもなく，主張もなく，他の製品と明らかに違う特徴も提供されない。このようなメッセージの内容は無視されるか，興味を喚起したとしても若干の部分だけが頭の隅に記憶される程度である。ここで疑問が生まれる。メッセージの一部だけが記憶されるというのであれば，一体どのような部分が記憶され，それが呼び起こされる時にはどういった理由で呼び起こされるのだろうか。

　マーケティング・コミュニケーションは，（認知的情報処理者である）個人があるブランドを購入したり，購入し続けたりする理由を論理的に説明する。通常，広告活動は単独では消費者を説得することはできず，単に思い出させたり再確認させたりすることしかできない。別の言い方をすれば，消費者個人が広告やパブリック・リレーションズを活用するのは，好みのブランドを思い出したり，かつての購買行動（が正しかったこと）を再確認したりするためである。そこで，組織は販売促進活動，人的販売，ダイレクト・マーケティングを活用して消費者に特定の行動を促していくのである。

　とりわけFMCGの市場では，消費者は，習慣，安全性，意思決定の手早さ，

そしてある程度の自己表現的な意味にしたがって，決まったレパートリーの中から買い物をする。一人ひとりのレパートリーが異なっていても，ブランドはそれぞれに興味や満足を提供する。実際，広告活動ではブランドがレパートリーに含まれていることを明確にしたり，消費者がそのブランドを将来のレパートリーに含めたくなるように十分に興味を喚起したりしなければならない。携帯電話の通信会社が行う多様なメッセージについて考えてみよう。彼らのメッセージには，常にアップデートされ新しいものに刷新されることで，見る人とエンゲージメントを結ぶ意図がある。

　繰り返しになるが，メッセージには情報的要素と情緒的要素という2つの主要な要素がある。そして，メッセージではターゲット・オーディエンスが抱いている文脈にしたがってそれらの要素のバランスをとらなければならない。つまり，マーケティング・コミュニケーションが意義深い価値を伝えるためには，情報的コンテンツと情緒的コンテンツのどちらに価値を置くかのバランスを考える必要があるのである。

意義深い価値————情報的コンテンツ

　オーディエンスにとって関連性があり意味をもたらすコンテンツを一貫して伝えるメッセージを作るためには，購入意思決定に前向きに蓄積されていく影響を考慮する必要がある。このような理解から，いわゆる「コンテンツ・マーケティング」と呼ばれる実践が今日盛んになってきている。コンテンツ・マーケティング協会（CMI）はその目的を「消費者行動を変化させ活性化するために，自己との関連性や価値をもたらすコンテンツを創造しキューレートする」ことによって顧客を引きつけ維持することとしている（CMI, 2015）。そして，それはペイドメディアではなくオウンドメディアに焦点を合わせていくこととしている。コンテンツ・マーケティングは絶えず情報を提供し，オーディエンスの知識を高めることに関心を向ける。そのため，消費者向け雑誌で人気が高まるということは，コンテンツ・マーケティングの成功を反映していると理解できる。

　メッセージにおけるコンテンツの重要性を軽視してはならない。コンテンツはポジショニングを実現し，消費者が価値を知覚する手段となっている。例えば，ネットフリックスは以前はテレビ番組や映画を見るためのプラット

フォームであった。しかしそのビジネスモデルは他社が容易に模倣できるものだった。そして，それを解決する方法はネットフリックスでしか見られないオリジナル・コンテンツを創ることだった。例えば，『オレンジ・イズ・ニュー・ブラック（Orange is the New Black)』や『ハウス・オブ・カード（House of Cards)』のようなコンテンツである。結果，コンテンツに意義深い価値があったために人々は競合他社でなくネットフリックスを選んだのである（Clark, 2015)。『ハウス・オブ・カード』が大ヒットしたことでネットフリックスは200万人もの新規契約者を獲得した（Falconi, 2015)。スカイも同様の戦略を追及し，スカイ・アトランティック・チャンネルでしか見られない『ゲーム・オブ・スローンズ（Game of Thrones)』や『フォーティチュード（Fortitude)』のようなオリジナルのテレビ番組を制作している。

意義深い価値———情緒的コンテンツ

　広告の中でも特に興味深いメッセージは，すぐさま自分との関連性が持たれ，個人的に意義深い（実質的に「好ましい」ということである）と解釈されて長期記憶に蓄積される。

　繰り返し示されている研究結果によれば，広告の中でも一部分だけずっと記憶されるものがある。それは受け手にとって価値を持つ**テイクアウト（持ち帰り）**といわれている。このような選択性のことをBrown（1991）は**クリエイティブ・マグニファイア効果**といっている。図4.5は部分的なメッセージの思い出され方の効果を描いている。

　このことが示唆するのは，広告は情緒的興味や好ましい瞬間を創ることで大きな効果を持ち，個人はそのエッセンスを記憶に蓄積するということである。しかし，コミュニケーション・ミックスの他のツールでも同じようにエッセンスを抽出できるだろう。例えば，販売促進活動におけるオファーの大きさや，販売プレゼンテーションのトーン，一通のダイレクトメールに込められたプロ意識，オンライン・プロモーションで突然何かが起こったという経験はいずれも消費者が「テイクアウト」する理由となる。ブランドとメッセージが，意義深く自分と関わる形で結びついている場合には，自分との関連性に基づいてそれまでになかった関心が生まれる。そして，ブランドとマーケティング・コミュニケーション・メッセージとの間に前向きで何かを経験し

図4.5 クリエイティブ・マグニファイア

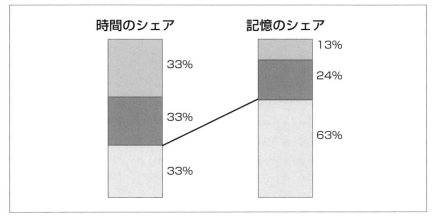

出所：Brown（1991）より。

たようなつながりができ，その後への様々な連想をもたらすのである。

　マーケティング・コミュニケーションは情緒ベースのブランド連想やブランド経験を喚起するきっかけとして活用される。テレビの前に座っていたりタブレットやノートパソコンを使っていたり，雑誌や文書，携帯電話のメッセージを読んでいたりする時のみならず，購入意思決定に直面しているまさにその時でもきっかけが提供される。FMCGの70%は購入時点で意思決定が行われるといわれている。あらゆるマーケティング・コミュニケーション形態，とりわけ広告活動はブランド連想を生むために用いられる。そして，ブランド連想は広告メッセージや「好ましさ」を引き出すきっかけとなる。マーケティング・コミュニケーション・ミックスで複数のツールを使う場合は，先に広告活動で認知を獲得し，その後にbelow the lineのコミュニケーションで直接的な行動のきっかけを作ることが有効であろう。そのほうがブランドを混同したり不確かさに妨げられたりせずに行動を自然に生み出すからである。

　この最後のポイントはとりわけ重要である。なぜなら，広告活動だけではブランドやコミュニケーションでの経験を思い出すきっかけとして十分ではないからである。ブランドでは，パッケージや販売促進活動，インタラクティブ・メディア，購買時点，屋外広告などのすべてが一貫性を保ち，関心を引き起こすとともに再生や再認を促す重要な役割を果たしている。統合型マー

ケティング・コミュニケーションが重要なのは，単にメッセージがテイクアウトされることや好ましさを引き出すためだけではなく，再生や再認のきっかけとなり自分との関連性が持てるブランド連想として刺激を与えるからである。

コンテンツが適切であれば消費者と関連性のある情報として伝達される。すなわち，個々人が広告物から情緒的にテイクアウトしたものは，意義深い価値を表しているのである。したがって，マーケティング・コミュニケーションは情報が意義深くあることや情緒的なテイクアウトになることのバランスを考慮し，消費者それぞれが自分との関連性や意味を持つようにするべきである。

ビュー・ポイント4.4　モンキー・ビジネスが意義深い価値をもたらす

ブルックボンドの紅茶ブランドであるPGティップスは，45年の長きにわたってチンパンジーを起用している。チンパンジーは紅茶ブランドにユーモアをもたらし，消費者はブランドから楽しい気持ちを連想することができる。チンパンジーは，ジェームス・ボンドのパロディや，ピアノを階下に運ぶ男，ツール・ド・フランスの自転車選手，さらにはアイロンをかける主婦，として起用されたが，いつも紅茶を飲む（ふりをする）のが大好きなのであった。PGがナンバーワン・ブランドになった後もチンパンジーの広告をオンエアするかしないかで売上が浮沈した。

キャドベリーズは牛乳のブランドでフィル・コリンズの『イン・ジ・エア・トゥナイト（In the Air Tonight）』のドラムを叩くゴリラの広告を実施した。ゴリラがドラムを演奏する必然性などなくキャドベリーズとゴリラとの接点など（当時は）なかった。そのうえブランド名が最後に出てくる以外何も語らなかったにも関わらず，この広告は人々の想像力を駆り立てた。この広告は製作費も比較的安く，制作会社「A Glass and a Half Full Productions」を名乗って露出された。

この広告は似たような動画が流れる前のティーザーとして流され，A Glass and a Half Full Productionsのウェブサイトでは，膨大な人が視聴するラグビー・ワールドカップやドキュメンタリー番組「ビッグブラザー」の最終決戦で90秒スポットを流すのに合わせ，ファンと対話を続けたのであった。

この広告はクリエティビティの傑作として評価され全英で話題になった。需要期である10月終わりまでに売上高は7％上昇し，週間売上額は「ゴリラ」がオンエアされていた間は前年同時期と比べて9％高まった。この広告はホール＆パートナーズ社の調査において歴代最高の認知率を記録した。

どちらのキャンペーンも，意義深い価値をもたらしたのは，膨大な広告の中でも際立って目立ち人々の記憶に残る鍵となる要素があったからである。これらの広

告はバイラルとしてクチコミでの会話を広め，メディアはこぞってチンパンジーやゴリラを取り上げたのである。

出典：Benady（2013）；Blackstock（2002）；Campaign（2007）；Carter（2008）

問い：「ゴリラ」の広告はどのように評価されるべきだろうか。あなたなら
　　　その成果をどう測定するだろうか。
課題：他のブランドにもゴリラは登場している。ゴリラの登場する広告を2
　　　つ挙げてみよう。

マーケティング・コミュニケーション機能の解釈5：認知的処理

　これまで議論されてきたのは，購買者は情報処理を能動的に行うか，受動的に行うかについてである。情報がどのように活用されるのかを理解するにあたり，認知的処理では「外的情報がどのように意味に変化し思考パターンとなるのか，またこれらの意味がどのようにして判断に組み込まれていくのか」（Olsen and Peter，1987）を方向づけておこう。

　人がメッセージを読んだり見たり聞いたりする時に起こる思考プロセス（認知的処理）を調べ，メッセージ解釈のあり方を理解することはキャンペーンの展開や評価に有用となる（Greenwald，1968; Wright，1973）。この場合の思考は通常，消費者にメッセージ反応をした時の考えを言葉で書いて報告してもらう形で評価する。思考は受け手が経験する認知プロセスや反応を反映すると考えられており，そのプロセスや反応がコミュニケーションを生み出したり遠ざけたりする。

　研究者は認知的反応（思考）には3つのタイプがあり，それらのタイプによって態度や行動意図との関わり方が決められることを明らかにしている。図4.6は，この3タイプの反応を表しているが，実際にはこれらははっきり区別されているわけではなく，互いに重なり合ったり混ざり合ったりして一目見ただけではとらえきれない様相となっていることは理解しておいてほしい。

図4.6　認知的処理のモデル

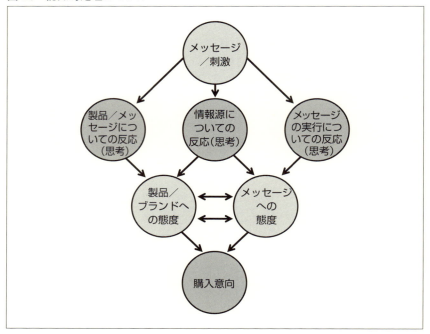

出所：Lutz et al.（1983）より。

1）製品／メッセージについての反応（思考）

　これらは製品やコミュニケーションに向けられる思考である。メッセージ内容についての思考はこれまでも大いに注目されてきた。そこでは，特に2つのタイプの反応が考察されてきた。1つは反論的議論，もう1つは支持的議論である。

　反論的議論は受け手がメッセージの内容に同意しない場合に起こる。Belch and Belch（2004）は，次のように述べている。

　　受け手の信念や知覚に反するようなメッセージが主張されればされるほど，反論的議論の起こる可能性は高まる。当然，反論的議論の程度が大きくなればなるほどメッセージが受容される可能性は小さくなる。逆に，支持的議論はメッセージの受容や同意を表す。つまり，支持的議論はメッセージの受容と正の関係を持つ。

この意味で広告物や一般的なコミュニケーションは支持的議論を促すことを目指すべきである。

２）情報源についての反応（思考）

　この一連の認知的反応はコミュニケーションの情報源に向けられる思考である。この概念は情報源の信憑性と密接に関係し，メッセージの情報源が疑問視され信用性が乏しいと見られる場合にはメッセージの受容可能性は低くなる。こうした状況は情報源の**信憑性毀損**（source derogation）といわれ，その逆は情報源の**信憑性支持**（source bolster）といわれる。これらがコミュニケーションに有用なのは，受け手が類似した経験をしている場合に情報源の信憑性支持の効果が引き上げられ，メッセージの受容性が高められるからである。

３）メッセージの実行についての反応（思考）

　これは個人がメッセージの全体的デザインやその効果に対して向ける思考である。受け手が抱く思考には製品に関するものばかりではなくメッセージそのものに情緒的に向けられるものもある。こうした感性や情緒を理解することは，メッセージに対する態度，特に広告物やコミュニケーションに対する態度にインパクトを与えるため，とても重要となる。

４）メッセージへの態度

　コマーシャルでは人々がコミュニケーションの品質に何らかの判断を下していることは明らかである。その判断には，広告物やそのクリエイティビティ，トーン＆スタイル，ウェブサイト，販売促進活動やダイレクトメールの実践も含まれる。消費者は，これらを経験し知覚し，メッセージへの好感の程度によって，メッセージそのものへの態度を形成する。このような考えをベースに認知的処理に関して重要な展開がなされた。Lutzは，**特定広告への態度**（attitude-towards-the-ad）という概念を導出し，マーケティング・コミュニケーションに関する多くの論文の重要な基盤を提供した。Goldsmith and Lafferty（2002）は「ある広告が望ましいという情緒的に前向きな反応が

引き出された場合，その反応はブランドに関連する認知（知識）やブランドへの態度，購入意向と正の関係を持つ」と主張し，そのような事実を示す実証研究が数多くあるとした。Chen and Wells（1999）の同様の研究も，特定広告への態度という概念が様々なデジタル・メディア，特にeコマースに応用できることを示した。彼らは，**特定サイトへの態度（attitude-towards-the-site）**という概念に言及し，同様のアイデアはBruner and Kumar（2000）によっても展開され，ウェブサイトが好まれれば好まれるほどブランド態度や購入意向も前向きなものとなると結論づけた。ただしここでも注意が必要である。Rossiter and Percy（2013）は，特定広告への態度という概念は，広告効果に影響を与える媒介要因にならないと指摘している。

しかし，このような見解はあるものの，圧倒的な根拠に鑑みれば，**特定メッセージへの態度（attitudes-towards-the-message）**（と伝達メカニズム）はブランド態度にインパクトを与え，その後の消費者の購入傾向にも影響する，という見解は十分に理に適っている。また，今日，感性や情緒に訴えようとする広告物の割合が増加していることがよく知られている。その理由として，広告物や製品，そしてその両方への態度は購入意図を高め，そこからさらなるポジティブな相互関係が生まれると考える研究者も多い。同じような意図から販売促進のツール類を企画するのに時間や労力が費やされるようになり，コミュニケーション効果の点からパッケージ・デザインにも注目が集まるようになった。記事体広告やプレスリリースの言葉遣いにも注意が払われるようになっている。そして，おそらく何よりもウェブサイトをどのようにデザインするかという研究開発にますます努力が注がれるようになっている。ウェブサイトは，戦略的にユーザーフレンドリーでありながら機能的でもあるという両方を兼ね備えたサイト，一言でいえば好まれるサイトが望ましい。

5）低注意下の情報処理

マーケティングにおける関係性の連続体のところで忠告したように，認知的処理についてはもう1つ別な視点から検討しておくことも必要である。認知的処理モデルは人々が論理に基づく合理的な方法で情報処理することを仮定している。情報処理モデルといわれるこのアプローチでは，メッセージが

処理され記憶に蓄積された後にそれらが取り出され，さらに随時アップデートされることが仮定されている（このトピックに関して詳しくは第3部各章を参照されたい）。このような処理アプローチは情報的メッセージと情緒的メッセージのどちらにも関わる。かつては，情緒的メッセージは，人の思考の結果，人が自分が考えていることを理解し完全に理解できたうえで伝わると考えられていた（Heath and Hyder, 2005）。しかし，Zajonc（1980）やDamasio（2000）といった心理学者はこのような考えを否定した。なぜなら彼らの研究は逆の結果を示しており，思考を形作るのはむしろ常に感性や情緒であったからである。これにしたがえば，広告活動は消費者にメッセージに対して注意を振り向けさせたり認知的情報処理にこだわったりしなくても，単に接触するだけでも効果を持つのかもしれない。

Heathは2001年に**低注意下の処理モデル**（**LAP：Low Attention Processing Model**）を発表した。それは以前は低関与下の処理モデル（Low Involvement Processing Model）といわれていた。低注意下の処理モデルの主要な特徴は，HeathとHyderによって表4.6にまとめられている。

メッセージはわずか1，2度目に触れ注意を向けてもらえれば十分であるという見方が広く知られているが，これは**高注意下の処理**（**HAP：High Attention Processing**）である。LAPモデルがいっているのは，人が同じ広告を何度も見る時に，その広告には低注意下の処理を適用できるということである。これには実証研究に基づいた議論が交わされており，広告メッセージは注意水準が低いまま情報処理がなされるといわれている。通常，人はテレビを受動的に見ており（Krugman, 1965），今日では他のメディアと同時に見ていることもあって，広告に払われる注意は極めて低い。その結果，人はメッセージを「受け取っている」という自覚がないまま，情緒や低水準の意識下の連想に基づいて意思決定を行っているのである。Heath and Feldwick（2008）によると，広告メッセージには必ずしもインパクトを持たせる必要はなく価値提案性や機能的ベネフィットを伝える必要もないという。重要なのは，広告表現が「情緒やブランドとの関係性に影響を与える」ことであるという。

この見方を認めるならば，認知的処理という視点からは，マーケティング・コミュニケーションがどのように機能するのかを説明できなくなる。少なくとも，広告は情報処理を通じて作用するという従来的な見方は影響力を失う

表4.6　低注意下処理の主要な特徴

特徴	解説
直感的選択	直感による意思決定が熟慮による選択よりも広く見られ，そのため情緒の影響が強い
情報取得	直感による意思決定が情報探索を弱め，そのため広告への注目ニーズが弱まる
受動的暗黙的学習	ブランド情報は，受動的学習および暗黙的学習によって低水準の注意を通じて獲得される
持続的連想	連想が時間とともに強化され，受動的学習を通じてブランドと結びつけられる。こうした連想が情緒形成要因を活性化し，それが意思決定に影響を与える
半自動的	学習は注意のレベルに関わらず半自動的に行われる

ことになる。

6）認知スタイル

　当然ながら，情報処理の仕方は人によって異なる。脳の側性化理論の様々な研究によれば，左脳は合理的，分析的，段階的な情報処理に特化し，右脳は，視覚的，直観的，同時的な情報処理に特化している傾向があることが明らかにされている。（Armstrong, 1999）。

　「認知スタイル」という用語は，人が情報を受け取り，編成し処理する様々なやり方のことである（Messick, 1972）。実際，認知スタイルは様々なグループによってそれぞれ異なっており（Witkin et al., 1977），グループが異なると知覚や思考，問題解決，学習，意思決定，他者との関わり合いのやり方が異なる。主流となるスタイルはグループごとに年代や文脈を通じて固定化しており，むしろ重要なのは，そのスタイルは個人の知的水準とは関わりがないということである（Vinitzky and Mazursky, 2011）。

　認知スタイルは個人の行動の仕方に影響を与えるため，認知スタイルを理解することは多くの領域で重要となっている。マーケティングでは，特に多国籍組織にとっては認知スタイルを洞察することは重要となる。なぜなら，広告活動のフォーマットを消費者の認知スタイル（分析的か心象的か）に適合させることによって，広告効果を高めることができるからである（Thompson and Hamilton, 2006)。比較広告は分析的処理をする消費者には有効だが，イメージ的処理をする消費者には比較広告ではない形式のほうが有効となる（Armstrong et al., 2012）。例えば，Cuia et al.（2013）が引用している研究では，東アジア人は右脳処理に重点を置くために変換型もしくは象徴型の広告活動を受け容れやすく，欧米人は左脳処理に重点を置くために情報型広告が効果的だという（Chan, 1996）。

認知スタイルの原理は「思考と感情」の次元へと昇華され，広告戦略の方向づけに活用されている。

第4部を通じて

第4部では，マーケティング・コミュニケーションはどのように機能するのかという問いに対する5つの解釈を考察してきた。どれも完全に正しいとか完全に間違っているとかいうものではない。実際のところ，マーケティング・コミュニケーションは様々な文脈で多様なやり方で機能しており，大抵のキャンペーンではこれらの解釈のいずれもが見い出せると結論づけてよいだろう。

例えば，階層的解釈は態度変容の原理を内包しているという者もあれば，認知的処理がこれらすべての解釈の基盤を支えていると主張する者もいる。これらの解釈の中のいくつかはデジタル時代以前に展開されたため，今日同じように適用しても妥当性を持つかどうかを疑問視するような指摘もある。例えば，今日のマーケティング・コミュニケーションでは，オーディエンスや顧客，ソーシャル・ネットワークにおけるトライブの声をもっと傾聴することが強調されている。しかし，そのような側面についてはどのようなモデルでも明らかにしていないのである。

第4部のキー・ポイント

1) マーケティング・コミュニケーションは，**組織のマーケティング，ビジネスおよび企業戦略を補完する**ために活用されるべきである。これらをうまく調和させることで，コア・メッセージを強化し，企業ミッションを反映し資源を有効に活用する手段を提供しビジネス戦略全体が強化さ

第12章 マーケティング・コミュニケーションの解釈（解釈4～5）　221

れる。

2) マーケティング・コミュニケーションの要となる役割は，**メッセージそのものへの反応を引き出したりブランドへの反応を促したりすること**であり，行動のきっかけをもたらすことでブランドそのものへの反応を高め，オーディエンスとエンゲージメントを結ぶことである。

3) マーケティング・コミュニケーションが役割を果たすための考察として5つの解釈が考えられる。**階層的購買プロセス，態度変容，関係性の形成，意義深い価値の展開，認知的処理**である。

4) 階層的アプローチでは，マーケティング・コミュニケーションは，**一連の論理的段階に基づいた意思決定プロセスに消費者を導くことが必要**であると仮定する。

5) **態度変容**は多くの人々から，マーケティング・コミュニケーションがオーディエンスに影響を与える最も重要な方法論と考えられてきた。そこではマーケティング・コミュニケーションは，**態度を構成する3つの要素，認知的要素，感情的要素，行動的要素**に焦点を合わせて活用される。

6) **関係性マーケティング**は，買い手と売り手の間の交換の頻度と強さによって特徴づけられる。交換が頻繁になり深く結びつくことで，消費者とブランドとの関係性の強度が高まっていく。

7) 顧客関係性は関係性が発展する一連の段階として考えられる。そこには**顧客獲得期，発展期，維持期，衰退期**がある。これを総称して**顧客関係性のライフサイクル**という。関係性の各段階で期間の長さや関係性の強さは異なる。マーケティング・コミュニケーションはそのライフサイクル上での顧客段階に応じて顧客に影響を与えることで機能する。

8) マーケティング・コミュニケーションは，**ブランド連想やブランド経験のきっかけ**となるために用いられる。

9) 記憶に残るメッセージは独特の特徴を備えている。製品は他社のものと差別化できるか新しくなければならないし，メッセージは他とは違い，しかも興味を引くやり方で伝えられなければならず，さらにオーディエンスが持つ文脈において自分にとって**意義深い**と思われる何かを主張しなければならない。

10) 「意義深い」という言葉は，そのメッセージが顧客にとって**意味があり**，

自分との関連性も深く，妥当な信憑性もあることを意味する。これは**広告の好ましさ**という概念に基づいており，多くの研究者が広告効果において意味ある指標だと考えている。これらの特徴を合わせ持てば，どのようなワン・メッセージでも個人にとって意義深い価値をもたらすであろう。

11) **認知的処理モデル**は，人は論理に基づく合理的なやり方で情報に注目し処理することを仮定している。認知的反応には３つのタイプがあり，それらによって態度や意図との関わりが決定づけられる。つまり，**特定製品への態度，特定メッセージへの態度，特定広告とその実行への態度**である。

12) 「ある広告が**望ましい**という**情緒的に前向きな反応**が引き出せたならば，その反応がその後のブランドに関連する認知（知識）やブランドへの態度，購入意向との間に正の関係を持つ」とする実証的研究は数多い。

13) 広告を好ましく思ってもらえれば，ブランドに関連する認知（知識）やブランド態度，購入意向と正の関係があるために，マーケティング・コミュニケーションは役割を果たす。**特定広告への態度**という概念は，インタラクティブ・メディア，eコマース（特定サイトへの態度），販売促進活動，人的販売にも同じように適応できる。

第4部のレビュー・クエスチョン

1．顧客関係性のライフサイクルを思い出してみて，マーケティング・コミュニケーションがそれぞれの段階にどのように影響するかを表してみよう。

2．クリエイティブ・マグニファイアについて説明してみよう。これが重要とされるのはなぜだろうか。

3．認知的処理のプロセスは３つの主要な要素から構成されている。それぞれの要素を挙げてみよう。

4．３つの階層モデルの違いについて簡単にまとめ，それぞれに考えられる機能について評価してみよう。

5．認知的処理がすべてを説明できるアプローチとされていないのはなぜだろうか。

第4部　さらなる考察のための学術論文

Lavidge, R. J. and Steiner, G. A.（1961）A model for predictive measurements of advertising effectiveness, *Journal of Marketing*, 25（6）,（October）, 59-62.

　　本論文は，広告は消費者が購入プロセスにおいて段階を経ていくことを支援するべきことを提唱した。*Journal of Marketing* が刊行されて以来の広告に関する考察の仕方を大きく変えた論文である。

Heath, R. and Feldwick, P.（2008）50 years using the wrong model of TV advertising, *International Journal of Market Research*, 50（1）, 29-59.

　　本論文は広告が効果的に機能するためには必ずしも注意を獲得することは必要ないと考察している。情報処理概念の議論や流れについても触れており読者に有用な示唆を与えよう。

Grönroos, C.（2004）The relationship marketing process: communication, interaction, dialogue, value, *Journal of Business and Industrial Marketing*, 19（2）, 99-113.

　　筆者は関係性マーケティングをプロセスとしてとらえ，その下で計画的に統合されたマーケティング・コミュニケーションを検討している。

Gilliland, D. I. and Johnston, W. J.（1997）Towards a model of marketing communications effect, *Industrial Marketing Management*, 26, 15-29.

　　本論文では，BtoB文脈においてマーケティング・コミュニケーションがどのように作用しているかを説明する，優れたモデルが提唱されている。

■参考文献

Ajzen, I. and Fishbein, M.（1980）*Understanding Attitudes and Predicting Social Behavior*, Englewood Cliffs, NJ: Prentice Hall.

Amell, S.（2014a）FACEBOOK!! Our campaign for Fuck Cancer is back!! Facebook, retrieved 21 December 2014 from www.facebook.com/video.php?v=76002735408253 4&set=vb .146921975393078&type=2&theatre.

Amell, S.（2014b）17,180 Shirts Sold. Sooooo much $ raised. 18 hours left, *Fuck Cancer*, Facebook, retrieved 21 December 2014 from www.facebook.com/video.php? v=728 188040599799&set=vb.146921975393078&type =2&theatre.

Amell, S.（2015）Stephen Amell Profile, Facebook, retrieved 31 March 2015 from www. facebook.com/stephenamell.

Anderson, J.C. and Narus, J.A.（1999）*Business Market* Management, Upper Saddle River,

NJ: Prentice Hall.

Armstrong, S. (1999) The influence of individual cognitive style on performance in management education, in *Proceedings of the 4th Annual Conference of the European Learning Styles Information Network* (eds J. Hill, S. Armstrong, M. Graff, S. Rayner and E. Sadler- Smith), Preston: University of Central Lancashire, pp. 31–50.

Armstrong, S.J., Cools, E. and Sadler-Smith, E. (2012) Role of cognitive styles in business and management: reviewing 40 years of research, *International Journal of Management Reviews*, 14, 238–62.

Ballantyne, D. (2004) Dialogue and its role in the development of relationship specific knowledge, *Journal of Business and Industrial Marketing*, 19 (2), 114–23.

Barry, T. and Howard, D.J. (1990) A review and critique of the hierarchy of effects in advertising, *International Journal of Advertising*, 9, 121–35.

Belch, G.E. and Belch, M.A. (2004) *Advertising and Promotion: An Integrated Marketing communications Perspective*, 6th edition, Homewood, IL: Richard D. Irwin.

Benady, D. (2013) What makes the perfect viral ad? *theguardian.com*, retrieved 12 August 2014 from www.theguardian.com/best-awards/ what-makes-the-perfect-viral-ad-john-west-ronaldinho.

Blackstock, C. (2002) Tea party over as PG Tips chimps are given the bird, *Guardian*, 12 January, retrieved 12 February 2008 from www.monkeyworld.co.uk/press. php?ArticleID=59.

Brakus, J.J., Schmitt, B.H. and Zarantello, L. (2009) Brand experience: What is it? How is it measured? Does it affect loyalty? *Journal of Marketing*, 73 (3), 52–68.

Brown, G. (1991) *How Advertising Affects the Sales of Packaged Goods Brands*, Warwick: Millward Brown.

Brownsell, A. (2013) First Direct returns to 'challenger' origins with 'unexpected bank' relaunch, *Marketing Magazine*, 22 May, retrieved 6 February 2015 from www. marketingmagazine.co.uk/article/1183334/firstdirect- returns-challenger-origins-unexpected-bankrelaunch? HAYILC=RELATED.

Bruner, G.C. and Kumar, A. (2000) Web commercials and advertising hierarchy of effects, *Journal of Advertising Research*, January/April, 35–42.

Campaign (2007) Cadbury 'gorilla' wins Campaign of the Year, *Campaign*, 13 December, retrieved 16 August 2014 from www.brandrepublic.com/InDepth/ Features/773064/ Cadbury-gorilla-wins-Campaign-Year/.

Canning, L. and Hammer-Lloyd, S. (2002) Modeling the adaptation process in interactive business relationships, *Journal of Business & Industrial Marketing*, 17 (7), 615–36.

Carter, M. (2008) Monkey business, *Independent*, 17 March, 8–9.

Champagne, C. (2013) How to make a Cannes contender: Chipotle's 'back to the start', FastCompany, 21 September, retrieved 8 January 2015 from www. fastcocreate. com/1680942/how-to-make-a-cannescontender- chipotles-back-to-the-start.

Chan, D. (1996) Cognitive misfit of problem-solving style at work: a facet of person–

organisation fit, *Organisational Behavior and Human Decision Processes,* 68, 194–207.

Chen, Q. and Wells, W.D. (1999) Attitude toward the site, *Journal of Advertising Research,* September/October, 27–37.

Clark, A. (2015) How to measure success in content marketing, *ScribbleLive,* retrieved 14 February 2015 from http://media.dmnews.com/documents/105/ scribblelive_ whitepaper_measur_26084.pdf.

CMI (2015) What is content marketing? *Content Marketing Institute,* retrieved 17 February 2015 from http://contentmarketinginstitute.com/ what-is-content-marketing/.

Cuia, G., Liub, H., Yang, X. and Wang, H. (2013) Culture, cognitive style and consumer response to informational vs. transformational advertising among East Asians: evidence from the PRC, *Asia Pacific Business Review,* 19 (1), 16–31.

Damasio, A.A. (2000) *The Feeling of What Happens,* London: Heinemann.

Day, G. (2000) Managing market relationships, *Journal of the Academy of Marketing Science,* 28, 1, Winter, 24–30.

Dixon, L. (2014) It's Not Just Arrow, *Stephen Amell is a True Hero!* Retrieved 29 March 2015 from http:// moviepilot.com/posts/2014/11/03/it-s-not-justarrow- stephen-amell-is-a-true-hero-2400985?lt_ source=external,manual.

Falconi, J. (2015) What marketers can learn from Netflix and the wisdom of the crowd, *The Marketer,* 13 February, retrieved 17 February 2015 from http://blog. themarketer. co.uk/2015/02/what-marketers-can-learnfrom- netflix-and-the-wisdom-of-the-crowd/.

Fletcher, W. (1994) The advertising high ground, *Admap,* November, 31–4.

Fuck Cancer (2015) Fuck Cancer Profile, Facebook, retrieved 23 February 2015 from www.facebook.com/ fcancernow.

Gilliland, D.I. and Johnston, W.J. (1997) Towards a model of marketing communications effects, *Industrial Marketing Management,* 26, 15–29.

Goldsmith, R.E. and Lafferty, B.A. (2002) Consumer response to websites and their influence on advertising *effectiveness, Internet Research: Electronic Networking Applications and Policy,* 12 (4), 318–28.

Greenbaum, J. et al. (2015) *Our Story,* retrieved 28 September 2014 from http:// fcancerevents.com/about-us/.

Greenwald, A. (1968) Cognitive learning, cognitive response to persuasion and attitude change, in *Psychological Foundations of Attitudes* (eds A. Greenwald, T.C. Brook and T.W. Ostrom), New York: Academic Press, 197–215.

Gronroos, C. (2004) The relationship marketing process: communication, interaction, dialogue, value, *Journal of Business and Industrial Marketing,* 19 (2), 99–113.

Heath, R. (2001) Low involvement processing – a new model of brand communication, *Journal of Marketing Communications,* 7, 27–33.

Heath, R. and Feldwick, P. (2008) 50 years using the wrong model of TV advertising, *International Journal of Market Research,* 50 (1), 29–59.

Heath, R. and Hyder, P. (2005) Measuring the hidden power of emotive advertising, *International Journal of Market Research*, 47 (5), 467–86.

Jack, L. (2014) First Direct launches campaign in Downton Abbey slot, *campaignlive. co.uk*, 22 September, retrieved 6 February 2015 from www.campaignlive.co.uk/news/1313274/.

Johnson, L. (2014) What marketers can learn from the fast-casual restaurant boom – Taco Bell and Chipotle's models go beyond the in-store experience, *Adweek*, 29 September, retrieved 8 January 2015 from www.adweek. com/news/advertising-branding/what-marketers-canlearn- fast-casual-restaurant-boom-160440.

Kent, M.L. and Taylor, M. (2002) Toward a dialogic theory of public relations, *Public Relations Review*, 28 (1), 21–37.

Krugman, H.E. (1965) The impact of television advertising: learning without involvement, *Public Opinion Quarterly*, 29 (Fall), 349–56.

Lavidge, R.J. and Steiner, G.A. (1961) A model for predictive measurements of advertising effectiveness, *Journal of Marketing*, October, 61.

Lutz, J., Mackenzie, S.B. and Belch, G.E. (1983) Attitude toward the ad as a mediator of advertising effectiveness, *Advances in Consumer Research*, 10 (1), 532–9.

Macneil, I.R. (1983) Values in contract: internal and external, *Northwestern Law Review*, 78 (2), 340–418.

McGrath, M. (2014) The advertising game: how brands like Chipotle, Google and Gap rise above competitors, Forbes, 21 October, retrieved 8 January 2015 from www.forbes.com/sites/maggiemcgrath/2014/10/21/theadvertising- game-how-brands-like-chipotle-google-andgap- rise-above-competitors/.

McGuire, W.J. (1978) An information processing model of advertising effectiveness, in *Behavioral and Management Science in Marketing* (eds H.L. Davis and A.J. Silk), New York: Ronald/Wiley, 156–80.

Messick, S. (1972) Beyond structure in search of functional modes of psychological process, *Psychometrica*, 37, 357–75.

Mohr, J. and Nevin, J.R. (1990) Communication strategies in marketing channels, *Journal of Marketing*, October, 36–51.

Nudd, T. (2013) Move into gaming, too, *Adweek*, 12 September, retrieved 8 January 2015 from www .adweek.com/news/advertising-branding/ad-day-chipotle- makes-magic-again-fiona-apple-and-darkanimated- film-152380.

Olsen, J.C. and Peter, J.P. (1987) *Consumer Behavior*, Homewood, IL: Irwin.

Palda, K.S. (1966) The hypothesis of a hierarchy of effects: a partial evaluation, *Journal of Marketing Research*, 3, 13–24.

Palmer, R. (2007) The transaction–relational continuum: conceptually elegant but empirically denied, *Journal of Business and Industrial Marketing*, 22 (7), 439–51.

Prudom, L. (2015) *'Supernatural' Star Jared Padalecki Talks Depression and Why You Should 'Always Keep Fighting'*, retrieved 29 March 2015 from http://variety.com/2015/tv/people-news/jared-padalecki-always-keepfighting- depressionsuicide-twloha-1201451708.

Rao, S. and Perry, C. (2002) Thinking about relationship marketing: where are we now? *Journal of Business and Industrial Marketing*, 17 (7), 598–614.

Rapacz, D., Reilly, M. and Schultz, D.E. (2008) Better branding beyond advertising, *Marketing Management*, 17 (1), 25–9.

Roderick, L. (2014) Youthful banking, *The Marketer*, September/October, 24–7

Rossiter, J.R. and Percy, L. (2013) How the roles of advertising merely appear to have changed, *International Journal of Advertising*, 32 (3), 391–8.

Rowe, W.G. and Barnes, J.G. (1998) Relationship marketing and sustained competitive advantage, *Journal of Market-Focused Management*, 2 (3), 281–9.

Solomon, B. (2014) Chipotle continues explosive growth in the burrito bull market, Forbes, 20 October, retrieved 8 January 2015 from www. *forbes*.com/sites/ briansolomon/2014/10/20/chipotle-continues-explosivegrowth- in-the-burrito-bull-market/.

Strong, E.K. (1925) *The Psychology of Selling*, New York: McGraw-Hill.

Thompson, D.V. and Hamilton, R.W. (2006). The effects of information processing mode on consumers' responses to comparative advertising, *Journal of Consumer Research*, 32, 530–40.

Thomson, K. and Hecker, L.A. (2000) The business value of buy-in, in *Internal Marketing: Directions for Management* (eds R.J. Varey and B.R. Lewis), London: Routledge, 160–72.

Vinitzky, G. and Mazursky, D. (2011) The effects of cognitive thinking style and ambient scent on online consumer approach behavior, experience approach behavior, and search motivation, *Psychology & Marketing*, 28 (5), 496–519.

Witkin, H.A., Moore, C.A., Goodenough, D.R. and Cox, P.W. (1977) Field dependent and field independent cognitive styles and their educational implications, *Review of Educational Research*, 47, 1–64.

Wright, P.L. (1973) The cognitive processes mediating the acceptance of advertising, *Journal of Marketing Research*, 10 (February), 53–62.

Zajonc, R.B. (1980) Feeling and thinking: preferences need no inferences, *American Psychologist*, 39, 151–75.

訳者あとがき

　2015年夏，家族で英国を周遊旅行した折に，ブライトンのとある大学にて
この原書に出会った。私は，700ページに及ぶこの原書に釘づけとなり，し
ばらく動けないでいた。当時いちばん関心があった「エンゲージメント」を
マーケティングの交換概念と接合し，コミュニケーションの役割の中心概念
として規定する視点に大いに惹かれた。多くの学術的な視点を紹介比較しな
がら，同時に今日的な状況を点描し，さらにそこに洞察に富む実務的な知見
を加えていた。この本をどのように受け取るのか見当がつかないまま購入し，
帰国する飛行機の中でも読み続けた。そして，読んでいくうちに冒頭の原理
的な部分だけは，どうしても翻訳したいと思うようになった。
　その理由は，関西学院大学専門職大学院経営戦略研究科で，マーケティン
グ・コミュニケーションの授業を受け持つ中で，今日の時代変化を取り込み，
しかも実務的にも納得できるレベルで，コミュニケーションを方向づける基軸
が必要であると強く感じていたからであった。広告手法に精通した実務家達
の多くが，コミュニケーションの役割や目的を明確に経営陣に伝えきれない
という共通の悩みを抱えていた。カンヌ・ライオンズで称讃される事例と自
分の取り組みがコミュニケーションの目的レベルから違うという発言もあっ
た。アドテックなどデジタル技術により凄まじいスピードで手法が入れ替わ
る中で，企業や組織でのコミュニケーション戦略を組み立て，予算配分させ
ていく構図が見出せないという話も聞いた。コミュニケーションが経営レベ
ルと結びつきを深める中で求められていたのは，単に目の前の変化に対応す
るだけではなく，変化を自らの立場からポジティブ・チャンスとしてとらえ
ていく基軸となる考え方であった。
　本書と出会った英国ブライトンは，奇しくも同年ラグビーのW杯で日本代
表が南アフリカ代表に奇跡的な逆転勝ちを納めた場所である。基軸となる考
え方とは，ラグビーに喩えるならば，目の前のボールのみをいたずらに追い
かけるのではなく，ゲームを支配している全体の流れをイメージし，次の一

229

手に向けてプレイする戦略イメージに似ている。この戦略イメージを理解しているからこそ，個々のプレイが際立つ。同様に，個々の広告展開やコミュニケーションもこのマーケティングや事業での全体の流れを含んで展開されるからこそ際立つといえる。しかし，現在，この戦略イメージが掴みづらくなり，個々のプレイの役割や意味づけが曖昧になってしまっているのだ。（逆にいうなら，目の前のボールばかりを追いかけることになってしまう）。広告制作には多くのノウハウ本やクリエーターなどスキルを持つスペシャリストがいる。しかし，次々とデジタル・トランスフォーメーションが進む中でこのマーケティング上での役割を組み込んで戦略的コミュニケーションを組み立てることは，まさに手探りの状態なのである。

　帰国後しばらくして，翻訳家の相島淑美さんに協力を仰ぎ，白桃書房の大矢社長の理解を得て，翻訳の計画を立てた。だが折悪く，老父が心臓の大動脈剥離となり，一命を取り留めたものの認知症となり，その介護に追われ，計画は遅々として進まなかった。そのうちに手にしていた原書は第6版から第7版に変わってしまっていた。（それでもありがたいことに，知らないうちに相島さんは7名のメンバーとともに粗い下訳を用意してくれていた）。

　その後，父親が鬼籍に入り，本格的に翻訳に再挑戦しようと思った。そうした折，五十嵐正毅さんがたまたま，東京の大学に移ってきた。私は，五十嵐さんを翻訳に誘った。本書の翻訳には，学術的な知識と同時にどうしても実務経験に裏づけられた知見を汲み取る力量を持つパートナーが必要であり，記述されている内容を議論しながら，それを実務的なやりとりへの洞察も含めて日本語に映しこんでいく必要を感じていたからである。幸いにして代え難いパートナーを得て，翻訳を一歩一歩進めた。一節一節を音読したため，読み合わせ場所にも困り，豪雨に濡れたまま8時間あまりファミリーレストランで粘ったこともあった。このような経緯から本書は生まれたのである。

　この経緯の中で，関西学院大学専門職大学院経営戦略研究科，山本昭二先生には，翻訳でのいくつかの貴重なアドバイスをいただいた。また，翻訳の再挑戦では，中央大学専門職大学院戦略経営研究科の田中洋先生に相談し，出版への励ましもいただいた。本当に，感謝を申し上げたい。また，ここでは，一人ひとりの名前は割愛するが，関西学院経営戦略研究科での授業受講者の皆さん重ねて感謝申し上げたい。今日のビジネスの現場にいるからこそリア

ルに持ち込まれてくる課題からマーケティング・コミュニケーションの今日的なあり方を模索する中で多くの教示を得ている。加えて，社団法人日本広告業協会の懸賞論文審査員として毎年，現場から上がってくる多くの論文１つ１つに目を通した経験は大変参考になった。若い世代の広告人たちの現場からの問題意識に触れることで，広く社会に通底するデジタルシフトがもたらす変化や問題意識を幅広く考えさせられた。また，個人的なレベルで株式会社博報堂岩崎拓さん，株式会社読売広告社浜田茂さん，株式会社大広片倉淳子さんには，忌憚のないご意見をいただき，自らの視野狭窄や思い込みを修正させていただいた。英国での大学の仕組みや教育制度，特にMBAの現状に関しては，株式会社ログワークスの河田容英さんから情報提供並びにご教示いただいた。こうした様々な方々からの貴重なフィードバックから本書は成り立っている。老父への認知症での対応で中断に配慮いただき，ご協力いただいた相島淑美さんを始め，７名の方々にはここにお名前を記して感謝したい。（綾仁美さん，川方亜紀さん，彬なおこさん，高橋道子さん，田仲裕子さん，野中裕美さん，野村伊公子さん）。また，辛抱強く出版を支えていただいた白桃書房の大矢栄一郎社長には，心より感謝申し上げたい。こうして出版に至り，ようやく亡父の弔いもできた気がする。その意味で，亡くなった父茂孝，その介護に献身した母好子，長年苦労をかけた両親に少しだけ報いることができたのかもしれない。最後に，私をいつも支えてくれている妻千里，娘麗瑛にこの本を捧げたい。特に，麗瑛の「英国の大学が見たい」との思いに駆られての家族の旅立ちが，出版へ導きとなって本書は生まれた。麗瑛の成長に導かれて，若い世代のコミュニケーションのあり方にも大いに刺激され，日々示唆を得ている次第である。本当に感謝している。

(森一彦)

　共訳者である森先生から本書の抄訳刊行の話を聞いて，私は「ぜひ，やりたい」という衝動に駆られた。強調されるコンセプトや注目される手法が目まぐるしく変わる今日のマーケティング・コミュニケーションの諸相をどのように理解したらいいか考えあぐねていた時に，コミュニケーションや消費者行動の学術的知見を定番のものから比較的新しいものまで巧みにまとめ上

訳者あとがき　231

げていた原書新版は極めて魅力的に映ったからである。とりわけ，本書で訳出した部分は，マーケティング・コミュニケーションに新たな技術や手法が現れようともその底流にあり続けるであろう，「原理」ともいえる内容が述べられており，多くの読者にとって長く役立つ内容であると思っている。

　しかし，訳出作業は容易なものではなかった。一文一文を訳しながら度々激しい議論に及ぶ擦り合わせ作業が一年近くに及んだ。原書で引用されている文献を取り寄せてあたったり類書の訳語を確認したりする作業も当初の想定をはるかに上回る量となった。さらには，直訳調になりがちな文章を実務家にとってもなるべく分かりやすいものとする過程も悩ましいものであった。森先生との議論を経て，研究者には広く知られる学術用語をあえて使わないことにしたものもある。もっと読みやすくできるという気持ちも若干まだないわけではないが，マーケティング・コミュニケーションや広告のビジネスに携わる方々や興味を持つ多くの方々に本書が理解の助けとなることを祈念している。

　本書の刊行にあたっては，日本広告学会や日本広報学会などで常日頃からご指導いただいている先生方のお言葉が大いに励みとなった。また，実務に携わっていた頃にご一緒した多くのパートナーの姿が思い起こされ，その方々との対話を思い浮かべながら訳文に取り組むこともしばしばであった。お導きいただいた皆様に感謝申し上げたい。

　白桃書房の大矢栄一郎社長には版権確認や権利関係の煩雑な交渉や訳者の不慣れな進行をリードしていただき，大変お世話になった。また，本書に関わる作業を行う中で度々有益な助言をしてくれた妻友紀子にも感謝したい。

（五十嵐正毅）

原著者紹介

Chris Fill

サウスグロスターシャー州のソーンベリーで生まれ，ワーウィック大学にて，ビジネスとマネジメントの修士号を取得（Warwick MBA の前身）。その後，ブリティッシュ・エアウェイズの大学院経営研修プログラムに参加し，その後 13 年間は Inchcape グループの一員である Hawtin International に勤務。Vodafone が買収したドイツの Mannesmann Group の一部である Kienzle，スウェーデンの会社である Pendax AB では，トレーニングやプレゼンテーション・システムを英国に紹介することに従事した。

1988 年，ポーツマス大学で高等教育に転じ，22 年間大学で勤務した。ポーツマスで働いている間，マーケティング・コミュニケーションと企業の評判に関する論文，書籍を研究し，出版。教育に加えて，ポーツマス MBA プログラムをローンチし，コースディレクターを含む様々な管理職を務める。オランダ，ギリシャ，マレーシアでのパートナーとなるセンターとともにプログラムを確立し，米国のいくつかの大学とも関係を持っている。また，ポーツマスビジネススクールの大学院マーケティングプログラムのディレクター，リサーチプログラムのディレクターも務めた。1992 年に，当時英国では誰も取り組んでいなかったマーケティング・コミュニケーションに関する著作に取り組んだ。最初の版は1995 年に Pearson によって出版され，Sarah Turnbull 博士と共著での第 7 版（本書）を再出版。他の多くの共同執筆者と協力し，広告，企業評価，企業間でのマーケティングなど，オックスフォード大学出版社からマーケティングのテキストを出版している。

最初の著作が出版された直後，マーケティング・コミュニケーション・テスト・チームのマーケティング担当者として Chartered Institute of Marketing(CIM) に招待され，翌年，上級審査員に就いた。CIM での教育科目（モジュール）としてのマーケティング・コミュニケーションに携わった後は，企業評価管理のための大学院科目に関わっている。

マーケティングや企業のコミュニケーションに関する講義を通じて，英国やヨーロッパの大学での多くの知己を得た後，現在の主な活動は執筆ともに，広告の実務家のためのプロジェクトに取り組んでいる。

Sarah Turnbull

PhD，MBA，MSc，FCIM，FHEA。ポーツマス大学プリンシパル・レクチャラー。英国 Chartered Institute of Marketing（CIM）のフェロー，英国高等教育アカデミーのフェローである。アカデミアに加わる前には，多数のグローバル・アド・エージェンシーに勤務し，ドバイにおけるエミレーツ航空のアカウント・ディレクターを 8 年間務めた。

訳者紹介

森　一彦（もり　かずひこ）

関西学院大学専門職大学院経営戦略研究科教授。慶應義塾大学文学部卒業，東京大学大学院人文社会系研究科情報学専攻修士課程修了。株式会社大広入社以来，マーケティング，ストラテジック・プランナー部門に在籍し，数多く領域での事業ビジョン，商品開発，ブランディング，マーケティング・コミュニケーションなどの業務や，博覧会調査，基本構想に関わる。株式会社大広ブランドデザインでは，テーマパーク再生などの事業プロジェクトに関わる。一般社団法人日本広告業協会懸賞論文審査員（2013 ～ 17 年）。日本マーケティング学会（理事），リサーチプロジェクト「インダストリーイノベーション時代のブランディング研究会」代表，サービス学会，日本広告学会に所属。『最新ブランドマネジメント体系理論から広告戦略まで』（1997 年）日経広告研究所／日本経済新聞社，『ケースブック「価値共創とマーケティング」』（2016 年）同文舘出版。

五十嵐正毅（いがらし　まさき）

大東文化大学経営学部准教授。早稲田大学第一文学部卒業後，都内広告会社で主にストラテジックプランナーとして数多くのコミュニケーション企画やブランドマネジメントに携わる。2011 年早稲田大学大学院商学研究科博士後期課程単位取得退学。九州産業大学講師，同大学・大学院准教授を経て 2017 年 4 月より現職。日本広告学会（理事），日本広報学会（理事），American Academy of Advertising などに所属。『わかりやすいマーケティング・コミュニケーションと広告』（共著），『新マーケティング・コミュニケーション戦略論』（共著）など。

■ マーケティング・コミュニケーション
　—プリンシプル・ベースの考え方—

■ 発行日——2018年11月16日　初版発行　　　　　　　　　　〈検印省略〉

■ 訳　者——森一彦，五十嵐正毅

■ 発行者——大矢栄一郎

■ 発行所——株式会社　白桃書房

　　　　　〒101-0021　東京都千代田区外神田5-1-15
　　　　　☎03-3836-4781　📠03-3836-9370　振替00100-4-20192
　　　　　http://www.hakutou.co.jp/

■ 印刷・製本——藤原印刷

　　　ⒸMori Kazuhiko, Masaki Igarashi　2018 Printed in Japan　ISBN978-4-561-64229-9 C3063

本書のコピー，スキャン，デジタル化等の無断複製は著作権法上での例外を除き禁じられて
います。本書を代行業者等の第三者に依頼してスキャンやデジタル化することは、たとえ個
人や家庭内の利用であっても著作権法上認められておりません。

好 評 書

田村正紀【著】
贅沢の法則
本体2,315円
―消費ユートピアの透視図

新津重幸【著】
日本型マーケティングの進化と未来
本体3,200円
―ビジネスパラダイムの変革とマーケティングの戦略的変革

朴　正洙【著】
セレブリティ・コミュニケーション戦略
本体3,000円
―効果とリスクの実証研究

―――――――――― 東京 **白桃書房** 神田 ――――――――――
本広告の価格は本体価格です。別途消費税が加算されます。

好 評 書

大石芳裕【編】グローバル・マーケティング研究会【著】
日本企業のグローバル・マーケティング　　　　　　　　本体2,800円

大石芳裕【編著】
マーケティング零　　　　　　　　　　　　　　　　　　本体2,500円

大石芳裕【編著】
グローバル・マーケティング零　　　　　　　　　　　　本体2,500円

大石芳裕・山口夕妃子【編著】
グローバル・マーケティングの新展開　　　　　　　　　本体3,000円
　—日本流通学会設立25周年記念出版プロジェクト　第5巻

―――――――――　東京　**白桃書房**　神田　―――――――
本広告の価格は本体価格です。別途消費税が加算されます。

好 評 書

畢　滔滔【編著】2016 年日本商業学会学会賞奨励賞

チャイナタウン，ゲイバー，レザーサブカルチャー，ビート，

そして街は観光の聖地となった　　　　　　　　　　　　　　本体 2,750 円
―「本物」が息づくサンフランシスコ近隣地区

畢　滔滔【著】

なんの変哲もない　取り立てて魅力もない地方都市　それがポートランドだった　　本体 3,100 円
　―「みんなが住みたい町」をつくった市民の選択

西川英彦・岸谷和広・水越康介・金　雲鎬【著】

ネット・リテラシー　　　　　　　　　　　　　　　　　　　本体 2,700 円
―ソーシャルメディア利用の規定因

―――――――――――― 東京　**白桃書房** 神田 ――――――――――

本広告の価格は本体価格です。別途消費税が加算されます。

好 評 書

C. グルンルース【編】蒲生智哉【訳】

サービス・ロジックによる現代マーケティング理論　　本体3,500円
　―消費プロセスにおける価値共創へのノルディック学派アプローチ

P. コトラー・W. ファルチ【著】杉光一成【訳】

コトラーのイノベーション・ブランド戦略　　本体4,200円
　―ものづくり企業のための要素技術の「見える化」

C. H. ラブロック／L. ライト【著】小宮路雅博【監訳】高畑　泰・藤井大拙【訳】

サービス・マーケティング原理　　本体3,900円

―――――――――　**東京　白桃書房** 神田　―――――――――

本広告の価格は本体価格です。別途消費税が加算されます。

好 評 書

矢作敏行・川野訓志・三橋重昭【編著】

地域商業の底力を探る
　―商業近代化からまちづくりへ

本体3,400円

栗木　契【著】

リフレクティブ・フロー
　―マーケティング・コミュニケーション理論の新しい可能性

本体3,300円

折笠和文【著】

マーケティングの批判精神
　―持続可能社会の実現を目指して

本体2,500円

田口冬樹【著】

マーケティング・マインドとイノベーション

本体3,000円

東京　**白桃書房**　神田

本広告の価格は本体価格です。別途消費税が加算されます。